PC엔진 &PC-FX

PC ENGINE & PC-FX PERFECT CATALOGUE

퍼펙트 카탈로그

samho MEDIA

머리말

다양한 가정용 게임기를 하드웨어·소프트웨어 양 측면으로 깊이 다룬 「퍼펙트 카탈로그」 시리즈가 금번엔 PC엔진과 PC-FX를 다루게 되었다. 이 시리즈가 지속될 수 있는 것은 오로지 이 프로젝트를 응원해주시는 독자 여러분 덕택이다. 본 지면을 빌어 다시 한 번 깊이 감사드린다.

이번 책의 테마는 PC엔진과 PC-FX 다. PC엔진은 열혈 팬도 많고 관련서적도 다수 발매되었기에, 굳이 새로운 책을 더 내봐야 평가받기 어렵지 않겠느냐는 의견도 들었다. 하지만, PC엔진 및 PC-FX를 통해 허드슨과 NEC 홈 일렉트로닉스가 노리는 바는 무엇이었을까. 그리고 그 의도는 성공했을까. 이를 「퍼펙트 카탈로그」 고유의 관점으로 분석해본다면 기존의 책들과는 다른 책이 될 수 있지 않겠는가 싶었다. 그리하여, 이미 수차례 소개된 내용임에도 이렇게 펜을 들게 되었다.

이러한 집필의도가 독자 여러분을 만족시켜드릴지는 이 책을 읽어주신 후의 평가에 맡길 수밖에 없을 것이다. 다만 조사를 거듭하는 가운데 새삼 깨달은 사실은, PC엔진이라는 게임기는 허드슨과 NEC 서로의 의도가 절묘하게 맞물려 만들어진 기적적인 밸런스 하에 탄생한 하드웨어였다는 점이다. 소프트웨어 제작사인 허드슨, 하드웨어 제작사인 NEC. 이 두 톱니바퀴가 제대로 맞물리지 못했다면, 자칫 어느 한 회사가 과도한 욕심을 부렸더라면 당시의 게임기 전쟁에서 이렇게까지 오래 싸울 수는 절대 없었으리라고, 이제는 단언할 수 있다.

또한, 상업적으로 실패했다고 평가받곤 하는 PC-FX와 애니메이션 의존 전략 역시, 나 개인의 의견으로는 아키텍처의 불리에도 불구하고 4년이나 게임기 전쟁을 버텨냈다는 점에서 충분히 건투한 케이스라고 생각한다. 이 책 내의 해설에서도 다룬 이야기지만, 내가 과거 PC-FX용 게임을 개발하던 시절 관계자로부터 직접 들은 바에 따르면, PC-FX는 어떤 타이틀이든 발매되면 적어도 2만 장은 고정적으로 팔렸다고 한다. 당시의 일본 소프트웨어 시장은 플레이스테이션과 세가새턴의 경우 판매량 1만 장을 넘긴 타이틀이 전체의 20%에조차 못 미치는 상황이었기 때문에, 소비자 타깃이 명확한 PC-FX는 게임 제작사 관점에서는 충분히 승률이 높은 플랫폼이었던 것이다.

이 정도의 게임기와 소프트들이 단지 비주류라는 이유만으로 잊혀지는 것은 정말 아깝기 그지없는 일이다. 이 책을 계기로, PC엔진과 PC-FX가 재평가받을 수 있기를 바란다.

2019년 2월, 마에다 히로유키

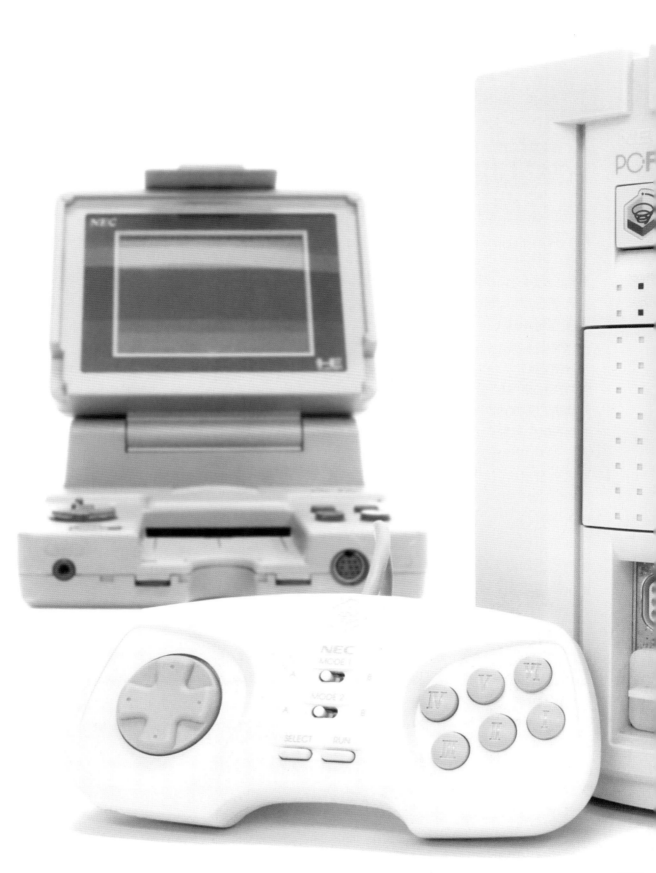

003

PC엔진 & PC-FX 퍼펙트 카탈로그

Chapter 1
PC엔진 하드웨어 대연구

Chapter 2
PC엔진 일본 소프트 올 카탈로그

Chapter 3
PC-FX 하드웨어 대연구

Chapter 4
PC-FX 일본 소프트 올 카탈로그

Chapter 5
한국의 PC엔진 이야기

- 이 책 안에서 다루는 게임기, 소프트, 기타 각 상품은 ™ 및 ©, ® 표기를 생략했으나, 각종 권리는 해당 회사의 소유이며, 각 회사의 상표 또는 등록상표입니다.
- 이 책 안에서 다루는 게임기, 소프트, 기타 각 상품은 일부를 제외하고 현재 판매 종료되었습니다. 문의처가 게재되어 있는 상품을 제외하고, 이 책의 정보를 근거로 각 회사에 직접 문의하시는 것은 삼가 주십시오.
- 회사명 및 상품명은 발매 당시 기준입니다. 또한, 일부 회사명 및 상품명이 정확한 표기가 아닌 경우가 있습니다만, 가독성을 위해 조정한 것이며 오독·오해 유발 목적이 아닙니다.
- 회사명 표기 시에는 '주식회사' 등의 표기를 생략했습니다. 또한 개인 이름의 경칭은 생략했습니다.
- 가격 표시는 원칙적으로 일본의 소비세 제외 가격 기준이지만, 당시 표기를 따라 소비세가 포함되어 표기된 경우가 일부 있습니다.
- 한국어판의 추가 페이지인 제 5장은 모두 한국어판 감수자가 집필하였습니다.

Special Thanks To

게임샵 트레더
꿀단지곰	고전게임 컬럼니스트, 유튜브 채널 '꿀단지곰의 게임탐정사무소' 운영
라판	레트로 수집가
뢰매	네이버 카페 '구닥동' 회원
오영욱	게임잡지의 DB를 꿈꾸는 게임개발자
이승준	'레트로장터' 행사 주최자
정세윤	http://blog.naver.com/plaire0
조덕훈	네이버 카페 '레트로카페' 운영자
타잔	레트로 게임 컬렉터, 네이버 카페 '추억의 게임 여행' 운영자
홍성보	월간 GAMER'Z 수석기자

Chapter 1
PC엔진
하드웨어 대연구

PC ENGINE HARDWARE ALL CATALOGUE

HARDWARE

1987
1988
1989
1990
1991
1992
1993
1994
1995
1996
1997
1998
INDEX

해설 | 소프트웨어 회사와 하드웨어 회사의 꿈을 구현해낸 게임기
COMMENTARY OF PC ENGINE #1

허드슨과 NEC의 화학결합으로 탄생한 PC엔진

1983년 발매되어 일본 가정용 게임기 시장을 개척해낸 역사적인 명기(名機), 패밀리 컴퓨터. 등장 당시에는 「동키 콩」이나 「제비우스」 등의 유명 아케이드 게임을 가정에서 그대로 즐길 수 있는 게임기라는 점이 패미컴 열풍의 첫 기폭제로 작용했다. 그런 이유로 아케이드 게임 이식작에 크게 의존하던 초기 발매 라인업은, 「슈퍼 마리오 브라더스」와 「드래곤 퀘스트」 등의 패미컴 오리지널 타이틀이 속속 히트하면서 차츰 오리지널 타이틀 중심으로 바뀌어간다. 이는 해가 갈수록 극적으로 진화해가는 아케이드 게임들을 패미컴의 한정된 성능으로는 이식해내기 어려워졌던 탓이기도 했다.

패미컴의 스펙에 한계를 느낀 허드슨은 패미컴 스펙 기반의 고성능 커스텀 칩을 만드는 연구를 은밀히 진행하여, 세이코 엡손의 협력을 얻어 HuC62 시리즈를 개발하는 데 성공했다. 허드슨은 이 칩을 탑재한 가정용 게임기를 독자적으로 만들지 않겠느냐고, 교류관계가 있던 PC 및 가전 제작사들에 제안하게 된다.

그중 특히 강한 관심을 보인 회사가 NEC(일본전기)의 가전부문 자회사인 NEC 홈 일렉트로닉스(이하 NEC로 약칭)였다. 당시 NEC는 새로운 가전제품 라인업으로서의 가정용 게임기 사업 참여에 관심을 보이던 차라, 허드슨

▲ 1987년 발행된 NEC의 카탈로그 일부. SCSI 타입 1배속 드라이브로, 가격은 138,000엔이었다.

의 새 게임기 제안은 그야말로 절묘한 타이밍에 찾아온 셈이다. 게다가 NEC는 일찍부터 미래의 컴퓨터용 매체로서 CD-ROM을 연구하고 있었지만, 당시에는 대용량 미디어의 활용법이래야 고작 전화번호부나 사전 등의 '읽기 전용 데이터베이스' 정도로밖에 활용도를 상상하지 못하던 시대였다. 가정용 게임기라면 읽기 전용 매체의 활용사례로 안성맞춤이니, 이런 관점에서도 서로의 이해가 맞아떨어졌다 하겠다.

상품 개발부터 판매까지를 일관되게 진행할 수 있는 하드웨어 제작사

를 원했던 허드슨과, 가정용 게임기에 흥미가 있었고 동시에 자사가 개발중이던 CD-ROM의 보급을 추진하려던 NEC. 이 두 회사의 방향성이 정확히 합치된 결과, CD-ROM 탑재를 전제한 신형 가정용 게임기 'PC엔진'의 완성을 목표로 양사가 단숨에 움직이게 된 것이다.

PC엔진은 '우리가 고안해낸 최강의 패미컴'

허드슨은 처음부터 패미컴을 발상의 출발점으로 삼아, '우리가 소프트를 만들기 쉬운 게임기'라는 소프트 제작사다운 시각으로 커스텀 칩을 설계했다. 하드웨어 설계는 보통 하드웨어 기

술자의 주관이 반영되기 마련이라 소프트 개발자 입장에서는 다루기 불편해지는 방향성으로 가기 일쑤이지만, 이 당시의 허드슨은 패미컴의 서드파티였던 탓에 패미컴 게임 개발시 품었

던 불만과 개선점을 PC엔진 개발시 충분히 반영할 수 있었다.

앞서 서술한 대로 PC엔진의 설계 컨셉은 '패미컴을 기반으로 한 고성능 게임기'였으므로, CPU 클럭, VRAM

및 메모리 용량, 스프라이트 크기, 발색수(發色數) 등 여러 면에서 패미컴을 웃돌아, 그야말로 '우리가 고안해낸 최강의 패미컴' 내지는 '패미컴 2.0'이라 부를 만한 스펙이었다. 패미컴으로 많은 히트작을 내놓았던 허드슨으로서, 이러한 선택은 당시 그들이 고안해낼

수 있었던 최고의 설계였다 하겠다.

또한, PC엔진의 CPU 자체는 8비트지만 그래픽 부분은 16비트 프로세서로 구성되어, 북미에서는 여기에 착안해 'TurboGrafx-16'이라는 상품명으로 발매되었다. 슈퍼 패미컴이나 메가 드라이브 등 같은 시기의 라이벌 기종

들이 16비트 CPU를 탑재했는데도 8비트 CPU인 PC엔진이 처리속도 면에서 밀리지 않고서 호각을 다툴 수 있었던 것은, 이러한 뛰어난 기본 설계 덕분이었다 할 수 있다.

가전업체의 시각으로 신제품을 출시해온 NEC 홈 일렉트로닉스

이 책을 읽다 보면 알 수 있듯, PC엔진은 파생 제품이 매우 많다. 일반적인 가정용 게임기는 일단 제품을 출시하면 5년 전후로 라이프사이클이 유지되기 때문에, 단가절감에 따른 마이너 체인지 정도는 있더라도 하드웨어 자체의 모델 체인지는 기본적으로 하지 않는다. 오히려 하드웨어를 계속 연명시키는 방향으로 판매 전략을 세우는 것이 이 업계의 일반적인 패턴이기 때문에, NEC의 빈번한 모델 체인지는 가정용 게임기로서는 매우 이례적이라 할 수 있다. 이렇게 한 이유는, NEC가 PC 제조사이자 가전 제조사이기도 하기 때문이다.

PC 제조사나 가전 제조사는 기술혁신을 신제품에 곧바로 반영시키는 구조상, 계속 모델 체인지를 이어나가는

게 오히려 당연한 행동이다. 특히 하드웨어 제조사라면 하드웨어 자체로도 계속 이익을 창출해야 하므로, 대동소이한 제품이더라도 자잘한 부가요소를 붙여 신제품으로 내놓아야만 하는 것이다. 물론 그 부가요소가 시장에서 호응을 얻을지는 미지수지만, 만일 잘 팔린다면 새로운 제품군으로 발전시켜간다. 이런 전략은 PC 업계에서는 전형적인 제품전개 로드맵으로, 최초에 발매한 기간(基幹)상품을 '뿌리'라 치면 거기에서 다양한 방향으로 전개돼 가는 모델 체인지는 '잔가지'가 된다. PC엔진의 제품 전개는 바로 이런 발상법에 기초해 진행되었던 것이다.

특히 인상적인 케이스는 1989년 말에 발매된 슈퍼 그래픽스·코어 그래픽스·셔틀로서, PC엔진 제 2세대에 해

당하는 3개 기종의 동시 발매다. 실로 PC 제조사다운 발상으로, '하이엔드'·'메인스트림'·'보급형'의 3단계로 성능 및 가격대를 나눠 발매하는 수법이었다. 1991년 말에도 제 3세대 모델인 Duo·코어 그래픽스 II·LT를 발매함으로써 동일한 전략을 구사했다.

물론 이러한 발매전략은 잘 안 팔리는 기종마저 시장에 풀리게 되므로 지극히 리스크가 큰 수법이지만, 버블경기 당시였기에 성립할 수 있었던 한 시대의 불꽃놀이 같은 것이었을지도 모른다.

PC엔진 로드맵

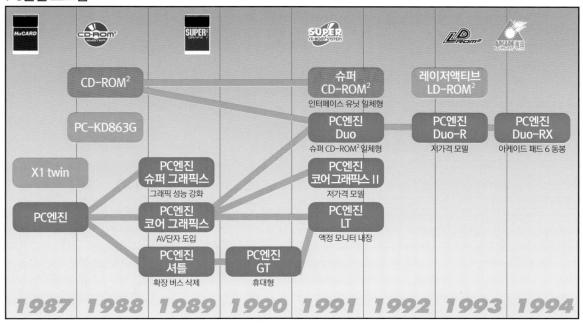

HARDWARE
1987
1988
1989
1990
1991
1992
1993
1994
1995
1996
1997
1998
INDEX

차기 패미컴을 노린 NEC 가정용 게임기 제 1호

PC엔진

PI-TG001

NEC 홈 일렉트로닉스　　　1987년 10월 30일　　　24,800엔

HuCARD

■ 아담한 몸체에 응축된 고성능

PC엔진은 NEC 홈 일렉트로닉스와 허드슨이 공동 개발하여 출시한, 양사의 첫 가정용 게임기다. CD-ROM 드라이브 장착을 염두에 둔 CD케이스 크기의 작은 본체와 이를 가능케 한 소형 소프트 매체 HuCARD 등, 이전까지의 가정용 게임기에서는 상상할 수 없

었던 세련된 디자인으로 화려하게 등장했다. 커스텀 칩으로 구성하여 집적도가 높은 설계이면서도, 작은 본체 크기를 구현하기 위해 본체 기능은 최소한도로만 구성하고 대부분의 기능을 옵션으로 분리해버렸다. 심지어 다인 동시 플레이조차 별도로 멀티 탭을 사야만 가능하다는 대담한 발상 덕에, 본체의 패드 단자는 딱 하나뿐이었을 정도로 단순하기 그지없는 구성이었다.

가격은 당시의 패미컴을 훨씬 상회하는 성능임을 고려해, 패미컴보다 1만 엔 비싼 24,800엔으로 설정했다. 패미컴으로 만족할 수 없게 된 소년 게이머를 타깃으로 삼아, 고부가가치 고가격 노선으로 승부했다 하겠다.

PC엔진의 사양

형식번호	PI-TG001
CPU	HuC6280 (7.15909MHz 또는 1.7897725MHz)
메모리	RAM : 8KB, VRAM : 64KB
그래픽	화면해상도 : 320×224 ~ 512×240, 최대 512색 발색 가능 스프라이트 : 16×16픽셀 ~ 32×64픽셀 16색 스프라이트 64개(가로 방향으로는 16개까지) BG 화면 : 1장
사운드	파형 메모리 음원 6음, 또는 파형 메모리 음원 4음 + 노이즈 2음, 스테레오 출력
패드 단자	1개 내장
슬롯	2개 (ROM 카드 삽입구, 확장 버스)
전원/소비 전력	전용 AC 어댑터 DC 9V / 약 4W
외형 치수	140(가로) × 135(세로) × 40(높이) mm
부속품	PC엔진 패드, AC 어댑터, RF 전환 스위치, 취급설명서, 보증서

▲ 박스도 아담한 PC엔진의 외장 패키지.

TOP VIEW

BOTTOM VIEW

FRONT VIEW

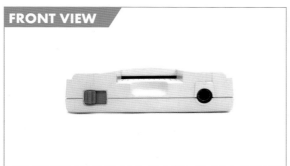

REAR VIEW

LEFT SIDE VIEW

RIGHT SIDE VIEW

HARDWARE
1987
1988
1989
1990
1991
1992
1993
1994
1995
1996
1997
1998
INDEX

■ 행운이었다 할 만한 풍부한 서드파티들

PC엔진은 NEC로서는 첫 가정용 게임기였음에도, 발매 초기부터 남코를 비롯한 유력 서드파티들이 다수 참여했다. 물론 하드웨어 자체의 높은 성능 덕분이기도 했지만, 제일 큰 요인은 무엇보다 허드슨이 구심점이었다는 것이다.

PC엔진의 우위성으로 흔히 꼽히는 점은 아래의 세 가지다.

① 허드슨부터가 원로 게임 개발사라, 소프트 개발사가 원하는 하드웨어가 무엇인지를 누구보다 잘 이해하고 있었다는 점.

② 패미컴의 연장선상에 있는 아키텍처로 설계되어, 패미컴으로 게임을 만들어본 개발사들이 소프트를 만들기 쉬웠다는 점.

③ 당시의 패미컴은 닌텐도가 한 회사당 연간 발매 소프트 수를 제한했기에(일반적으로 1년에 2타이틀), 그 이상 내놓고 싶어도 발매할 수 없었다는 점.

이 덕분에 패미컴 게임을 개발하던 서드파티들을 손쉽게 끌어들일 수 있었고, 특히 허드슨이 적극적으로 움직여준 데 힘입어 대형 제작사들을 꼬드기는 데 성공했다고 한다.

게다가 PC엔진 본체 발매 다음해에는, 세계 최초로 게임 소프트 매체로 CD-ROM을 채용한 주변기기 'CD-ROM² 시스템'도 발매했다. 발매 직후에는 CD의 대용량을 제대로 활용하지 못해 혼란스러웠던 느낌도 있었지만, 「코브라 : 흑룡왕의 전설」과 「이스 I · II」를 발매할 즈음부터는 CD-ROM²의 특성을 살린 게임이 개발되기 시작하여, CD-ROM² 시스템의 존재는 PC엔진이라는 하드웨어를 견인하는 커다란 강점이 되었다.

HARDWARE

1987
1988
1989
1990
1991
1992
1993
1994
1995
1996
1997
1998
INDEX

커스텀 칩이 가능케 한 표현력

앞서 서술한 대로, PC엔진은 기술자 집단이었던 허드슨이 '우리가 게임을 만들려면 이런 하드웨어가 필요하다'라는 사상으로 직접 설계한 '커스텀 칩' 중심으로 만들어진 게임기였으므로, CPU부터 그래픽은 물론 사운드에 이르기까지 범용 부품을 일체 사용치 않고 전부 커스텀 칩으로 처리했다.

PC엔진에 탑재된 커스텀 칩들에는 모두 허드슨의 마스코트 캐릭터로 유명한 꿀벌 '하치스케'가 실크 인쇄돼 있어, 칩의 윗면만 봐도 '정말 허드슨 개발품이군'이라고 알 수 있게 되어 있다. 참고로 이 커스텀 칩들의 제품번호인 'HuC62' 시리즈는 증기기관차 'C62 허드슨 형'이 유래로, 당연히 허드슨이라는 회사명 역시 여기에서 유래한 것이다.

CPU

CPU는 미국 MOS 테크놀로지 사의 MOS6502(서양에서는 애플 Ⅱ와 아타리 VCS 등에 채용된 것으로 유명한 CPU) 기반 커스텀 칩으로, 동작 클럭은 1.7897725MHz와 7.15909MHz 두 가지 모드를 탑재했다. 허드슨이 PC엔진의 CPU로 MOS6502를 선택한 이유는, 패미컴 역시 동일 CPU의 커스텀 칩이기에 다루기 익숙했기 때문이다. 저속 클럭도 패미컴의 동작 클럭에 맞춘 것으로, 이 역시 PC엔진이 패미컴의 연장선상에서 발상되어 만들어진 게임기임을 잘 보여준다(고속 클럭 모드는 패미컴의 4배에 해당하는 속도).

MOS6502에서 추가된 기능은 타이머 인터럽트를 비롯한 '인터럽트 모드', 향후의 ROM 대용량화에 대비한 'MMU(메모리 매니지먼트 유닛)', 주변 기기와의 입출력에 편리한 '8비트 병렬 I/O 포트', 뒤에 서술할 '사운드 기능' 등, 게임 개발에 필요하다고 판단한 기능이 다수 포함되었다.

또한 패미컴의 연장선상에 있는 하드웨어라는 특징을 살려 개발환경도 최대한 공통화시켜, 허드슨 사내에서는 PC엔진이든 패미컴이든 상당히 개발하기 쉽게끔 독자적인 개발환경을 구축했다고 한다.

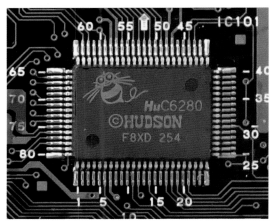

▲ CPU 및 사운드 기능을 주관하는 HuC6280.

사운드

PC엔진의 사운드 기능은 앞서 언급한 CPU인 HuC6280에 함께 내장되었고, 당시의 패미컴에 비해 표현력이 뛰어난 사운드를 재생할 수 있다.

탑재된 음원은 '파형 메모리 음원'으로, 비교적 작은 메모리 용량으로도 간소하나마 실제 악기나 음성에 가까운 사운드 데이터를 재생할 수 있는 방식이다. 가정용 게임기와 PC 중에서는 게임 보이와 원더스완, 그리고 코나미의 MSX용 게임에 탑재된 SCC 카트리지 등에 사용된 바 있는 음원이다.

PC엔진에서는 이 파형 메모리 음원을 6음, 또는 4음 + 노이즈 2음 형태로 사용할 수 있고, 좌우 각각 4비트의 음량 레지스터가 있으므로 스테레오 출력도 가능하다. 또한 파형 메모리 음원의 0·1번 채널을 LFO 변조할 경우, 2음 분을 소비해버린다는 단점은 있지만 FM음원처럼 주파수를 변조한 음을 발생시켜 더욱 고품질의 음을 만들 수도 있다.

이에 더해, 각 채널별로 다이렉트 D/A 모드도 있어 이를 활용하면 데이터를 직접 사운드 믹서로 전송할 수도 있다. 다른 말로 하면 5비트 샘플링의 PCM 음원으로도 쓸 수 있다는 의미로, 사운드 데이터의 대용량화와 CPU 부하를 감수한다면 녹음된 생음악이나 목소리의 재생까지도 가능하다.

PC엔진의 사운드 기능은 이렇게도 다채로운 모드를 갖추고 있지만, CD-ROM² 시대가 열리면서 CD로 생음악 연주가 나오는 게 당연시되자 내장 음원의 사운드는 아무래도 빈약하게 느껴질 수밖에 없었다. 그래서 나중에는, 「드래곤 슬레이어 영웅전설」처럼 CD-ROM² 인터페이스 유닛에 탑재된 ADPCM 음원과 조합하여 내장음원을 멜로디 부로, ADPCM 음원을 샘플링 드럼으로 활용하는 등의 테크닉도 나오게 되었다.

그래픽

PC엔진의 그래픽은 스프라이트와 BG 화면을 사용하는 기본 출력을 담당하는 HuC6270(VDC : 비디오 디스플레이 컨트롤러)과, 컬러 신호를 추가하여 화면 출력을 제어하는 HuC6260(VCE : 비디오 컬러 인코더) 두 칩이 담당하고 있다. 양 칩 모두 허드슨과 세이코 엡손의 공동개발품으로, CPU인 HuC6280보다도 고성능인 16비트 프로세서다. 이런 설계에서도 허드슨이 고성능 게임기를 만드는 데 있어 그래픽 처리속도를 얼마나 중시했는지가 엿보인다.

BG(배경화면)는 패미컴과 마찬가지로 1장만 쓸 수 있지만 스프라이트 표시능력은 현저히 끌어올렸는데, 이는 속도가 빠른 VDC와 SRAM 덕이 크다(다만 DRAM에 비해 단가가 높은 SRAM의 탑재는 본체 가격이 비싸진 이유이기도 했다). 「원평토마전」·「초절륜인 베라보맨」 등의 게임은 이 강력한 스프라이트 성능을 활용해, 거대한 캐릭터를 움직이면서 동시에 아케이드판과 동등한 3중 스크롤을 구현해냈다.

VDC로 생성한 화면에는 컬러 신호가 없으므로, VDC에서 보낸 정보를 토대로 컬러 신호를 추가해 RGB 신호를 생성하는 것이 VCE의 역할이다.

▲ 그래픽 관련 기능을 분담해 구현하는 두 개의 칩, HuC6270(VDC)과 HuC6260(VCE).

16색짜리 팔레트가 BG용과 스프라이트용으로 각각 16개씩 주어지므로, 합계 512색(단, 각 팔레트 내에서 한 색은 투명색이므로 실제로는 480색)+배경색이 된다. RGB 신호를 TV에 출력시키기 위한 NTSC 신호로 변환하는 처리도 VCE 내에서 이루어지며, 이때 컬러 버스트 신호를 캔슬해 흑백영상으로 출력할 수도 있다.

훗날 발매된 PC엔진 슈퍼 그래픽스(20p)는 그래픽 표현력 상승 목적으로 HuC6270을 2개 탑재했다. 그 결과 BG를 2장, 스프라이트를 128개 표시할 수 있게 되어 기존 PC엔진의 2배

에 달하는 표현이 가능해졌다. VDC 2개가 각각 생성한 신호를 믹싱하기 위해 HuC6202(VDP : 비디오 디스플레이 프라이오리티 펑션)가 새로이 개발되어, 이 칩이 VDC 2개를 제어하는 구조다.

PC엔진의 그래픽 화면 기능 개요

─ 패턴 정의 개수에 대하여 ─
스프라이트 패턴 정의 개수는 16×16픽셀을 1패턴으로 셀 경우 최대 1024개까지.
BG 패턴 정의 개수는 8×8픽셀을 1패턴으로 셀 경우 최대 2048개까지.
단, 패턴 네임 테이블(즉 팔레트나 상하좌우반전 정보의 플래그 정보 등)도 정의 개수에 포함되므로, 실제 캐릭터로 등록 가능한 패턴 개수는 최대치보다 밑돌게 된다.

─ HuC6270의 해상도 ─
256×224픽셀, 320×224픽셀, 336×224픽셀, 512×224픽셀
수직 방향으로는 240픽셀까지 데이터화되지만, 오버스캔(브라운관 화면 밖으로 밀려나는 영역)때문에 실제로는 표시되지 않는다.
단, 가로 256픽셀 이상의 고해상도 모드는 오버클럭 상태이므로, 스프라이트의 가로 방향 동시 표시 개수에 제한이 걸린다.

PC엔진 화면표시 개념도

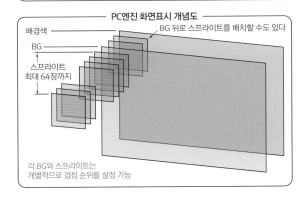

BG 뒤로 스프라이트를 배치할 수도 있다

배경색
BG
스프라이트 최대 64장까지

각 BG와 스프라이트는 개별적으로 겹침 순위를 설정 가능

─ 사용 가능한 스프라이트 사이즈 ─

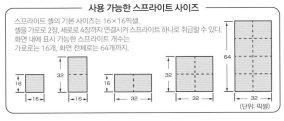

스프라이트 셀의 기본 사이즈는 16×16픽셀.
셀을 가로로 2장, 세로로 4장까지 연결시켜 스프라이트 하나로 취급할 수 있다.
화면 내에 표시 가능한 스프라이트 개수는 가로로는 16개, 화면 전체로는 64개까지.

(단위 : 픽셀)

─ 컬러 팔레트에 대하여 ─

스프라이트용 팔레트 — BG용 팔레트

팔레트 0 / 팔레트 1 / 팔레트 2 / 팔레트 3 / 팔레트 15

16색짜리 컬러 팔레트가 총 32개 있으므로, 최대 512색 동시 표시가 가능하다.
단, 각 팔레트의 색 하나는 투명색이므로, 실질적으로는 480+1색(배경색)까지 쓸 수 있다.

HARDWARE

1987
1988
1989
1990
1991
1992
1993
1994
1995
1996
1997
1998
INDEX

컨트롤러

PC엔진의 조작용 컨트롤러는 '패드'라 부르며, 본체에 패드 접속 단자가 하나 내장돼 있고 패드도 한 개 동봉되어 있다. 단자 규격은 8핀 미니 DIN으로, 2명 이상이 동시에 게임을 즐길 경우 전용 멀티 탭을 중간에 끼워 패드를 최대 5개까지 연결시킬 수 있다.

PC엔진이 처음 발매될 당시에는 라이벌 기종으로 패미컴을 상정한 탓도 있어, 패드의 기본 디자인과 버튼 수, 레이아웃은 패미컴의 컨트롤러를 강하게 의식해 결정되었다.

버튼은 전부 디지털 방식이며, 방향키 · Ⅰ버튼 · Ⅱ버튼 · SELECT · RUN으

▲ 패드 단자와 커넥터 부분. 흔들리기 쉽고 잘 뽑혀서, 유저의 평판은 좋지 않았다.

로 접점은 총 8개이다. 동시 발매된 옵션으로서 Ⅰ버튼과 Ⅱ버튼에 3단계로 속도 조절 가능한 연사 기능이 추가된 터보 패드(코어 그래픽스 이후에는 표준 동봉)도 출시됐으며, 나중에는 NEC 애

비뷰와 NEC 홈 일렉트로닉스가 3버튼 패드 및 6버튼 패드도 발매했다.

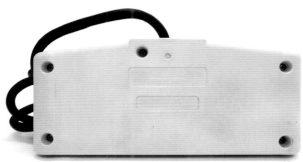

확장 버스

확장 버스는 '코어 구상'의 근간에 해당하는 확장단자로, 본체 뒷면에 마련된 69핀짜리 단자다. 기존의 범용 컨트롤 단자와는 차원이 다른 구조로, 20비트의 주소 버스, 8비트의 데이터 버스, 9비트의 비디오 버스를 비롯해 CPU와 VDC에 직접 액세스하기 위해 필요한 신호선도 직결되어 있어, 이 버스로 접속된 기기는 PC엔진과 완전히 연결된 하나의 기계로서 동작시킬 수 있다.

특이한 것은, 전원 입력과 전원 출력 단자까지도 포함되어 있다는 점이다. 즉, PC엔진 쪽에서 주변기기로 전원을 공급할 수 있을 뿐만 아니라, 반대로 외부 기기가 PC엔진에게 PC엔

진 자체의 전원 스위치를 우회하는 형태로 전원을 공급할 수도 있다. 또한 CD 검출을 위한 전용 핀(CDD)이 마련되어 있어, PC엔진의 최초 설계 단계부터 CD-ROM² 발매를 상정했음을 엿볼 수 있다.

참고로, PC엔진 셔틀의 뒷면에 마

련된 백업 단자는 확장 버스의 간략화판으로 단자 수는 48핀이다. 비디오 버스와 전원 입력, 영상출력 계 단자가 삭제되었기에, CD-ROM²의 연결이 불가능한 구조가 되었다.

소프트 매체

PC엔진의 소프트 매체로는 미츠비시 수지와 허드슨이 공동 개발한, HuCARD(휴카드)라 불리는 신용카드 크기의 얇은 카드를 채용했다. 기관과 ROM은 카드의 검은색 부분에 들어있는데, 소프트 용량에 따라 검은색 부분이 커지거나 하단 부분이 두툼하게 부푼 특수형태 카드도 존재했다.

이 HuCARD는 전용 비닐 커버에 수납되어, 음악 CD와 동일한 주얼 케이스 크기의 패키지로 발매되었다. 이는 추후 CD-ROM 매체로의 소프트 유통을 전제한 선택이라 할 수 있다. 또한 초기의 HuCARD 패키지는 2피스 케이스로 구성되어, 후면엔 아무 것도 없고 대신 스티커로 제작사를 표시하는 정도였다. 그러다 후기에 음악 CD처럼 3피스 식 주얼 케이스로 바뀌면서, 재킷 뒷면에 게임 내용을 더욱 자세히 기재할 수 있게 되었다.

HuCARD는 두께가 얇고 작아 취급이 간편한 반면, ROM 용량을 늘리거나 백업 메모리 등 게임에 쓰기 위한

추가 회로를 함께 넣기가 힘들다. 특히 백업 메모리 문제는 결국 전용 주변기기 발매로까지 이어지는 등, 이후에도 계속해서 발목을 잡았다.

▶ HuCARD의 앞면과 뒷면. 하얀 부분은 일반 플라스틱이고, ROM 본체는 검은색 부분에 들어가 있다. 뒷면의 주의사항 표기는 제작사명과 인쇄색 상외에는 대체로 동일했다.

▶ 소프트를 삽입하는 모습은 카드 본체를 즈덕분이다. 소형화할 수 있었던 것도 카드 사이

HARDWARE

1987
1988
1989
1990
1991
1992
1993
1994
1995
1996
1997
1998
INDEX

PC엔진의 주변기기

PC엔진은 발매 당시부터 '코어 구상', 즉 PC엔진 본체가 핵(코어)이 되어 다양한 주변기기가 이를 중심으로 연결된다는 시스템을 유저에게 제시했다. 그 덕분에 PC엔진은 상당히 다양한 형태의 많은 주변기기가 발매되었다. NEC 홈 일렉트로닉스 제품만으로도 그 종류가 장대하므로, 특정 기종의 전용 주변기기는 각 기종의 소개 페이지에서 다루기로 하고, 이 페이지에서는 비교적 범용성이 높았던 제품을 소개하겠다.

발매 초기에는 코어 구상의 중추를 본체 뒷면의 확장 버스가 맡고 있었지만 확장 버스는 하나뿐이므로, 이내 CD-ROM²과 프린트 부스터를 동시에 사용할 수 없는 등의 문제점이 드러났다. 게다가 확장 버스에 타 기기를 접속할 때 PC엔진 본체의 형태가 제약이 되는 일도 많아, 슈퍼 그래픽스용 'ROM² 어댑터'처럼 전용 어댑터를 별도 발매해야만 했던 경우도 생겨났다.

따라서 CD-ROM²이 발매된 시점에서 확장 버스의 역할은 거의 끝난

▲ PC엔진의 팸플릿에 수록된 코어 구상 관련 해설. 통신 부스터처럼 실제로는 발매되지 않은 제품도 보인다.

것으로 간주되어, 그 이후엔 확장 버스 자체가 삭제된 기종도 늘어났으며 발매되는 주변기기들도 패드 단자를 활

용하는 쪽으로 전환되어 갔다.

아티스트 툴

프린트 부스터

1989년 9월 29일　　PI-AD3　　24,800엔

펜으로 그림이나 글자를 직접 그리는 플로터 식 프린터. 「아티스트 툴」 소프트가 필수.

일러스트 부스터

1989년 9월 29일　　PI-AD4　　9,800엔

화면에 그림을 그릴 수 있는, 말하자면 태블릿. 「아티스트 툴」 소프트 필수.

아티스트 툴

1989년 9월 29일
PI-AS1　　5,800엔

아티스트 툴의 핵심 격인 소프트웨어로, 그림이나 글자를 그릴 수 있는 그래픽 툴.

포토 리더

1989년 9월 29일　　PI-AD5　　5,000엔

프린트 부스터의 펜 소켓에 꽂으면 종이 위의 그림을 흑백으로 스캔할 수 있다. 당연히 프린트 부스터가 있다는 게 전제조건인 제품.

외부기억장치

하늘의 소리 2 (역주 ※) 허드슨 발매

バックアップ メモリ 対応ソフト

1989년 8월 8일　HC66-6　2,600엔

확장 버스에 접속하면 세이브 데이터를 기록할 수 있다. 제품명의 '2'는 기록 용량이 2KB라는 것에서 땄으므로, '하늘의 소리 1'이란 제품은 없다.

백업 부스터 II

バックアップ メモリ 対応ソフト

1989년 12월 8일　PI-AD8　5,800엔

'하늘의 소리 2'와 기능이 동등한 외부기억장치. AV 부스터 기능도 포함된 '백업 부스터'도 존재했다.

하늘의 소리 뱅크 허드슨 발매

1991년 9월 6일
HC692　3,880엔

하늘의 소리 2, 백업 부스터, CD-ROM² 등 각종 외부기억장치의 기록 내용을 복사·이동할 수 있다. 백업 내용은 내장된 버튼형 전지로 보존된다.

메모리 베이스 128

メモリベース 128 対応ソフト

1993년 3월 1일　PI-AD19　5,980엔

패드 단자 접속식 외부기억장치. '하늘의 소리 2' 등의 확장 버스 접속식 제품과는 호환되지 않는다. 코에이에서도 '세이브 군'이라는 이름으로 동등 제품이 발매되었다.

(역주 ※) '하늘의 소리(天の声)'는 원래 고대설화의 신탁 등을 뜻하는 용어로, 게임「모모타로 전설」에서는 컨티뉴용 패스워드의 명칭으로 쓰였다. 제품명도 여기서 따온 것.

영상·음성

AV 부스터

1988년 4월 8일
PL-AD2　3,500엔

컴포지트 비디오 출력 기능이 없던 초기형 PC엔진에 컴포지트 비디오와 스테레오 음성 출력을 추가시켜 주는 주변기기.

버추얼 쿠션

1992년 12월 18일
PI-AD20　14,800엔

중저음을 체감할 수 있는 쿠션과 전용 앰프 세트. 앰프에는 헤드폰 단자가 있으며, PC엔진 이외의 기기에서도 사용 가능.

RF 유닛

1989년 11월 22일
PI-AN3　4,980엔

초기형 PC엔진 이후의 본체를 비디오 단자가 없는 구식 TV에 RF 안테나를 통해 접속하기 위한 기기.

AV 케이블

1989년 11월 22일
PI-AN2　1,200엔

비디오 단자와 오디오 단자를 갖춘 케이블. 각 본체에 동봉된 것과 동일 제품.

HARDWARE
1987
1988
1989
1990
1991
1992
1993
1994
1995
1996
1997
1998
INDEX

컨트롤러

PC엔진 패드

1987년 10월 30일 PI-PD001 2,480엔

초기형 PC엔진의 동봉품과 동일한 패드. 다인용 플레이 시 필요하다.

멀티 탭

1987년 10월 30일
PL-PD003 2,480엔

패드를 5개까지 연결할 수 있는 주변기기. 패드에 붙이는 스티커가 동봉되었다.

터보 패드 PI-PD5만 상품명이 '터보 패드 II'

1987년 10월 30일 PI-PD002 2,680엔

각 PC엔진에 동봉된 연사 기능 포함 패드. 기능·가격은 전부 동일하다.

1989년 11월 22일 PI-PD5   1989년 12월 8일 PI-PD06

1991년 6월 21일 PI-PD08   1994년 6월 25일 PCE-TP2

터보 스틱

1988년 10월 1일 PI-PD4 6,800엔

순정품으로는 유일하게 발매된 조이스틱. 아날로그 볼륨으로 연사 속도를 조절할 수 있다.

애비뉴 패드 3 NEC 애비뉴 발매

1991년 1월 31일 NAPD-1001 2,980엔

SELECT 혹은 RUN 버튼을 세 번째 버튼에 할당 가능한 3버튼 형 패드.

코드리스 멀티 탭 세트

1992년 12월 18일 PI-PD11 9,980엔

코드리스 패드를 5개까지 인식 가능한 리시버와, 코드리스 패드 하나의 세트. 적외선 통신으로 게임을 즐길 수 있다.

코드리스 패드

1992년 12월 18일 PI-PD12 3,980엔

무선으로 게임을 즐길 수 있다. AAA형 건전지 4개로 40시간 구동 가능.

PC엔진 마우스

1992년 11월 27일 PI-PD10 4,980엔

SELECT·RUN 버튼을 측면에 배치한 PC엔진 전용 마우스. 버튼 모양이 독특하다.

아케이드 패드 6

1994년 6월 25일 PCE-TP1 2,980엔

PC엔진 Duo-RX에 동봉된 6버튼 패드. 각 버튼별로 연사 기능이 있다.

분류	제품번호	제품명	발매일	가격	PC엔진	코어그래픽스	슈퍼그래픽스	셔틀	GT	LT	코어그래픽스 II	Duo	레이저액티브	Duo-R	Duo-RX
컨트롤러	PI-PD001	PC엔진 패드	1987년 10월 30일	2,480엔	●	●	●	●		●	●	●	●	●	●
	PI-PD002	터보 패드	1987년 10월 30일	2,680엔	●	●	●	●		●	●	●	●	●	●
	PI-PD003	멀티 탭	1987년 10월 30일	2,480엔	●	●	●	●		●	●	●	●	●	●
	PI-PD4	터보 스틱	1988년 10월 1일	6,800엔	●	●	●	●		●	●	●	●	●	●
	PI-PD5	터보 패드 II	1989년 11월 22일	2,680엔	●	●	●	●		●	●	●	●	●	●
	PI-PD06	터보 패드	1989년 12월 8일	2,680엔	●	●	●	●		●	●	●	●	●	●
	PI-PD08	터보 패드	1991년 6월 21일	2,680엔	●	●	●	●		●	●	●	●	●	●
	PI-PD10	PC엔진 마우스	1992년 11월 27일	4,980엔	●	●	●	●		●	●	●	●	●	●
	PI-PD11	코드리스 멀티 탭 세트	1992년 12월 18일	9,980엔	●	●	●	●		●	●	●	●	●	●
	PI-PD12	코드리스 패드	1992년 12월 18일	3,980엔	●	●	●	●		●	●	●	●	●	●
	PCE-TP1	아케이드 패드 6	1994년 6월 25일	2,980엔	●	●	●	●		●	●	●	●	●	●
	PCE-TP2	터보 패드	1993년 3월 25일	2,680엔	●	●	●	●		●	●	●	●	●	●
	NAPD-1001	애비뉴 패드 3	1991년 1월 31일	2,980엔	●	●	●	●		●	●	●	●	●	●
영상·음성	PI-AD2	AV 부스터	1988년 4월 8일	3,500엔	●										
	PI-AD11	TV 튜너	1990년 12월 1일	14,800엔					●						
	PI-AD20	버추얼 쿠션	1992년 12월 18일	14,800엔		●	●	●			●	●	●	●	●
	PI-AN2	AV 케이블	1989년 11월 22일	1,200엔		●	●	●			●	●	●	●	●
	PI-AN3	RF 유닛	1989년 11월 22일	4,980엔		●	●	●			●	●	●	●	●
	PI-LM1	Duo 모니터	1991년 9월 21일	79,800엔								●			
	PI-AN5	Duo 모니터 전용 AV 케이블	1991년 9월 21일	980엔	Duo 모니터 전용										
	PI-AN6	안테나 정합기	1991년 9월 21일	980엔								●			
	LC-AV1	AV 케이블	1990년 12월 1일	980엔								●			
	LC-RF1	엑스트라 안테나 커넥터	1990년 12월 1일	980엔								●			
전원	PAD-105	AC 어댑터	1987년 10월 30일	1,200엔	●	●		●			●				
	PAD-106	AC 어댑터	1989년 12월 8일	1,200엔	●	●		●			●				
	PAD-121	AC 어댑터	1990년 12월 1일	2,900엔					●						
	PAD-123	AC 어댑터	1988년 12월 4일	1,500엔	CD-ROM² 전용										
	PAD-124	AC 어댑터	1991년 9월 21일	1,980엔								●			
	PAD-125	AC 어댑터	1991년 12월 13일	1,980엔	CD-ROM² 전용										
	PAD-126	Duo 모니터 전용 AC 어댑터	1991년 9월 21일		Duo 모니터 전용										
	PAD-127	AC 어댑터	1991년 12월 13일							●					
	PAD-129	AC 어댑터	1993년 11월 1일	1,980엔										●	●
	PAD-130	AC 어댑터	1994년 6월 25일	1,980엔										●	●
	PI-AD12	GT 카 어댑터	1990년 12월 1일	3,900엔					●						
	PI-AD13	카 어댑터	1991년 9월 21일	5,980엔								●			
	PI-AD14	배터리 세트	1991년 11월 21일	27,800엔								●			
	PI-AD15	Duo 배터리 팩	1991년 11월 21일	12,800엔								●			
	PI-AD16	Duo 모니터 전용 카 어댑터	1991년 9월 21일	4,480엔	Duo 모니터 전용										
	PI-AD17	Duo 모니터 전용 배터리 팩	1991년 9월 21일		Duo 모니터 전용										
	PK-001	파워 팩	1991년 9월 28일	6,900엔					●					●	
외부기억장치	HC66-6	하늘의 소리 2	1989년 8월 8일	2,600엔	●	●	●				●				
	HC692	하늘의 소리 뱅크	1991년 9월 6일	3,880엔	●	●	●				●	●	●	●	●
	PI-AD7	백업 부스터	1989년 11월 12일	7,800엔	●	●					●				
	PI-AD8	백업 부스터 II	1989년 12월 8일	5,800엔	●	●					●				
	PI-AD9	백업 유닛	1989년 11월 22일	5,800엔				●							
	PI-AD19	메모리 베이스 128	1993년 3월 1일	5,980엔	●	●	●			●	●		●	●	●
크리에이티브	PI-AS1	아티스트 툴	1989년 9월 29일	5,800엔	●	●				●	●				
	PI-AD3	프린트 부스터	1989년 9월 29일	24,800엔	●	●				●	●				
	PI-AD4	일러스트 부스터	1989년 9월 29일	9,800엔	●	●				●	●				
	PI-AD5	포토 리더	1989년 9월 29일	5,000엔	●	●				●	●				
기타	RAU-30	ROM² 어댑터	1990년 4월 8일	6,900엔			●								
	AMP-30	ROM² 앰프	1989년 10월 27일	24,800엔	CD-ROM² 전용										
	SPK-30	ROM² 스피커	1989년 10월 27일		CD-ROM² 전용										
	MIC-30	마이크	1989년 12월 4일	5,500엔	CD-ROM² 전용										
	PI-AD18	슈퍼 ROM² 어댑터	1992년 3월 1일	5,900엔						●					
	PI-AN4	컴 케이블	1990년 12월 7일	1,800엔					●						

HARDWARE

1987
1988
1989
1990
1991
1992
1993
1994
1995
1996
1997
1998
INDEX

BG도 스프라이트도 2배로 늘어난 하이엔드 PC엔진

PC엔진 슈퍼 그래픽스

PI-TG4
NEC 홈 일렉트로닉스 　　 1989년 12월 8일 　　 39,800엔

▶ 강경한 이미지가 느껴지는 슈퍼 그래픽스의
외장 패키지.

디자인 컨셉은 '엔진'

PC엔진 슈퍼 그래픽스는 제 2세대 PC엔진의 플래그십이라는 포지션으로 개발된 모델이다. HuC6270을 2개 탑재하여, 표시 가능한 스프라이트 매수와 BG 매수를 2배로 늘리는 데 성공했다.

본체는 기존의 아담한 외형에서 탈피한 거대하고 특이한 디자인으로서, 상당한 존재감을 과시하는 형태가 되었다. 디자인 컨셉은 자동차 엔진에서 따와, 본체 윗면의 육각나사로 투박한 이미지를 부각시켰다.

높은 가격에도 불구하고 변경점이

라고는 그래픽 표시성능 정도였던 탓인지 팬들로부터는 그다지 호평 받지 못해, 결과적으로 슈퍼 그래픽스 전용 소프트는 불과 5종, 슈퍼 그래픽스 지원 소프트는 1종에 그치고 말았다.

본체 앞면에는 아날로그 컨트롤러용 단자가 추가되었고, 이 단자를 쓰는 전용 컨트롤러로서 슈퍼 그래픽스 본체 위에 그대로 덮어씌우고 핸들을 붙인 거대한 주변기기 '파워 콘솔'도 개발되고 있었다. 하지만 슈퍼 그래픽스의 상업적 실패 탓에 결국 실제로 발매되지는 못하고, 소수 남아있던 시험 제작품이 코믹 마켓의 기업 부스에서 경매로 출품되었다.

뒷면에는 확장 버스가 있긴 하나,

본체 사이즈 문제로 CD-ROM²을 그대로 접속할 수 없었기에 'ROM² 어댑터'라는 전용 주변기기가 별도 발매되었다. 실용성은 차치하더라도, 한 번은 눈앞에서 연결해볼만한 장관이 아닐까 싶다.

PC엔진 슈퍼 그래픽스용 주변기기

PI-PD06	터보 패드	1989년 12월 8일	2,680엔	본체 동봉
PAD-113	AC 어댑터	1989년 12월 8일	1,200엔	본체 동봉, 별매 예비품
RAU-30	ROM² 어댑터	1990년 4월 8일	6,900엔	

▲ CD-ROM²이 작아 보일 정도로 압도적인 합체 후의 모습.

코어 구상의 왕도를 걷는 표준형 PC엔진

PC엔진 코어 그래픽스

PI-TG3

NEC 홈 일렉트로닉스 　　　 1989년 12월 8일 　　　 24,800엔

이 확 달라진 코어 그래픽스. ◀ 바디 컬러가 블랙으로 바뀌 어 디자인은 동일한데도 인상

모든 주변기기를 그대로 사용 가능

코어 그래픽스는 초기형 PC엔진의 정통 후계기로 발매된 표준형 모델이다. 영상 출력이 RF에서 컴포지트 비디오로 변경되고, 연사 기능이 추가된 터보 패드가 기본 제공되는 것 외에는 완전히 성능이 동일해, 이전 모델을 그대로 대체하는 시리즈의 중심 모델로서 시장에 자리 잡았다.

PC엔진 코어그래픽스용 주변기기

PI-PD06	터보 패드	1989년 12월 8일	2,680엔	본체 동봉
PAD-106	AC 어댑터	1989년 12월 8일	1,200엔	본체 동봉, 별매 예비품

HuCARD 전용으로 수요층을 좁힌 보급형 PC엔진

PC엔진 셔틀

PI-TG5

NEC 홈 일렉트로닉스 　　　 1989년 11월 21일 　　　 18,800엔

▲ 저연령층용 모델로 포지션을 잡아 일러스트를 넣은 외장 패키지가 인상적이다.

의외로 큰 본체 사이즈

PC엔진 셔틀은 제 2세대 PC엔진 중에서 저연령층에게 어필한 보급형 모델이다.

확장 버스 단자를 삭제하고 HuCARD 소프트만 구동할 수 있도록 설계하여, 그런 만큼 가격을 염가화했다. 확장 버스를 이용하는 주변기기는 일체 사용할 수 없기 때문에, 전용 백업 유닛이 별도로 발매되기도 했다. 하지만 후속 모델들이 꾸준히 염가화되면서 존재의 의가 희박해져, 라인업이 더 이어지지 않고 이 기종으로 끝나버렸다.

PC엔진 셔틀용 주변기기

PI-PD5	터보 패드 II	1989년 11월 21일	2,680엔	본체 동봉
PI-AD9	백업 유닛	1989년 11월 21일	5,800엔	

HARDWARE
1987
1988
1989
1990
1991
1992
1993
1994
1995
1996
1997
1998
INDEX

HARDWARE

1987
1988
1989
1990
1991
1992
1993
1994
1995
1996
1997
1998
INDEX

HuCARD의 사이즈 이점을 살린 휴대용 PC엔진

PC엔진 GT

PI-TG6

NEC 홈 일렉트로닉스　　　1990년 12월 1일　　　44,800엔

▶ 외장 패키지.
'GT'란 '게임 &
TV'의 약칭이다.

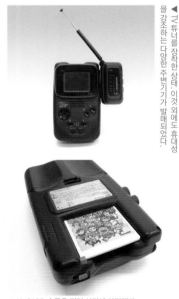

▲ TV 튜너를 장착한 상태. 이것 외에도 휴대성을 강조하는 다양한 주변기기가 발매되었다.

▲ HuCARD 슬롯은 뒷면 상단에 마련했다.

■ 고화질 2.6인치 TFT LCD를 탑재

PC엔진 GT는 2.6인치 TFT 컬러 LCD를 탑재한 휴대용 PC엔진이다. 당시는 게임 보이를 필두로 세가의 게임 기어, 아타리의 링스 등 휴대용 게임기가 차례차례 발매되던 시기로. 그런 흐름에 뒤처지지 않도록 휴대용 게임기 시장에 진입하기 위해 내놓은 하드웨어였다.

PC엔진 GT의 가장 큰 특징은 'HuCARD 소프트를 그대로 사용 가능'하다는 점이다. 가정용 게임기와 휴대용 게임기가 동일한 소프트를 공통 사용한다는 발상은 그야말로 전대미문으로, 출시 시점부터 기존의 막대한 소프트 자산을 활용할 수 있다는 것은 커다란 이점이었다. 물론 PC엔진이 개발 단계부터 휴대용 출시를 염두에 두진 않았겠으나, HuCARD라는 소형 소프트 매체를 꾸준히 사용해 왔기에 가능했던 우위성이라 할 만하다.

별매품으로 TV 튜너가 발매되어, TFT 컬러 LCD를 활용한 소형 TV로도 사용할 수 있었다. 그러나 AA형 건전지 6개로 약 3시간밖에 버티지 못하는 비효율성과 비싼 본체 가격이 문제였고, 확장 버스는커녕 패드 단자조차 없어 PC엔진용 주변기기는 모조리 사용 불가능했다(PC엔진 셔틀에조차 있던 백업 메모리 대용수단도 없다). PC엔진 GT만의 어필 포인트로서 몇몇 게임이 컴 케이블을 사용한 통신대전을 지원하긴 했지만, 판매의 기폭제로 이어지지는 못했다.

PC엔진 GT용 주변기기

PI-AD11	TV 튜너	1990년 12월 1일	14,800엔	
PI-AD12	GT 카 어댑터	1990년 12월 1일	3,900엔	
LC-AV1	GT AV 케이블	1990년 12월 1일	980엔	
LC-RF1	엑스트라 안테나 커넥터	1990년 12월 1일	980엔	
PAD-121	AC 어댑터	1990년 12월 1일	2,900엔	
PI-AN4	컴 케이블	1990년 12월 1일	1,800엔	
PK-001	파워 팩	1991년 9월 28일	6,900엔	카시노키 총업에서 발매

■ 통신대전 지원 소프트

- 「봄버맨」
- 「스핀페어」
- 「컬럼스」
- 「퍼즐 보이」
- 「모리타 쇼기 PC」
- 「봄버맨 '93」

본체에 LCD 모니터를 탑재한 노트북 형 PC엔진

PC엔진 LT

PI-TG9

NEC 홈 일렉트로닉스   1991년 12월 13일   99,800엔

HuCARD

▲ 본체를 닫은 상태. 작은 마름 상 당이 두툼하게 느껴지는 외관이다.

▲ 패드를 겸한 상단 패널 부분. 물론 연사 기능도 내장했다.

▶ PC엔진 Duo와는 다른 의 미로 '게임기의 이상형' 을 추구한 궁극 형태라 할 만한 LT. 가격만 적당했다 면 샀을 유저도 많지 않았 을까?

역대 모델 중 최고가 기기

PC엔진 LT는 4인치 TFT 컬러 LCD 를 탑재한 모델이다. 앞쪽에서 다뤘던 PC엔진 GT와 같은 휴대용 기기라 기보다는 코어 그래픽스의 연장선상 에 있는 하드웨어로, 본체 뒷면에 확 장 버스를 남겨두어 코어 구상에 기초 한 확장성을 그대로 이어받은 점이 특 징이다.

경첩을 활용해 반으로 접히는 구조 로, LCD 모니터 탑재 때문에 두께는 두 배로 늘어났지만 가로·세로 길이는 코어 그래픽스와 완전히 동일해, 아래 사진처럼 CD-ROM² 시스템에도 문제 없이 접속할 수 있다. 다만 슈퍼 CD-ROM²에는 경첩 부분이 걸려 그대로 는 접속 불가능하므로, 연결용 보조부 품인 슈퍼 CD-ROM² 어댑터가 별도 발매되었다.

PC엔진 LT는 비록 몸체는 작지만, TV 튜너도 내장했고 외부 기기에 연 결 가능한 영상입력 단자까지 갖추었 으며, 별도로 패드를 연결하지 않아도 본체의 버튼으로 직접 조작할 수 있는 등, 있었으면 싶은 기능은 모두 갖추고 있다. 하지만 정작 배터리 내장이 아니 라는, 유일이자 최대의 단점도 있었다.

엄청난 고가의 기기인 탓에 상업적 으로 성공했다고는 하기 힘들지만, 발 매된 것 자체에 의미가 있는 걸작이라 할 수 있다.

▲ CD-ROM² 시스템과 합체시킨 예.

PC엔진 LT용 주변기기

PAD-127	AC 어댑터	1991년 12월 13일	1,200엔	본체 동봉, 별매 예비품
PAD-113	슈퍼 ROM² 어댑터	1992년 3월	5,900엔	

HARDWARE

1987
1988
1989
1990
1991
1992
1993
1994
1995
1996
1997
1998
INDEX

세계 최초의 가정용 게임기용 CD-ROM 드라이브

CD-ROM² 시스템

IFU-30 / CDR-30

NEC 홈 일렉트로닉스   1988년 12월 4일   27,000엔 (인터페이스 유닛) / 32,800엔 (CD-ROM 유닛)

▶ 인터페이스 유닛과 CD-ROM 유닛이
별개 발매되었을 당시의 외장 패키지.

코어 구상의 최종형 주변기기

CD-ROM²('시디 롬롬'이라 읽음)은, 인터페이스 유닛을 통해 연결됨으로써 PC엔진을 세계 최초의 가정용 게임기용 CD-ROM 드라이브 탑재 게임기로 만들어주는 시스템이다. 소비세(역주 ※) 시행 전에는 CD 플레이어에 물품세가 부과되었으므로, 조금이라도 가격을 낮추기 위해 인터페이스 유닛과 CD-ROM 유닛을 별도 발매했다 (소비세 시행으로 물품세가 폐지된 이후부터는 세트 발매로 바꾸었다).

CD-ROM 유닛은 PC엔진 본체와 동일한 크기이며, 단독으로도 음악 CD 플레이어로 사용할 수 있고, NEC의 PC인 PC-8801MC용 CD-ROM 드라이브로도 활용할 수 있다. 한편, 인터페이스 유닛은 손잡이가 달린 휴대용 케이스도 겸해, PC엔진 및 CD-ROM 유닛을 함께 수납할 수 있다. 실로 우수한 포터블 디자인이라 하겠다.

인터페이스 유닛의 사양

형식번호	IFU-30
메모리	RAM : 64KB(메인), 64KB(ADPCM), 2KB(백업)
사운드	ADPCM 1음 (오키전기 제 MSM5205)
입출력단자	PC엔진 접속 단자, CD-ROM 접속 단자, RCA 핀잭×3 (오디오 L/R, 컴포지트 비디오)
전원/소비전력	전용 AC 어댑터 DC 9V 1,450mA / 약 10W
외형 치수	302(가로) × 226(세로) × 63(높이) mm
부속품	인터페이스 유닛 커버, 시스템 카드, AC 어댑터, 접속 코드 2개, 취급설명서, 보증서

CD-ROM 유닛의 사양

형식번호	CDR-30
엑세스 속도	150KB/sec. (1배속)
지원 매체	12cm 및 8cm CD-ROM² 대응 CD-ROM, CD-DA, CD 그래픽스(시스템 카드 V2.0 이상)
입출력단자	스테레오 헤드폰 단자, 인터페이스 유닛 접속 단자
전원/소비전력	인터페이스 유닛에서 공급 (전용 AC 어댑터 DC 9V로 단독 사용도 가능) / 약 4W
외형 치수	142(가로) × 138(세로) × 42.5(높이) mm
부속품	접속 코드, 취급설명서, 보증서

(역주 ※) 일본은 1989년 4월 1일부터 모든 상품에 3%의 소비세(한국의 부가가치세에 해당)가 신설되었다. 이전까지는 전자제품 등 사치품에 한해 물품세 등이 부과되었으나, 이를 모두 통합한 것. 참고로 현재 일본의 소비세율은 10%.

▲ 소비세 도입 이후에는 세트로 발매되었다.

INTERFACE UNIT

CD-ROM UNIT

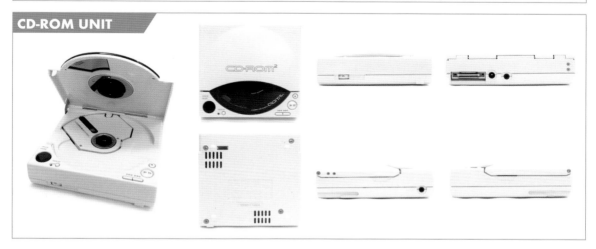

또한 인터페이스 유닛은 AV 부스터, 백업 부스터 등 코어 구상 관련 주변기기들의 기능도 모두 포함하고 있어, PC엔진의 확장 버스가 사실상 CD-ROM² 시스템을 위해 존재했다고 할 만큼 CD-ROM² 시스템은 PC엔진에서 가장 널리 사용된 주변기기가 되었다.

PC Engine
CD-ROM² SYSTEM
VER. 2.10

PUSH RUN BUTTON!

© NEC Home Electronics. Ltd. 1989
© HUDSON SOFT 1989

▲ CD-ROM² 게임을 플레이할 때는 시스템 카드를 꽂아 기동시킨다.

소프트 매체는 당연히 CD-ROM

CD-ROM² 대응 게임은 일반적인 CD용 주얼 케이스로 공급되었다. HuCARD 게임과 혼동하지 않도록 케이스 뒷면에는 CD-ROM² 시스템 설명이 사진과 함께 실려 있어, 당시의 유저들이 아마도 생애 처음 접했을 'CD-ROM 매체의 게임 소프트'를 안내해주는 길잡이 역할을 했다. 이후 점차 CD-ROM² 대응 게임이 정착되자, 현재처럼 게임 화면 사진이나 선전문구가 들어간 뒤표지 형태로 바뀌어갔다.

CD-ROM²용 주변기기

PAD-123	AC 어댑터	1988년 12월 4일	1,500엔	본체 동봉, 별매 예비품
	시스템 카드 ver 2.1	1990년 7월 6일	4,800엔	
AMP-30	ROM² 앰프	1989년 10월 27일	24,800엔	
SPK-30	ROM² 스피커	1989년 10월 27일		ROM² 앰프에 동봉
MIC-30	마이크	1989년 12월 4일	5,500엔	

▲ CD-ROM² 전용 주변기기인 ROM² 앰프.

HARDWARE
1987
1988
1989
1990
1991
1992
1993
1994
1995
1996
1997
1998
INDEX

HARDWARE
1987
1988
1989
1990
1991
1992
1993
1994
1995
1996
1997
1998
INDEX

시스템 카드와 인터페이스 유닛도 일체화

슈퍼 CD-ROM²

PI-CD1

NEC 홈 일렉트로닉스　　1991년 12월 13일　　47,800엔

SUPER CD-ROM² SYSTEM

▶ 코어 그래픽스 II와 합체시킨 사진을 실은 외장 패키지 사진.

구형 CD-ROM²도 업그레이드 가능

기존 CD-ROM² 시스템에서도 슈퍼 CD-ROM² 전용 게임을 플레이할 수 있도록 하는 '슈퍼 시스템 카드'도 발매되었다. 카드 안에 256KB SRAM이 탑재되어 있다.

▲ 대용량 메모리를 탑재한 탓에 카드 아래쪽이 볼록 튀어나온 형태가 된 슈퍼 시스템 카드.

슈퍼 시스템 카드
NEC 홈 일렉트로닉스
1991년 10월 26일　9,800엔

메모리 용량은 기존의 4배!

CD-ROM² 시스템의 등장으로 PC 엔진의 표현력을 유감없이 발휘할 새로운 가능성이 열렸지만, 막대한 디스크 용량에 비해 본체 메모리는 너무나 작다는 문제점도 함께 드러났다. 게다가 경쟁사도 CD-ROM 드라이브를 탑재한 게임기를 출시하던 시기라, 성능을 한층 더 업그레이드시켜 시장 확대를 노린 제품이 슈퍼 CD-ROM²이다.

본체 성능 자체는 메인 메모리 용량을 기존의 64KB에서 256KB로 늘린 것뿐이고, 커다란 변경점은 없다. 하지만 반대로 생각하면, 메모리만 확장하면 기존 CD-ROM²으로도 슈퍼CD-ROM² 소프트를 구동할 수 있다는 것이니 실로 합리적인 해결 방법이었다.

특히 대량의 작업 메모리가 필요한 RPG와 시뮬레이션 게임의 제작사가 이를 환영하여, 이 기기의 발매 후 PC 엔진의 CD 매체 타이틀 주류는 재빠르게 CD-ROM²에서 슈퍼 CD-ROM²으로 전환되었다. 본 제품보다 한 발먼저 발매된 CD-ROM 드라이브 일체형 기기 'PC엔진 Duo' 역시 슈퍼 CD-ROM² 시스템 기반이었기에, 중기부터 후기까지의 PC엔진 게임은 슈퍼 CD-ROM²용 위주가 되었다.

슈퍼 CD-ROM²의 사양

형식번호	PI-CD1
메모리	RAM : 256KB(메인), 64KB(ADPCM), 2KB(백업)
사운드	ADPCM 1음 (오키전기 제 MSM5205)
액세스 속도	150KB/sec. (1배속)
대응 매체	12cm 및 8cm CD-ROM² 대응 CD-ROM, CD-DA, CD 그래픽스(시스템 카드 V2.0 이상)
입출력단자	PC엔진 접속 단자, 확장 단자
전원/소비전력	전용 AC 어댑터 DC 9V / 약 4W
외형 치수	140(가로) × 135(세로) × 40(높이) mm
부속품	AC 어댑터, 취급설명서, 보증서

슈퍼 CD-ROM²용 주변기기

PAD-125	AC 어댑터	1991년 12월 13일	1,980엔	본체 동봉, 별매 예비품

더욱 표현력을 끌어올려, 격투 게임 이식도 가능해졌다!

아케이드 카드

PCE-AC1 / PCE-AC2

NEC 홈 일렉트로닉스　　　1994년 3월 12일　　　12,800엔 (아케이드 카드 DUO), 17,800엔 (아케이드 카드 PRO)

■ 소유 기종에 맞춘 2종류의 카드

아케이드 카드 DUO·PRO는, CD-ROM 매체를 사용한 타사의 가정용 게임기가 속속 등장하는 가운데 PC엔진의 수명 연장을 노려 발매된 새로운 시스템 카드다. DUO는 16Mbit(2MB), PRO는 18Mbit(2.25MB) 용량의 SRAM을 탑재했으니, 슈퍼 CD-ROM²의 9배 용량에 해당한다. 아케이드 카드 DUO는 본체 내장 메모리와 병용하는 식으로 용량을 줄여 가격을 낮춘 제품이지만, 이 때문에 오른쪽 박스 내에 기재한 기종에서만 사용할 수 있다(PRO는 모든 CD-ROM²에서 사용 가능하다).

원래는 당시에 유행하던 대전격투 게임의 이식을 돕기 위해 개발된 제품이지만, 메모리가 늘어나면 당연히 표현력도 향상시킬 수 있고 디스크 로딩 빈도도 낮출 수 있으므로, 아케이드 게임 이식 외에도 여러 게임에서 활용되었다.

최종적으로는 아케이드 카드 전용 게임 12타이틀, 메모리 증가로 디스크 로딩 빈도 저감이나 데모 신 추가 등의 강화 효과가 있는 아케이드 카드 지원 게임 26타이틀로 총 38종이나 관련 타이틀이 발매되었다.

■ 아케이드 카드 DUO 대응 기종

- PC엔진 Duo
- PC엔진 Duo-R
- PC엔진 Duo-RX
- 슈퍼 CD-ROM²
- 레이저액티브 + LD-ROM²

CD-ROM² 규격 지원 기종 일람표

이 게임을 플레이하려면 어떤 제품을 사야 하는지 모르겠다! 이런 분을 위한 일람표.

	PC엔진 코어 그래픽스/II PC엔진 LT	왼쪽의 기종 + CD-ROM²	PC엔진 Duo PC엔진 Duo-R PC엔진 Duo-RX	레이저액티브
CD-ROM² SYSTEM	 CD-ROM²	바로 플레이 가능	바로 플레이 가능	바로 플레이 가능
SUPER CD-ROM² SYSTEM	슈퍼 CD-ROM²	슈퍼 시스템 카드	바로 플레이 가능	바로 플레이 가능
ARCADE CD-ROM 専用	아케이드 카드 PRO	아케이드 카드 PRO	아케이드 카드 DUO	아케이드 카드 DUO

HARDWARE

1987
1988
1989
1990
1991
1992
1993
1994
1995
1996
1997
1998
INDEX

코어 그래픽스의 성능 그대로 5000엔 저렴해진

PC엔진 코어 그래픽스 II

HuCARD

PI-TG7

NEC 홈 일렉트로닉스   1991년 6월 21일   19,800엔

코어 구상을 따른 최후의 하드웨어

PC엔진 코어 그래픽스 II는 1989년 발매된 코어 그래픽스(21p)의 후속 모델로 발매된 기종이다. 하드웨어적인 사양은 코어 그래픽스와 완전히 동일하며, 내부설계를 재검토해 단가를 절감한 것이 특징이다. 권장소비자가격 기준으로는 2만 엔 미만이 된 19,800엔이라는 가격 덕분에, 단숨에 저렴해진 느낌을 주었다.

이 기종은 초기형 PC엔진부터의 '코어 구상'을 계승한 게임기로, 후면에 확장 버스를 탑재하였으므로 확장 버스를 이용하는 주변기기는 모두 사용할 수 있다. CD-ROM^2 시스템이나 하늘의 소리 2를 비롯한 백업용 주변기기는 대부분 다른 대용품으로 대체 가능하거나 본체에 내장되어 있어 거

의 문제가 없지만, 프린트 부스터처럼 대체수단이 없는 주변기기는 초기형 PC엔진 및 코어 그래픽스/II에서만 작동 가능하므로 주의해야 한다.

다만 반대로 생각하면 굳이 확장 버스를 써야 할 필요성은 그 정도에 불과하다는 말도 되므로, 단순히 HuCARD와 CD-ROM^{2}을 사용한 게임을 플레이하는 정도라면 Duo 시리즈로도 수요가 충분하다고도 볼 수 있다. 실제로도 마지막까지 살아남은 모델은 Duo 시리즈뿐이었으니, 결국 유저들이 바랐던 것은 코어 구상 같은 '이상'이 아니라 그저 게임을 플레이하고 싶다는 '현실' 쪽이었을지도 모르겠다.

제 3세대 컬러는 '그레이'로 통일

1세대 PC엔진의 '화이트', 2세대의 '블랙'에 이어 코어 그래픽스 II는 3세대 본체 색으로 '그레이'를 도입했다. 동세대기로 발매된 PC엔진 LT와 슈퍼 CD-ROM^{2}도 같은 색으로 통일되었으니, 여기에 로고 색깔로 오렌지색이 더해진 이 세대의 컬러링을 인상적으로 기억하는 유저들도 많지 않을까 싶다.

PC엔진 코어 그래픽스 II용 주변기기

| PI-PD08 | 터보 패드 | 1991년 6월 21일 | 2,680엔 | 본체 동봉 |
| PAD-106 | AC 어댑터 | 1989년 12월 8일 | 1,200엔 | 본체 동봉, 별매 예비품 |

▲ PC엔진 코어 그래픽스 II의 외장 패키지.

진화하는 레이저디스크 플레이어 + PC엔진

레이저액티브

CLD-A100 / PAC-P1

파이오니어　1993년 8월 20일　89,800엔 (별도로 LD-ROM² 팩 39,000엔 필요)

HARDWARE

1987
1988
1989
1990
1991
1992
1993
1994
1995
1996
1997
1998
INDEX

■ 레이저액티브는 규격명칭

파이오니어가 발매한 레이저액티브는, LD와 CD 재생은 물론이고 별매된 각종 컨트롤 팩을 장착하면 LD의 고화질을 활용한 게임이나 노래방까지 즐길 수 있었던 독특한 제품이다. 본체 왼쪽 아래의 컨트롤 팩 슬롯에 대응되는 제품으로서 PC엔진 LD-ROM² 팩, 메가 LD 팩, 가라오케 팩 3종류가 별도로 발매되어, 각각의 목적

에 맞는 추가 기능을 덧붙일 수 있다.

LD-ROM² 팩은 LD-ROM² 외에 HuCARD와 슈퍼 CD-ROM² 게임까지 구동할 수 있다. 아케이드 카드 지원 게임은 별도로 아케이드 카드 PRO 혹은 DUO를 설치하면 지원된다.

패드는 전용 터보 패드가 1개 동봉되었는데, 설치 거리를 고려하여 케이블 길이가 2m나 되었다. 물론 시판되는 각종 패드 및 컨트롤러도 사용할 수 있다. 부피가 크다는 건 단점이지만, 거의 모든 PC엔진용 게임을 이것

한 대로 즐길 수 있는 멋진 제품이다.

▲ LD-ROM² 팩을 전면에서 바라본 사진.

NEC의 OEM판 레이저액티브

실은 NEC도 레이저액티브를 OEM 형태로 발매했다. 기능과 가격 모두 파이오니어판과 동일하다.

레이저액티브 LD-ROM² 대응 레이저디스크 플레이어

NEC 홈 일렉트로닉스
PCE-LD1　89,800엔

PC엔진 팩

NEC 홈 일렉트로닉스
PCE-LP1　39,000엔

HARDWARE

1987
1988
1989
1990
1991
1992
1993
1994
1995
1996
1997
1998
INDEX

슈퍼 CD-ROM² 과 일체화된 스타일리시 모델

PC엔진 Duo

PI-TG8

NEC 홈 일렉트로닉스　　　1991년 9월 21일　　　59,800엔

SUPER CD-ROM² SYSTEM

배터리를 장착하면 야외에서도 구동

PC엔진 Duo는 PC엔진 본체와 슈퍼 CD-ROM² 시스템을 일체화시킨 올인원 모델이다. 시스템 카드도 본체 ROM 내에 내장되어, 카드 없이도 CD-ROM을 구동할 수 있게 되었다 (일부러 구 버전 시스템 카드를 꽂아 기동할 수도 있다). 한편 후면의 확장 버스는 삭제되어, 코어 구상이란 결국 'CD-ROM 드라이브를 연결하는 목적'에 불과했음을 NEC가 스스로 증명해버린 셈이 되었다.

기존 PC엔진과는 확연히 달라진 스타일리시한 디자인은 많은 호평을 받아, 1991년도 굿 디자인 상을 수상하기도 했다.

또한 Duo는 단순히 일체형 기기에 그치지 않고, 배터리와 액정 모니터 등의 다채로운 주변기기까지 준비된 야외 구동 가능형 PC엔진이라는 측면도 겸비했다. 그러나 모든 주변기기를 구입하면 무려 15만 엔이 넘는다는 고가격 문제로 유저들조차 거의 모르는 사양이 되어, 야외 지향 노선은 후속기로 이어지지 못했다.

▲ 본체와 마찬가지로, 외장 패키지도 시크하게 다듬어진 우아한 디자인이 되었다.

▲ 자동차 안에서 사용할 것을 상정하여, 카 어댑터도 발매되었다.

PC엔진 Duo용 주변기기

PAD-124	AC 어댑터	1991년 9월 21일	1,200엔	본체 동봉, 별매 예비품
PAD-113	Duo 모니터	1991년 9월 21일	79,800엔	
PI-AD13	카 어댑터	1991년 9월 21일	5,980엔	
PI-AD16	Duo 모니터 전용 카 어댑터	1991년 9월 21일	4,480엔	
PI-AD17	Duo 모니터 전용 배터리 팩	1991년 9월 21일	3,980엔	
PI-AN5	Duo 모니터 전용 AV 케이블	1991년 9월 21일	980엔	
PI-AN6	안테나 정합기	1991년 9월 21일	980엔	
PAD-126	Duo 모니터 전용 AC 어댑터	1991년 9월 21일		
PI-AD14	배터리 세트	1991년 11월 21일	6,900엔	
PI-AD15	Duo 배터리 팩	1991년 11월 21일	2,680엔	
PI-PD11	코드리스 멀티 탭 세트	1992년 12월 18일	9,980엔	
PI-PD12	코드리스 패드	1992년 12월 18일	3,980엔	

▲ 근사한 TFT LCD가 눈에 띄는, 스타일리시한 Duo 모니터.

단숨에 2만 엔이나 저렴해진, 가성비 높은 Duo

PC엔진 Duo-R

PI-TG10

NEC 홈 일렉트로닉스　　　1993년 3월 25일　　　39,800엔

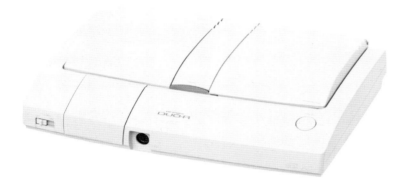

Duo의 주변기기는 사용할 수 없지만……

NEC의 로고가 지금의 디자인으로 바뀐 후의 발매 제품 1호. Duo에서 혹평 받았던 배터리나 LCD 모니터 등의 옵션 기능을 전부 삭제한 염가판으로, 가격대 성능비가 높아져 인기를 얻었다.

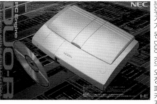

▲ 다시 이미지를 뒤집어 사이버틱한 분위기가 된 Duo-R의 외장 패키지.

PC엔진 Duo-R용 주변기기

PCE-TP2	터보 패드	1993년 3월 25일	2,680엔	본체 동봉
PAD-129	AC 어댑터	1993년 11월 1일	1,980엔	본체 동봉, 별매 예비품

6버튼 패드가 동봉된, PC엔진의 최종 모델

PC엔진 Duo-RX

PCE-DUORX

NEC 홈 일렉트로닉스　　　1994년 6월 25일　　　29,800엔

CD-ROM 게임기가 이 정도까지 싸졌다

아케이드 패드 6이 기본 포함된 초염가판 Duo로, 가격이 드디어 3만 엔 미만으로 내려갔다. 이후엔 PC-FX에 자리를 넘겨주면서, 이 기종이 PC엔진의 최종 모델로 남았다.

▲ Duo-R을 답습하면서도 더욱 단순해진 Duo-RX의 외장 패키지.

PC엔진 Duo-RX용 주변기기

PCE-TP1	아케이드 패드 6	1994년 6월 25일	2,980엔	본체 동봉
PAD-130	AC 어댑터	1994년 6월 25일	1,980엔	본체 동봉, 별매 예비품

HARDWARE

1987
1988
1989
1990
1991
1992
1993
1994
1995
1996
1997
1998
INDEX

COLUMN OF PC ENGINE
'HE 시스템'이란 과연 무엇인가

PC엔진은, 실은 HE 시스템을 탑재한 상품의 일종이었다

PC엔진을 만져본 사람이라면, 관련 제품과 게임 소프트에 인쇄된 'HE 시스템'이라는 마크를 다들 기억하지 않을까. 심지어는, 게임 CD-ROM을 음악 CD 플레이어로 재생해 보면 '이것은 HE 시스템용 CD-ROM 디스크입니다'라는 내레이션이 흘러나온다. 여기에서 말하는 'HE 시스템'이란 과연 무엇일까?

이 책에서는 독자가 알기 쉽도록 'PC엔진용 하드웨어, 소프트웨어' 등으로 기술하고는 있으나, 엄밀히 하자면 모두 'HE 시스템용'이라고

부르는 것이 맞다. HE 시스템이란 허드슨과 NEC 홈 일렉트로닉스가 공동 개발한 홈 엔터테인먼트 기기 규격 명칭으로서, PC엔진은 실은 HE 시스템을 탑재한 상품의 일종인 셈이다.

그러나 아쉽게도 이 규격 기획에 맞춰 발매된 제품은 얼마 되지 않았다. NEC와 허드슨 모두 자사 소프트웨어와 하드웨어 공급만으로도 벅찼기에, 이 규격을 솔루션 영업으로 승화시키는 데까지는 역부족이었던

모양이다. 결과적으로는 기획안만 남고 끝나버린 느낌도 없지 않으나, PC엔진에 관련된 소소한 정보 중 하나로 기억해둘 만하다.

HE 시스템을 탑재한 제품은 PC엔진 외에도 존재했다

그렇다면, PC엔진 외에 HE 시스템을 탑재한 제품이 있긴 있었을까? 이에 해당하는 두 가지 채용 사례가 존재하므로, 본 지면에 소개하고자 한다.

PC-KD863G

NEC 홈 일렉트로닉스가 발매한 PC용 모니터. 처음에는 자사의 PC와 HE 시스템을 일체화한 제품으로서 개발을 시작했지만, PC쪽 기판을 설계하려면 상당한 비용이 든다는 이유로, 반대로 모니터에 HE 시스템을 결합한다는 발상의 역전으로 탄생한 제품이다. RGB 신호로 영상이 출력되므로, 고화질로 게임을 즐길 수 있다는 점이 최대의 특징.

X1 twin

샤프가 발매한, PC와 HE 시스템의 일체형 기기. 그러나 겉모습만 일체형이고 실은 전원만 공유하고 있을 뿐으로, PC 쪽에서 HE 시스템을

제어하거나 할 수는 없고 어느 한 쪽으로 전환해 사용해야 하는 설계다. 또한 아쉽게도 영상출력 또한 컴포지트 비디오라, 화질은 일반 PC엔진과 비슷한 수준이다. 전용 디자인의 패드가 1개 동봉되었다.

이 두 기종은 모두 확장 버스가

탑재되지 않았기에, 코어 구상과 관련된 주변기기는 사용할 수 없다. 적어도 CD-ROM²이라도 연결이 가능했더라면 수요가 좀 더 늘어났을지도 모르는 일이니, 정말 아쉬운 제품들이었다.

▲ PC-KD863G와 X1 twin의 팸플릿.

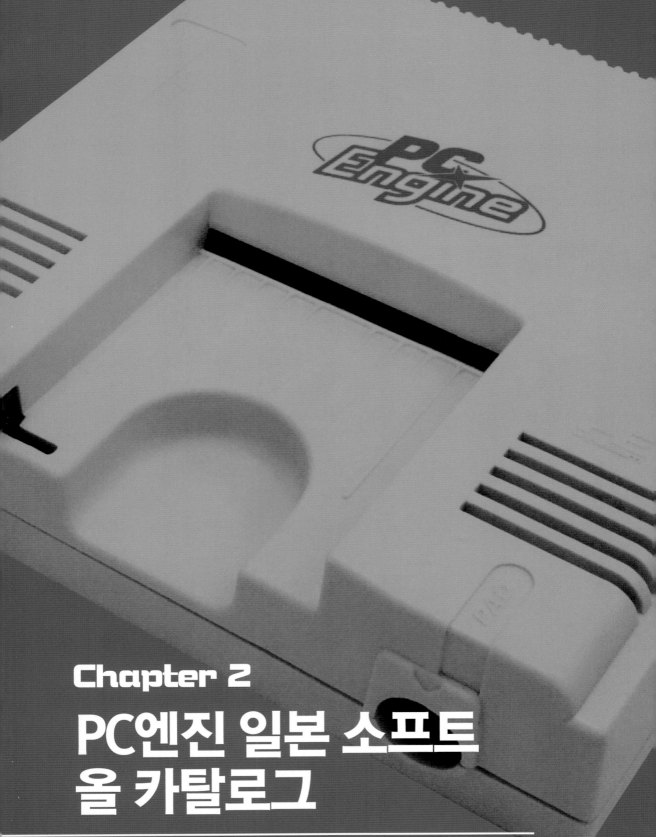

Chapter 2
PC엔진 일본 소프트
올 카탈로그

PC ENGINE SOFTWARE ALL CATALOGUE

해설 PC엔진의 소프트 이야기
COMMENTARY OF PC ENGINE #2

아케이드 게임 팬에게 즐거움을 준 초기 이식 라인업

PC엔진이 발매된 1987년은 아케이드 게임, 특히 슈팅 게임의 전성기였다. 주요 인기 타이틀은 가정용 게임기로 꼬박꼬박 이식되었는데, 그중에서도 독보적인 시장 점유율을 자랑하는 패미컴 쪽이 이식된 게임 수가 월등히 많았다. 그러나 매년 획기적으로 진화하는 아케이드 게임을 패미컴으로 이식하려다 보니 양쪽의 스펙 차이라는 큰 장벽에 부딪쳐야 했고, 게임 개발사 입장에서도 게이머 입장에서도 불만이 클 수밖에 없었다.

그런 불만을 단숨에 불식시켜준 기기가 바로 PC엔진이었다. 런칭 타이틀로 발매된 「R-TYPE」은 용량 문제로 스테이지를 전후반부로 분리해 발매했음에도 불구하고 아케이드 게임 팬들마저 경탄할 만큼의 완성도를 보여주었다. PC엔진의 성능이라면 아케이드 게임의 수준 높은 이식이 가능함을 확인한 아케이드 게임 개발사들은 잇따라 서드파티 참가를 표명했다. 남코, 타이토, 아이렘 등, 이미 자사 게임기

가 있는 세가를 제외한 거의 모든 아케이드 개발사들이 PC엔진으로 인기 아케이드 게임을 이식하기 시작한 것이다.

당시의 유력 서드파티로 NEC 애비뉴도 빼놓아서는 안 된다. NEC 애비뉴는 NEC 그룹의 음악 퍼블리싱 부문으로서 1987년 설립된 자회사로, PC엔진용 게임 공급도 시작하였다. 이 회사는 직접 PC엔진 소프트 공급에 나서지 않은 타사의 타이틀을 중심으로, 「판타지 존」·「스페이스 해리어」등의 인기 아케이드 게임을 발매했다.

PC엔진을 직접 만든 회사로서 하드웨어의 기수 역할이었던 허드슨도 소프트 라인업 상에서 뛰어난 개발력을 유감없이 발휘했다. 앞서 언급한 「R-TYPE」은 물론이고 아케이드 게임 원작의 이식물인 「빅쿠리맨 월드」, 후기의 아케이드 카드 전용 게임 「아랑전설 2」, 「용호의 권」, 「월드 히어로즈」까지 꾸준히 이식해내는 등 기염을 토했다.

당초엔 자사의 게임기용 소프트를 발매하지 않던 NEC 홈 일렉트로닉스 대신, 허드슨은 세컨드파티로서 아케이드 게임 외에도 RPG, 시뮬레이션, 레이싱, 파티 게임에 이르기까지 다양한 장르의 게임을 발매했다. 한창 때에는 연간 15종이나 타이틀을 내놓았을 정도였다. 그중에는 멀티 탭을 사용하는 대전 게임의 기본을 확립한 「봄버맨」과 레드 컴퍼니와의 공동개발로 탄생한 「천외마경」, 「PC원인」 시리즈 등 PC엔진이 원점인 명작 타이틀도 상당수 있다.

미소녀 게임기로 치부되었던 후기 PC엔진

CD-ROM²이 가져다준 가장 큰 진보는 대용량을 활용한 애니메이션 풍 데모와 CD 트랙을 통한 생음원 재생으로 펼쳐지는 BGM 및 음성이었다. 용량의 제약과 항상 싸워왔던 ROM 카트리지 시대에는, 게임 개발시 데모 영상처럼 게임의 재미와 직접 연관이 없는 연출이 생략되는 경우가 많았다. 그러나 사실상 무제한 용량이나 다름없는 CD-ROM²이라면 데모 영상에 얼마든지 용량을 할애할 수 있다. 게다가 PC엔진의 화려한 발색 능력과 애니메이션 풍 그래픽은 상성이 잘 맞았고,

여기에 CD 음원으로 깨끗하게 녹음된 음성도 풍부하게 넣을 수 있었으므로, 유명 성우들을 기용한 애니메이션 풍 데모 영상은 발군의 효과를 냈다. 특히 「천외마경 Ⅱ : 만지마루」, 「이스 Ⅰ·Ⅱ」의 데모는 그야말로 수려해, 게임 화면만으로 그 재미를 보여주기 매우 어려운 장르인 RPG임에도 불구하고 게임 매장에서 선전용 데모로서 절대적인 효과를 발휘했다. CD-ROM이라는 미디어의 장점을 여실히 보여준 좋은 사례다.

또한 이전까지는 지루한 장르로 치

부되던 어드벤처 게임 역시 애니메이션 풍 데모나 성우의 풀 보이스를 잇달아 도입하며, 퍼즐 풀기 위주의 기존 어드벤처 스타일에서 스토리와 영상을 즐기는 '디지털 코믹'이라는 형태로 크게 변모해 갔다. 그로 인해 결과적으로 PC엔진의 수요는 애니메이션 풍 데모에 무게를 둔 이른바 '미소녀 게임'(미소녀 캐릭터로 구매 욕구를 자극하는 게임)으로 급속히 경도되어 버려, 'PC엔진 = 미소녀 게임기'라는 이미지가 고착되기에 이르렀다.

시스템 카드를 통한 버전 업이 낳은 부차적 효과

앞서 설명한 대로, CD-ROM²에는 여러 버전이 존재한다. 버전 업을 통한 메모리 용량 증가가 결과적으로 PC 엔진의 하드웨어 수명을 크게 연장시켜준 것은 사실이지만, 게임에서 요구하는 시스템 카드보다 꽂힌 시스템 카드의 버전이 낮을 경우에는 당연히 실행 자체가 불가능하다. 대체로 이런 경우 '버전이 다릅니다'라는 취지의 짧은 메시지를 보여주어 시스템 버전 업을 유도하지만, 개중엔 장난기 넘치는 개발사가 있어 전용 음성이나 데모 등의 '장난'을 슬쩍 집어넣기도 했다.

그중에는 「악마성 드라큘라 X : 피의 윤회」처럼 일부러 만든 전용 미니게임 「악마성 드라큘라 X(페케)」를 넣는 회사까지 있어, 게이머들 사이에서

▲ 「악마성 드라큘라 X : 피의 윤회」의 경고 화면.

▲ 「아네상[姐]」의 경고 화면.

'게임 소프트를 사면 일부러 구 버전으로 돌려 경고화면을 보는' 암묵적인 관습도 생겨났다.

참고로, 슈퍼 CD-ROM²과 PC엔진 Duo 시리즈처럼 시스템 카드 자체가 본체 ROM에 내장된 기종이라도 구기종용 시스템 카드를 입수해 끼우면 마

찬가지로 게임의 경고 화면을 볼 수 있다. 이런 기종을 갖고 계신 분들은 꼭 한 번 시도해보시라.

이 책에 게재된 카탈로그의 범례

① 대응 기종별 마크

대응기종을 구별하는 마크. 아래의 8종류이다.

HuCARD는 ROM 용량도 기재했다.

 PC엔진 대응 HuCARD 게임

 슈퍼 그래픽스 전용 HuCARD 게임

 슈퍼 그래픽스·PC엔진 동시 지원 HuCARD 게임

 CD-ROM² 시스템 지원 게임

 슈퍼 CD-ROM² 시스템 지원 게임

 LD-ROM² 지원 게임

 아케이드 카드 전용 게임

 아케이드 카드·슈퍼 CD-ROM² 동시 지원 게임

① ▢ HuCARD 4M | **포퓰러스** ②
SLG 허드슨 1991년 4월 5일 7,800엔 ③

플레이어가 신의 시점에서 다양한 기적을 일으켜 인류가 사는 토지를 융기시키고, 천재지변을 일으켜 자신을 믿는 사람들이 적 민족을 이기도록 만드는 시뮬레이션 게임. PC 게임의 이식작으로, 펼친 책 형태의 맵과 아이콘화된 커맨드 등의 탁상형 인터페이스도 재현했다. ⑥

② 게임 타이틀명

③ 기본 스펙 표기란

장르, 발매 회사, 발매일, 가격. 대응 주변기기 등의 특이사항 역시 여기에 표기한다.

④ 패키지 표지 ⑤ 게임 화면 ⑥ 내용 설명

⑦ 지원 주변기기 아이콘

이 게임이 지원하는 주변기기를 표시하는 아이콘.

 백업 메모리 지원 게임

 메모리 베이스 128 지원 게임

 마우스 지원 게임

 6버튼 패드 지원 게임

1987

PC Engine SOFTWARE ALL CATALOGUE

PC엔진이 화려하게 데뷔한 1987년에 발매된 게임은 5종으로, 모두 허드슨 발매작이다.

가정용 게임기래 봐야 패미컴과 세가 마크 III 정도뿐이던 당시에 골패들이 말끔하게 층층이 쌓인 그래픽을 구현해낸 「상하이」, 당대 두 인기 코미디

언을 제대로 닮아 있는(!) 캐릭터 게임 「카토짱 켄짱」, 큼직한 캐릭터가 화면을 가득 채우며 움직이는 「THE 쿵푸」 등, 대부분이 기존의 게임기를 단숨에 압도할 만한 표현력을 유감없이 보여주었다.

판권 캐릭터 게임이라는 이유로 저

평가 받곤 하는 「빅쿠리맨 월드」 역시 원작인 「몬스터 랜드」를 하이레벨로 이식한 작품으로, 이 게임 역시 수수하지만 PC엔진의 잠재력을 보여준 좋은 사례라 하겠다.

상하이

HuCARD 2M　PZL　허드슨　1987년 10월 30일　4,500엔

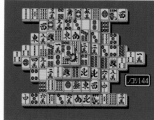

▶ 배우기 쉬운 규칙의 퍼즐로, 어느새 빠져들고 마는 라이트한 매력이 일품. 마작을 전혀 몰라도 즐길 수 있다.

▶ 모든 패를 빼내는 데 성공하면 판에 금이 가고 구멍이 나더니 용이 솟아나 플레이어에게 눈을 돌린다.

산더미처럼 쌓인 마작패를 같은 패끼리 짝 맞춰서 빼나가는, '마작 솔리테어'라는 별명으로도 불리는 퍼즐 게임. 144개의 패를 전부 빼내면 클리어, 남은 패를 더 이상 빼낼 수 없게 되면 게임 오버. 더미 안쪽의 패는 보이지 않아 무슨 무늬인지 알 수 없으므로, 전략적으로 공략해야 한다. 여러 플레이어들이 교대하며 정해진 시간 내에 패를 없애나가는 '챌린지' 모드가 준비돼 있다.

빅쿠리맨 월드

HuCARD 2M　ACT　허드슨　1987년 10월 30일　4,500엔

▶ 주인공 헤드로코코코는 돈을 모아 무기와 방어구를 갖출 수록 강해지는데, 얼마나 강해졌는지 바로 실감할 수 있어 재미있다.

▶ 제각기 개성이 넘치는 패턴을 파악하며 보스들과 싸울 때는 움직임 패턴을 파악하며 전술을 고민해야 해, 공략하는 묘미가 있다.

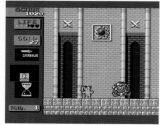

아케이드 게임으로도 인기가 많았던 「원더 보이 몬스터 랜드」를 원작 삼아, 런칭 타이틀로서 개변 이식한 작품. 적의 패턴과 맵 구성을 암기하면서 차분히 공략해야 하는 우수한 완성도는 유지하면서, 주요 캐릭터를 「빅쿠리맨」 계열로 교체했다. 경쾌한 BGM과 조작감이 「원더 보이 몬스터 랜드」와 동일해 원작 팬들에게도 인정받아, PC엔진 초창기 발매작들 중에서도 명작으로 평가 받고 있다.

STG 슈팅 게임　ACT 액션 게임　PZL 퍼즐 게임　RPG 롤플레잉 게임　SLG 시뮬레이션 게임　SPT 스포츠 게임　RCG 레이싱 게임　AVG 어드벤처 게임　ETC 교육·기타 게임　TBL 테이블 게임

HARDWARE
1987
1988
1989
1990
1991
1992
1993
1994
1995
1996
1997
1998
INDEX

THE 쿵푸

HuCARD 2M | ACT 허드슨 1987년 11월 21일 4,500엔

이제까지의 게임기와는 차원이 다른 미려한 그래픽도 놀랍지만, 거대한 캐릭터끼리 싸우는 보스전의 영상도 박력이 넘쳤다.

체력을 회복시키는 우롱차가 나오는 지점이나, 일정 횟수의 대미지를 입으면 쓸 수 있는 필살기 등 숨겨진 요소도 많다.

들을 화려한 킥과 펀치로 해치워간다. 복잡함 없이 즐기는 심플한 조작과 경쾌한 BGM으로 가볍게 플레이할 수 있는 게 매력. 총 4스테이지라는 쉬운 난이도도 한몫했다.

'PC엔진이라는 새로운 게임기에서는 이만큼 커다란 캐릭터가 움직인다'라는 점을 어필하기 위해 만들어진 듯한 쿵푸 액션 게임. 이소룡을 연상시키는 캐릭터를 조종해, 오른쪽으로만 스크롤되는 화면을 전진하며 계속 나타나는 적

카토짱 켄짱

HuCARD 2M | ACT 허드슨 1987년 11월 30일 4,900엔

얼핏 코믹해 보이지만 액션 게임으로서의 난이도는 상당하다. 덕분에 반 복 끝에 겨우 클리어할 때의 성취감이 크다.

주인공들의 점프력이 빈약해 난이도가 높다. 스테이지 구성을 암기하고, 숨겨진 캐릭터나 워프를 잘 활용해야 한다.

당시 일본의 TV 인기 예능 프로 '카토짱 켄짱의 즐거운 TV'의 코너 중 하나인 'THE DETECTIVE STORY'가 모티브인 점프 액션 게임. 리얼하게 그려진 큰 얼굴의 2등신 캐릭터가 취하는 날렵한 액션만 봐도 웃음이 나오는 게임

이다. 미묘하게 약한 느낌이 들도록 조정한 캐릭터의 점프력과 관성이 적용되는 움직임이 절묘한 난이도를 이루어, 액션 게임으로서도 뛰어나다. 코믹하고 흥겨운 음악 연출도 좋았다.

빅토리 런 : 영광의 13,000km

HuCARD 2M | RCG 허드슨 1987년 12월 28일 4,500엔

웅대한 풍경을 감상하며, 13,000km에 달하는 기나긴 랠리를 즐겨보자. 제한시간은 빡빡하다.

게임 내의 자동차는 포르쉐 959와 유사하지만 패키지엔 미쓰비시 파제로 풍의 차가 그려져 있다. 개발 도중 자동차 디자인이 변경된 흔적이다.

랠리 카를 타고 총 8개 코스의 스페셜 스테이지를 주파하는 장거리 레이싱 게임. 스테이지를 시작하기 전에 타이어나 엔진 같은 부품에 포인트를 분배해서 성능을 향상시킬 수 있다. 각 스페셜 스테이지에 설정된 규정 시간＋허용 시

간 내에 종착점에 도착하면 클리어로 인정되어 다음 스페셜 스테이지로 나아간다. 규정 시간보다 빨리 클리어하면 그만큼 다음 스테이지에 허용 시간이 더해진다. 반대로 규정 시간보다 늦을 때마다 줄어들며 0초가 되면 게임오버다.

HARDWARE
1987
1988
1989
1990
1991
1992
1993
1994
1995
1996
1997
1998
INDEX

1988

1988년에 발매된 게임 수는 22타이틀. 첫 서드파티인 남코가 「드래곤 스피리트」 등의 자사 인기 아케이드 게임을 5작품이나 출시하여, PC엔진 시장에 큰 기대를 걸고 있음을 드러냈다.

또한 이 해에는, PC엔진의 핵심 주변기기인 CD-ROM²이 곧바로 발매되어 가정용 게임기 역사에서 새로운 시대를 열었다. 그러나 발매 첫해에 출시된 타이틀이 「No·Ri·Ko」·「파이팅 스트리트」·「빅쿠리맨 대사계」 3작품뿐이라, PC엔진 본체까지 포함하면 84,600엔이나 되는 거금을 투자할만

하기엔 역부족이었음은 부정할 수 없다. 이 시점은 아직 HuCARD 게임만으로도 유저들이 충분히 만족했던 때였다.

사성검 네크로맨서

RPG　허드슨　1988년 1월 22일　4,500엔

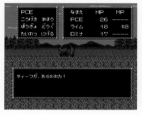

▶ 게임 속 그래픽에도 기거의 영향이 묻어나, 독자적이고 독특한 세계관이 매력.

무심결에 H.R. 기거를 연상케 하는 패키지 그림이 인상적인 롤플레잉 게임. 여러 명의 아군 중 2명을 골라 3인 파티로 모험하는 형식이며, 게임이 고난이도로 세팅돼 있다. 적의 이름 중 크툴루 신화에서 인용한 것이 있어 화제가 되었다.

요괴도중기

ACT　남코　1988년 2월 5일　4,900엔

▶ 욕심을 버리고 살생하지 않고 서 최종 스테이지를 클리어하면 천계로 갈 수 있다!

남코의 PC엔진 참가 후 첫 타이틀로, 아케이드 게임의 이식작. 생전 나쁜 짓만 일삼던 주인공 '타로스케'는 지옥에 갈까? 천계로 올라갈 수 있을까? '만물상'에서 아이템을 사거나 '주사위 도박'을 하는가 하면 용궁에도 가는 등, 여행 내내 흥미진진한 구성이 일품이다.

R-TYPE Ⅰ

STG　허드슨　1988년 3월 25일　4,900엔

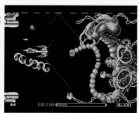

▶ SF 요소와 생물적인 디자인의 파동포스 등 기존의 차원이 다른 내용으로 인기를 끌었다.

횡스크롤 슈팅 게임을 대표하는 작품 중 하나로, 아케이드 원작의 최초 가정용 이식판. 그래픽은 아케이드판을 그대로 유지했다. 다만 PC엔진판은 매체 용량 부족 탓에 아케이드판의 전반 4스테이지를 「R-TYPE Ⅰ」, 후반 4스테이지를 「R-TYPE Ⅱ」로 발매했다.

유유인생

TBL　허드슨　1988년 4월 22일　4,500엔

▶ 타이틀 화면에 TAKARA의 판권표기가 있을 만큼, 인생게임을 거의 그대로 재현한 작품이다.

보드 게임 「인생게임」을 기반으로 한 듯, 룰렛을 돌려 말판놀이 식으로 보드 위를 전진하여 인생의 다양한 이벤트를 체험하며 자산을 늘려나가는 게임. PC엔진의 그래픽 기능을 잘 살려, 미려하게 그려진 배경 위로 '인생게임'다운 디자인의 자동차가 달린다.

　STG 슈팅 게임　ACT 액션 게임　PZL 퍼즐 게임　RPG 롤플레잉 게임　SLG 시뮬레이션 게임　SPT 스포츠 게임　RCG 레이싱 게임　AVG 어드벤처 게임　ETC 교육·기타 게임　TBL 테이블 게임

HARDWARE
1987
1988
1989
1990
1991
1992
1993
1994
1995
1996
1997
1998
INDEX

프로야구 월드 스타디움

SPT　남코　1988년 5월 20일　4,900엔

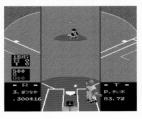

이 작품보다 앞서 출시된 같은 이름의 아케이드 게임 이식작이 아니라, 패밀리 컴퓨터의 「패밀리 스타디움('86)」 및 87년도판의 이식작. 이 작품부터 낙구나 땅볼을 튕기는 에러가 종종 발생해 현실감을 더했다. 이 요소는 「패미스타 '88」 이후 시리즈에서도 채택됐다.

R-TYPE II

STG　허드슨　1988년 6월 3일　4,900엔

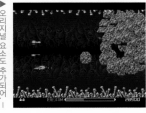

아케이드판 「R-TYPE」의 후반 4개 스테이지를 수록한 타이틀로, 전반 4개 스테이지를 수록한 I편을 클리어하면 나오는 패스워드를 입력하면 파워 업 상태를 유지한 채로 시작할 수 있다. 오리지널 요소로, 스테이지 6에서 PC엔진판 오리지널 보스 '야쥬'가 등장한다.

파워 리그

SPT　허드슨　1988년 6월 24일　4,900엔

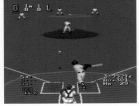

PC엔진 최초의 오리지널 야구 게임. 선수들은 비교적 현실과 비슷한 등신의 그래픽으로 그려졌다. 포수 뒤 시점으로 타석과 투수를 조감하면서 진행된다. 타구가 높이 뜨면 탑 뷰 화면으로 바뀌어, 공의 크기로 고도를 표현한다.

전국 마작

TBL　허드슨　1988년 7월 8일　4,900엔

1인용 4인 마작 게임. 플레이어는 코믹하게 그려진 전국시대 무장 12명 중 하나를 골라 시작하여, 전쟁 모드에서 다른 무장들과 마작으로 승부해 전국을 제패해야 한다. 적이 된 무장들은 각자 마작 스타일에 개성이 있다. 임의의 무장을 골라 대국하는 노멀 모드도 탑재.

갤러그 '88

STG　남코　1988년 7월 15일　4,900엔

남코의 PC엔진 참가 제 2탄으로, 아케이드판의 이식작. 명작 「갤러그」의 속편으로, 플레이어 기체를 3개 합체시켜 트리플 파이터로 만들 수 있고, 중간 스테이지에도 여러 바리에이션이 추가됐다. 보너스 스테이지에서는 적 편대가 경쾌한 BGM과 함께 춤추며 내려온다.

프로 테니스 월드 코트

SPT　남코　1988년 8월 11일　4,900엔

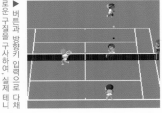

2등신 캐릭터가 공을 쫓아 움직이는 테니스 게임. 코트가 비스듬한 시점으로 원근감 있게 표현되었고, 타구의 궤적을 공의 크기와 그림자로 입체적으로 파악할 수 있다. 일반 시합 외에, RPG처럼 맵을 이동하며 테니스로 승부하는 퀘스트 모드도 탑재되었다.

백업 메모리 지원　메모리 베이스 128 지원　마우스 지원　6버튼 패드 지원

HARDWARE
1987
1988
1989
1990
1991
1992
1993
1994
1995
1996
1997
1998
INDEX

우주용사 씽씽캅

ACT　허드슨　1988년 8월 30일　4,900엔

LIFE ♥♥♥　00　0225

애니메이션의 캐릭터가 도트 그래픽으로 잘 표현되었으니, 가벼운 액션 게임으로서도 즐길 수 있다.

같은 이름의 애니메이션(원제는 '마신영웅전 와타루')을 게임화한 횡스크롤 점프 액션으로, 검을 휘둘러 적을 쓰러뜨려나간다. 스테이지별로 주인공 '이쿠사베 와타루'와 주역 로봇 '류진마루'를 조작한다. 조작성은 양호하며, 검 공격시 적이 뒤로 밀려나는 걸 이용해 연속 대미지를 입히는 것이 요령.

에일리언 크러시

TBL　나그자트　1988년 9월 14일　5,200엔

000393700　5000

섬뜩하게 움직이는 장치들과 그로테스크한 게임 분위기를 고조시키는 하드록 풍 음악이 잘 어울렸다.

기계와 유기생명체가 융합된 듯한 비주얼의 핀볼 게임. 필드를 상하 2화면으로 분리해 표현했고, 각 화면마다 플리퍼가 존재한다. 보너스 스테이지도 있으며, 구슬이 두 필드 사이를 정신없이 오가는 빠른 템포가 매력이다.

가이아의 문장

SLG　메사이야　1988년 9월 23일　5,500엔

판타지 세계를 화려한 색감의 그래픽으로 그려냈지만 게임 자체는 하드하고 본격적인 시뮬레이션.

PC로 발매되었던 판타지 시뮬레이션 게임의 이식작. 정사각형 타일을 엇갈리게 배치한 헥스 화면에 기사나 드래곤 등의 유닛을 배치하여 전투한다. 독립된 시나리오를 플레이하는 모드와, 장대한 스토리를 따라 진행하는 캠페인 모드가 준비되어 있다.

마경전설

ACT　빅터음악산업　1988년 9월 23일　5,200엔

SCR 00000050　ZONE-3A3

적의 패턴을 외우면서 도끼를 휘두르는 캐릭터를 잘 조종해 종반을 헤쳐나가는 것이 공략의 핵심.

도끼를 든 야성적인 전사 '고건'이 제물로 선택된 소녀 '프레이아'를 구하기 위해 마경의 야생동물이나 마물과 싸우며 모험을 펼치는 점프 액션 게임. 주인공의 움직임과 적의 공격 패턴 등이 절묘하게 만들어져, 플레이할수록 익숙해져가는 보람이 있는 게임.

판타지 존

STG　NEC 애비뉴　1988년 10월 14일　4,900엔

주인공 오파오파의 장비는 상점에서 구입하면 파워 업된다. 심지어 목숨도 사서 늘릴 수 있다!

아케이드용 인기 슈팅 게임의 이식작. 좌우로 자유롭게 이동하는 독특한 구성으로, 적의 전선기지를 무너뜨리면 개성 있는 각 스테이지 보스와 대결한다. 도중에 얻는 코인으로 쇼핑해 파워 업한다는 특이한 아이디어가 이 작품의 특징. 최후에 맞닥뜨리는 보스가 실은……?!

사다키치 세븐 : 히데요시의 황금

AVG　허드슨　1988년 11월 18일　4,900엔

屋根の上です
センセが立っています

전형적인 어드벤처 게임이지만 흥미로운 시나리오 덕분에 스토리에 몰입할 수 있다.

살인면허증을 가진 에도시대의 거래소 직원 야스이 토모카즈가 첩보원으로 활약하는 소설 '사다키치 세븐' 시리즈의 게임판으로, 원작인 소설판과 기본 스토리는 공통이다. 오사카를 무대로 사건을 해결해가는 커맨드 선택형 어드벤처 게임으로, 개그와 간사이 사투리로 가득.

STG 슈팅 게임　ACT 액션 게임　PZL 퍼즐 게임　RPG 롤플레잉 게임　SLG 시뮬레이션 게임　SPT 스포츠 게임　RCG 레이싱 게임　AVG 어드벤처 게임　ETC 교육·기타 게임　TBL 테이블 게임

No·Ri·Ko

CD-ROM² | AVG | 허드슨 | 1988년 12월 4일 | 4,980엔

▶ 된 사진의 다량 수록은 역시 CD-ROM'이었기에 가능한 일.

동영상은 없지만, 디지털화

아이돌 가수 오가와 노리코를 주제로 한 멀티미디어 어드벤처. 사진을 디지털화한 정지화면과 음성으로 구성된 게임이며, 오가와 노리코의 콘서트에 초대받는 장면부터 시작한다. 간단한 커맨드 식 어드벤처 파트와 미니 게임을 플레이하며 게임을 진행한다.

파이팅 스트리트

CD-ROM² | ACT | 허드슨 | 1988년 12월 4일 | 5,980엔

▶ 아케이드판은 버튼을 누르는 강도로 기술의 강약이 바뀌는 시스템이지만, PC엔진판은 버튼의 누르는 시간이 기준으로 변경됐다.

아케이드 게임 「스트리트 파이터」의 이식작으로, 게임명은 변경됐다. 대 히트한 「스트리트 파이터 Ⅱ」의 프리퀄에 해당하며, 류와 사가트의 인연은 여기에서 시작된다. 화면 좌우에 선 큼직한 캐릭터가 서로 기술을 쓰며 싸우는 격투 게임의 기본이 이때 이미 완성되었다.

스페이스 해리어

HuCARD 4M | STG | NEC 애비뉴 | 1988년 12월 9일 | 6,700엔

▶ 하이 스피드로 펼쳐지는 주인공 해리어를 보다 보며 용기를 얻는다.

를 서에서 얻는다.

오락실에 설치되는 '세가 체감 게임 시리즈'의 이식작으로, 초기 PC엔진의 히트작. 고속 전진하는 스테이지를 누비며 적을 격파하는 상쾌함을 훌륭히 재현했다. 도중에 천장이 내려오는 스테이지는 박력 만점! 보너스 스테이지에서는 유일한 아군 '유라이아'가 호위해 준다.

드래곤 스피리트

HuCARD 2M | STG | 남코 | 1988년 12월 16일 | 5,500엔

▶ 파워 업 아이템에는 각각 특징이 있다. 불꽃 파워 업은 2단계에서 멈춰야 쓰기 쉽다.

블루 드래곤으로 변신한 아무르가 납치당한 아리샤 공주를 구출하러 떠나는 종스크롤 슈팅 게임. 파워 업하면 머리가 최대 3개까지 늘어난다는 직관적인 시스템이다. 화산, 숲, 동굴, 빙하, 심해 등의 다양한 스테이지와 개성 넘치는 보스들을 공략해보자.

좋았어! 게이트볼

HuCARD 2M | SPT | 허드슨 | 1988년 12월 22일 | 4,900엔

▶ 코트를 위에서 비스듬히 내려다보는 시점으로, 공을 알기 쉽게 플레이를 표현한다.

다 보는 시통한

노인들의 스포츠로 여겨지는 '게이트볼'을 어린이용 비디오 게임에 접목시킨 의욕적인 시도의 게임. 아이들이 아무래도 잘 모를 수밖에 없는 게이트볼의 규칙을 숙지시키기 위해, 당시로서는 상당히 자세한 규칙 설명이 들어가 있다.

빅쿠리맨 대사계

CD-ROM² | ETC | 허드슨 | 1988년 12월 23일 | 4,980엔

▶ CD의 특성을 활용한 이색적인 작품. 빅쿠리맨이 PC엔진의 그래픽으로 미려하게 표시된다.

정확히는 게임이 아니라, 빅쿠리맨 스티커 제 1~13탄까지 등장한 캐릭터와 해설을 열람할 수 있는 데이터베이스 소프트다. 빅쿠리맨 세계의 지도가 표시되어, 각 세계에 살고 있는 빅쿠리맨의 데이터를 확인할 수 있다. 빅쿠리맨 퀴즈도 준비되어 있다.

HARDWARE
1987
1988
1989
1990
1991
1992
1993
1994
1995
1996
1997
1998
INDEX

1989

PC Engine
SOFTWARE ALL CATALOGUE

이 해에 발매된 게임은 총 77개 타이틀. PC엔진만의 오리지널 타이틀도 풍성해진데다, CD-ROM의 장점을 살린 연출의 방향성을 결정지은 명작 「코브라 : 흑룡왕의 전설」과 「이스 Ⅰ·Ⅱ」가 발매된 해이기도 하다.

또한 본체와 동시 발매되었음에도

그다지 써먹을 일이 없었던 주변기기인 멀티 탭을 활용한 「모토 로더」·「던전 익스플로러」도 발매되었다. 멀티 탭을 사용하는 다인 플레이의 즐거움을 개척한 게임이라고 할 수 있다.

연말에는 PC엔진 제 2세대 기종으로 슈퍼 그래픽스, 코어 그래픽스, 셔

틀이 출시되었다. 본체 컬러도 블랙으로 이미지를 리뉴얼해, 하이엔드부터 보급형 모델까지 3단계의 수요에 맞춘 상품으로 발매되었다.

비질란테

HuCARD 3M　ACT　아이렘　1989년 1월 14일　6,300엔

절히 조정했다.
그래픽이 들어가며, 아케이드판에서
음영이 들어간 입체적인 아케이드판에트 그래픽 아트워크를 남이도로 적

아케이드로 출시된 횡스크롤 액션 게임을 이식한 작품. 플레이어가 조작하는 주인공이 펀치와 킥으로 계속 나타나는 악당들을 쓰러뜨린다. 스테이지 마지막의 보스를 쓰러뜨리면 클리어. 도중에 주울 수 있는 쌍절곤은 강력한 무기로, 권총 탄환도 튕겨낼 수 있다.

손손 Ⅱ

HuCARD 2M　ACT　NEC 애비뉴　1989년 1월 27일　5,400엔

인 게임이다.
방식과 점프 액션이 융합된 개성
봉술을 사용하는 특유의 공격
적인 게임이다.

오락실에서 인기를 끈 캡콤의 게임 「손손」의 속편이자, PC엔진 오리지널 타이틀. 손오공이 여의봉으로 적을 물리치는 액션 게임으로 바뀌었다. 캡콤의 다른 작품 「블랙 드래곤」이 베이스라 일부 캐릭터나 조작이 비슷하지만, 별개 게임이라 할 만큼 크게 개변되었다.

넥타리스

HuCARD 3M　SLG　허드슨　1989년 2월 9일　5,800엔

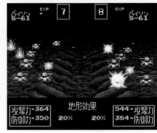

도 심오한 게임성이 매력적이다.
시스템으로 플레이 문턱이 낮으면서
심플한 유닛 구성과 직관적인 게임

적인 그래픽과 투명감 느낌의 BGM이
SF적인 게임 분위기를 잘 살려준다.
월면과 미래 병기를 묘사한 무기질

월면에 진출한 인류가 달의 자원을 둘러싸고 근대 병기로 싸우는 워 시뮬레이션 게임. 가상의 병기 유닛들은 각각 명확한 특성이 있어, 초보자도 알기 쉽도록 만들어져 있다. 한편 전 16스테이지의 맵은 게임이 진행될수록 점점 어려

워져, 상급자도 충분히 만족할 만한 난이도를 보여준다. 유닛 생산 개념이 없기 때문에, 마치 박보장기처럼 한정된 유닛만으로 공략하는 재미가 있는 게임이다.

STG 슈팅 게임　ACT 액션 게임　PZL 퍼즐 게임　RPG 롤플레잉 게임　SLG 시뮬레이션 게임　SPT 스포츠 게임　RCG 레이싱 게임　AVG 어드벤처 게임　ETC 교육·기타 게임　TBL 테이블 게임

모토 로더

HuCARD 3M　RCG　메사이야　1989년 2월 23일　5,200엔

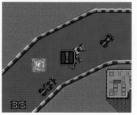

▶ 화면 뒤로 제낀 차가 다시 앞쪽으로 워프하는 시스템이라, 항상 긴박한 레이스가 전개된다.

코스를 탑 뷰 시점으로 진행하는 레이싱 게임. 근미래적인 자동차 경주가 소재로, 레이싱 상금으로 타이어와 엔진은 물론이고 니트로나 그레네이드 같은 과격한 장비까지도 구입할 수 있다. 멀티 탭을 지원해, 5명이 동시에 즐길 수도 있다.

하니이 인 더 스카이

HuCARD 2M　STG　페이스　1989년 3월 1일　5,200엔

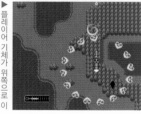

▶ 플레이어 기체가 위쪽으로 이동하면 스크롤이 빨라진다 적의 출현 위치에 맞춰 공격 방향을 전환하자.

흙인형 '하니이'가 '이자나기'의 명을 받고 사악한 존재에 씐 '이자나미'의 마음속에 들어가 적을 물리치는 종스크롤 슈팅 게임. 플레이어 기체 '하니이'는 샷 방향을 회전시켜 8방향으로 공격 가능하다. 적에게서 모은 '영력'으로 파워 업할 수 있다.

위닝 샷

HuCARD 2M　SPT　데이터 이스트　1989년 3월 3일　5,500엔

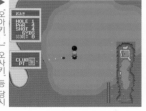

▶ 운 한 일본의 이름이 유명한 골프선수를 패러디 한 게임 자체는 쉬오아키, 오사키, 등 당시 이름 이 많다.

PC엔진 최초의 본격 골프 게임. 실존 선수가 모델인 6명 중에서 골라 플레이하며, 이름과 능력을 직접 설정할 수도 있다. 스트로크 모드, 매치 모드, 그리고 4일간의 상금 총액을 겨루는 토너먼트 모드로 3가지 모드가 있다. 멀티 탭을 사용하면 최대 4명까지 대전 가능.

던전 익스플로러

HuCARD 3M　RPG　허드슨　1989년 3월 4일　5,800엔

▶ 서로 능력이 다른 종족 8명을 선택해 강점을 공략하는 재미가 있다. 최대 5인 중 힘을 합해

마물의 침략으로 평화가 깨진 코넬리아 왕국을 구하기 위해 '아이라의 구슬'을 찾아 모험을 떠나는 액션 롤플레잉 게임. 멀티 탭을 사용하면 최대 5인 동시 플레이가 가능한데, 적들이 끊임없이 몰려나오는 건 다인 플레이를 전제로 난이도를 맞췄기 때문이다.

아웃 라이브

HuCARD 2M　RPG　선 전자　1989년 3월 17일　5,600엔

▶ 던전의 속성에 맞춰 사용 무기를 전환하면 적에게 효과적으로 대미지를 줄 수 있다.

장대한 스토리가 전개되는 SF 롤플레잉 게임. 스토리는 '파이팅 워커'라는 로봇에 탑승한 주인공이 행성 라플라에서 수수께끼의 조직을 조사하면서 시작된다. 전형적인 3D 던전 RPG이면서도, SF 요소를 가미한 설정과 기계적인 느낌의 비주얼 연출이 신선한 게임이다.

개조정인 슈비빔맨

HuCARD 2M　ACT　메사이야　1989년 3월 18일　5,200엔

▶ 맵 모드의 사이드 뷰 스테이지를 오가며 적을 쓰러뜨리고 우주 제국 아공마단의 기지로 향한다.

고토쿠지 박사에 의해 사이보그로 개조된 생선가게의 타스케와 여고생 캐피코가 평범한 신체로 돌아가려 악의 조직에 납치된 박사의 구출을 위해 싸우는 액션 게임. 애니메이션 풍의 코믹한 스토리·캐릭터, 검과 빔을 구사하는 액션으로 히어로가 된 기분을 만끽할 수 있다.

HARDWARE | 1987 | 1988 | 1989 | 1990 | 1991 | 1992 | 1993 | 1994 | 1995 | 1996 | 1997 | 1998 | INDEX

HARDWARE
1987
1988
1989
1990
1991
1992
1993
1994
1995
1996
1997
1998
INDEX

P-47

HuCARD 2M	STG 에이컴	1989년 3월 20일	5,200엔

▶ 아이템을 얻으면 플레이어 기체, 선더볼트가 강력하게 파워 업하므로 게임 공략이 쉬워진다.

잘레코가 아케이드로 발매한 횡스크롤 슈팅 게임의 이식작. PC엔진판에서는 스테이지가 짧아지고 1UP 아이템이 늘어나는 등, 전체적으로 마일드하게 조정되어 플레이가 쉬워졌다. 원작에서도 인상적이었던 석양 스테이지의 다중 스크롤 재현이 훌륭하다.

F1 파일럿 : YOU'RE KING OF KINGS

HuCARD 3M	RCG 팩 인 비디오	1989년 3월 23일	6,300엔

▶ '페로리'처럼 실존하는 차량 명을 패러디한 이름의 머신이 등장한다. 유래를 아는 사람이라면 웃겠지요?

드라이버의 머리 위 시점으로 달리는 레이싱 게임. 이 작품의 발매년도인 1989년까지만 사용된 브라질의 넬슨 피케 서킷을 달릴 수 있는, 이제는 귀중한 요소가 있는 작품. 플레이어의 시야를 배려해서인지 드라이버 좌우에 커다란 사이드미러가 배치된 점도 인상적이다.

사령전선 : WAR OF THE DEAD

HuCARD 2M	RPG 빅터음악산업	1989년 3월 24일	5,500엔

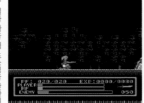

▶ 적과 싸울 때 초능력을 탄환에 충전하는, 'PP 처리'를 강제하는 특이한 시스템이 있다.

갑자기 출현한 크리처에 습격당한 도시를 지키기 위해 싸우는 S-SWAT 대원 라일라의 활약을 그린 롤플레잉 게임. 필드 위를 걸어가다가 적과 조우하면 사이드뷰 액션 게임으로 전환된다. 현대적인 총기, 탄환에 힘을 주입하는 초능력, 그리고 호러 풍 스토리가 특징.

힘내라! 골프 보이즈

HuCARD 2M	SPT 메사이야	1989년 3월 28일	5,300엔

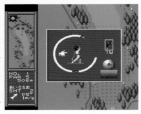

▶ 회원번호를 마지막인 듯이 '고미다이'로 설명하면 바로 여럿 숨겨져 있는 등 소소한 비기가 있다. 'いこみたい'으로

세 가지 모드로 즐길 수 있는 골프 게임. 세계 챔피언을 노리는 '토너먼트', 1~4명이 대전하는 '스트로크', 둘이서 대전하는 '매치' 모드를 수록했다. 플레이 중에 조언해주는 캐디 누님이 우수해, 홀까지의 정확한 거리뿐만 아니라 어떤 클럽을 써야 하는지도 귀띔해준다.

구극 타이거

HuCARD 2M	STG 타이토	1989년 3월 31일	5,500엔

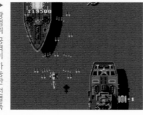

▶ 광범위 공격이 가능한 전멸 탄은 발사 후 폭발 시까지의 시간 간격을 감안해 잘 써야 한다.

총 10스테이지 구성으로, 헬리콥터가 주인공인 토아플랜의 종스크롤 슈팅 게임. 세로화면인 아케이드판을 TV에 절묘하게 맞춰 조정하여 호평 받았다. 갈수록 올라가는 난이도와 조금씩 강화되는 플레이어 기체 파워 업의 밸런스가 좋아, 종스크롤 슈팅의 모범이라 하겠다.

코브라 : 흑룡왕의 전설

CD-ROM System	AVG 허드슨	1989년 3월 31일	5,980엔

▶ CD 음원으로 활용해 성우가 등장 캐릭터를 실제로 연기한다. 백열의 목소리로 이 게임만의 오리지널 말을 녹음했다.

만화 '우주해적 코브라'가 원작인 PC엔진 오리지널 어드벤처 게임. 게임 전반에 걸쳐 원작의 맛을 잘 살린 그래픽을 사용했다. '디지털 코믹'이라 불리는 대로, 어렵거나 장대한 퍼즐이 딱히 없고 스토리를 즐기는 데 주안점을 맞춘 작품이다.

딥 블루 : 해저신화

HuCARD 2M | STG 팩 인 비디오 1989년 3월 31일 5,300엔

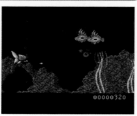

가격이 히 추하구려 단순해,막 게요령.플레이어 기체의 파워 업단 힘들다.적절히 피한 부국

물고기 모양의 플레이어 기체로 심해를 탐색하는 슈팅 게임. 햇빛이 닿지 않는 해저라는 느낌의 비주얼과 신비로운 음악이 심해의 분위기를 잘 살렸다. 심해 생물을 연상시키는 적들이 화면을 가득 채울 기세로 출현하는 데다 플레이어의 샷도 약한 편이라 난이도는 높다.

마계팔견전 SHADA

HuCARD 2M | RPG 데이터 이스트 1989년 4월 1일 5,500엔

일본풍 이스로 불리는 박치기 등의 테크닉 그대로 통한다

일본의 고전 소설 '난소 사토미 팔견전'이 모티브로, 「이스」와 시스템이 똑같은 롤플레잉 게임. 주인공 '신'은 팔견사의 피를 이어 지혜와 용기가 넘치는 젊은이로, 봉인이 풀린 악의 화신 '타마즈사'를 다시 봉인하러 여행을 떠난다. 난이도가 높아 신중하게 플레이해야 한다.

에너지

HuCARD 2M | ACT 메사이야 1989년 4월 19일 5,200엔

맵이 미로처럼 구성된 데다 진행하려면 수수께끼도 풀어야 해. 플레이하는 보람이 있다.

마물의 침공으로 괴멸한 도쿄를 구하기 위해, 초능력을 구사할 수 있는 퇴마대 멤버인 주인공을 조작해 사건의 진상을 풀어나가는 액션 게임. 플레이어는 종횡으로 스크롤이 전환되는 사이드뷰 맵을 이동하며 샷으로 적을 쓰러뜨려 진행한다.

원더 모모

HuCARD 2M | ACT 남코 1989년 4월 21일 5,200엔

되었다.PC엔진판은 스테이지 클리어시에 삽입되는 비주얼 신이 추가

아케이드로도 출시된, 평범한 소녀가 정의의 히어로로 변신하는 액션 게임의 이식작. 로리코트 별에서 찾아온 사랑과 정의의 전사 '원더 모모'가 괴인군단 와루데몬을 상대로 분투한다…… 라는 연극 무대에서 연기한다는 설정으로 펼쳐지는 액션이 플레이어들을 매료시켰다.

스사노오 전설

HuCARD 4M | RPG 허드슨 1989년 4월 27일 6,500엔

즐기는 시스템이 특징이다.얼핏 보면 전형적인 RPG풍이지만, 쾌적한 플레이로 스토리를

만화 '스사노오'가 원작인 롤플레잉 게임. 만화판의 결말에서 붕괴한 세계의 후일담을 그린 오리지널 스토리로 전개된다. 적의 퇴치보다 이벤트 진행 쪽이 더 경험치가 잘 들어오는 시스템이라, 경험치 노가다를 위해 전투를 반복할 필요가 없어 쾌적하게 진행할 수 있다.

파워 골프

HuCARD 3M | SPT 허드슨 1989년 5월 25일 5,800엔

한 방향으로 이동할 수 있어 플레이 화면 내에 코스의 전체 시화살표를 그린 위에서는 잔디 방향이 표시되는 등 친절한 스템이 특징

탑뷰 시점으로 코스를 도는 전형적인 골프 게임. 18홀을 플레이하는 모드와 매치 플레이로 경쟁하는 모드, 자신의 클럽을 걸고 승부를 겨루는 헬 매치 모드가 있다. 여기에서는 상대에게 패배하면 자신의 클럽을 빼앗기므로 긴장감 넘치는 게임을 즐길 수 있다.

나그자트 오픈

HuCARD 3M | SPT | 나그자트 | 1989년 5월 30일 | 6,300엔

▶ 심플하고 차분한 분위기의 패키지 등, 진짜 골프 애호가를 타깃으로 삼은 듯한 게임.

탑뷰 시점으로 코스를 리얼하게 묘사한 골프 게임. 4일간 개최되는 대회의 통산 스코어로 경쟁하는 나그자트 오픈 모드와, 18홀을 플레이하는 라운드 플레이 모드를 즐길 수 있다. 급격히 휘어진 페어웨이나 커다란 골짜기 등의 어려운 홀도 많아 좀처럼 방심할 수 없다.

팩 랜드

HuCARD 2M | ACT | 남코 | 1989년 6월 1일 | 5,200엔

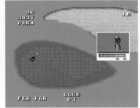

▶ 파워 도트를 먹고 몬스터를 정 순서대로 퇴치하면 고득점을 얻게 된다.

팩맨이 이번에는 페어리랜드에서 모험을 펼친다! 조작이 특이해, 버튼을 눌러 좌우 이동하며 연타로 가속해 점프하는 등의 테크닉도 필요한 횡스크롤 액션 게임. 다음 스테이지로의 워프 존이나 귀가 스테이지에만 나오는 점수 아이템 등의 숨겨진 요소도 제대로 재현했다.

와글와글 마작 : 유쾌한 마작 친구들

HuCARD 2M | TBL | 비디오 시스템 | 1989년 6월 19일 | 5,800엔

▶ 적 캐릭터의 표정이 풍부해 양한 얼굴을 보여준다 마작 자체는 전형적인 스타일이다

노멀 모드와 토너먼트 모드가 준비된 2인 대국 마작 게임. 노멀 모드에서는 초급·중급·상급으로 분류된, 당시의 유명인들을 패러디한 12명 중에서 상대를 골라 대전할 수 있다. 토너먼트 모드는 노멀의 12명과 대전해 모두 이기고 끝으로 마작 선인에게 승리하면 클리어.

파이어 프로레슬링 : 컴비네이션 태그

HuCARD 3M | SPT | 휴먼 | 1989년 6월 22일 | 6,300엔

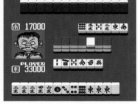

▶ 고유 기술이 다른 8개 팀 16명의 레슬러 + 숨겨진 레슬러로 대전가능. 바리에이션이 풍부하다

골수팬이 많은 인기 프로레슬링 게임 시리즈 「파이어 프로레슬링」의 기념비적인 첫 번째 작품. 맞붙은 레슬러들이 자세를 낮추는 타이밍에 커맨드를 입력해 기술을 발동한다는 독자적인 조작 방법을 채택했는데, 익숙해지면 자유자재로 기술을 구사할 수 있어 재미있다.

바리스 II

CD-ROM² SYSTEM | ACT | 니혼 텔레네트 | 1989년 6월 23일 | 6,780엔

▶ 여고생인 바리스의 갑옷으로 코스튬 체인지하는 연출 등, 지금까지 이어지는 인기를 구축했다.

주인공 유코가 위기에 빠진 몽환계를 구하기 위해 바리스의 전사로서 싸우는 활약을 그려낸 액션 게임. PC와의 동시 발매로, 타이틀명은 2편이지만 PC엔진으로는 이 작품이 첫 발매작이다. 플레이어는 유코로 검과 마법을 구사하며 횡스크롤 맵을 돌파, 보스를 물리쳐야 한다.

사이버 크로스

HuCARD 4M | ACT | 페이스 | 1989년 6월 23일 | 6,300엔

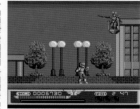

▶ 변신한 상태에서 아이템을 얻으면 강력한 검이나 총, 부메랑 등을 장비할 수 있다.

변신 히어로물 TV 드라마처럼 주인공이 변신하는 액션 게임. 평범한 인간일 때는 극도로 연약한 주인공이 히어로로 변신하면 비약적으로 강해지는 호쾌함이 매력. 검이나 스핀킥 등의 필살기도 멋지다. 히어로물다운 오프닝도 분위기 만점.

신무전승

HuCARD 4M　STG　빅 클럽　1989년 6월 28일　6,700엔

▶ 주인공은 하늘을 날 수 없고 점프만 가능. 또한 전진뿐만 아니라 후진할 수도 있다.

3인칭 시점의 3D 액션 슈팅 게임. 두 버튼이 각각 점프와 공격에 할당돼 있다. BGM이 특히 훌륭해, 작품의 이미지를 잘 표현한 숨은 명곡들이다. 또한 매뉴얼 내용이 여러 가지로 재미있기로도 유명한 작품이니, 기회가 있다면 꼭 실물을 구해 확인해보기 바란다.

천외마경 : ZIRIA

CD-ROM²　RPG　허드슨　1989년 6월 30일　7,200엔

▶ 왕도적인 RPG이지만, 드라마틱한 스토리와 일본인에게 익숙하고 알기 쉬운 캐릭터들이 매력.

약간 왜곡된 일본풍이 가미된 가상의 나라 '지팡구'를 무대로, 불의 일족의 마지막 후예 '지라이야'가 일족의 동료를 찾아 오니 족의 왕 마사카도 부활을 꾀하는 다이몬 교를 저지한다는 RPG. 장대한 음악과 성우 연기 등, CD-ROM²을 활용한 사운드 연출을 적극 도입했다.

파이널 랩 트윈

HuCARD 3M　RCG　남코　1989년 7월 7일　6,200엔

▶ 낮은 시점으로 묘사되는 물체 화면은 속도감 배가. 한 화면을 상하로 분할하는 드의 대전 모드는 보기 쉽도록 설계한 것.

▶ 거인의 별, 패러디 스토리를 즐길 수 있다. 퀘스트 모드에서는 어린 미니카의 스타를 목표로 세계를 여행하는

아케이드에서 가동되던, F1을 모델로 한 레이싱 게임 「파이널 랩」의 이식작. 아케이드판은 통신 대전이 가능했지만, PC엔진판은 화면을 상하로 분할하여 2인 동시 플레이를 지원한다. 일반 레이싱 모드 외에, 롤플레잉 게임 느낌으로 즐기는 퀘스트 모드가 탑재되었다. 어린이 미니카 챔피언을 목표로 수행의 길을 떠나는 스토리로, 라이벌과의 레이스로 번 상금을 밑천으로 머신을 강화시켜 간다.

닌자워리어즈

HuCARD 3M　ACT　타이토　1989년 6월 30일　6,200엔

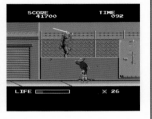

▶ 아케이드판의 3화면 느낌을 근접하기 위해, 화면비를 가로로 길게 잡아 이식했다.

아케이드판의 이식작. 2인 동시 플레이는 삭제했지만, 2P용 NINJA도 고를 수는 있다. 쿠나이 버튼을 누르고 있으면 가드하며, 이 상태로 대각선 점프하면 회전 점프가 발동한다. 공격을 받다 보면 옷이 찢어지면서 주인공의 숨겨진 정체가 드러나게 된다.

건헤드

HuCARD 3M　STG　허드슨　1989년 7월 7일　5,800엔

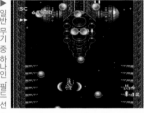

▶ 일반 무기 중 하나인 필드선 탄으로, 파워 업하면 예상치 못한 격도를 그리며 발사되는 것이 충분더.

토호가 제작한 같은 이름의 로봇 영화와 제휴 개발된 슈팅 게임. 영화의 스토리와 게임 내용은 관련이 없다. 화려한 파워 업과 개성적이고 다채로운 무기가 특징. 허드슨이 패미컴 시절부터 개최하던 게임 축제 '허드슨 전국 캐러밴'의 공식 인정 소프트에 선정되었다.

HARDWARE 1987 1988 **1989** 1990 1991 1992 1993 1994 1995 1996 1997 1998 INDEX

HARDWARE
1987
1988
1989
1990
1991
1992
1993
1994
1995
1996
1997
1998
INDEX

사이드 암

HuCARD 2M | STG | NEC 애비뉴 | 1989년 7월 14일 | 5,400엔

▶ 아케이드판에 충실한 이식작이지만, BGM이 변경되어 플레이할 때 약간 다른 맛이 난다.

아케이드에서 인기를 끌었던, 로봇이 합체하는 슈팅 게임의 이식작. 강제 스크롤 스테이지를 5종류의 무기를 전환하며 돌파해, 스테이지 끝에서 기다리는 보스를 쓰러뜨린다. PC엔진판은 1인 플레이 전용이 되었지만, 특정 아이템을 얻으면 합체 플레이가 가능하다.

다케다 신겐

HuCARD 2M | ACT | 에이컴 | 1989년 7월 28일 | 5,600엔

▶ 전국시대를 이겨내고 에스기 겐신을 쓰러뜨리려 숙적 가쓰요리를 쓰러뜨려 붉은 갑옷의 임은 신겐은 적진에 홀로 뛰어든다.

잘레코가 발매한 아케이드 게임을 에이컴이 PC엔진으로 개변 이식한 횡스크롤 액션 게임. 적을 쓰러뜨려 경험치를 쌓아 레벨 업할 때마다 풍림화산의 기술을 익히게 된다. 스테이지 클리어 후에 등장하는 상인에게 아이템을 구입해도 파워 업할 수 있다.

메종일각

HuCARD 2M | AVG | 마이크로캐빈 | 1989년 8월 4일 | 5,900엔

▶ 일각관의 입주자들에게서 이리저리 휘둘리면서도 실속은 챙기는 주인공 고다이.

타카하시 루미코 원작 만화의 초반부에 기반한 스토리의 어드벤처 게임. 주인공 고다이 유사쿠가 되어, 관리인 오토나시 쿄코가 잃어버린 사진을 찾아주는 것이 목적. 일각관 입주민 외에도 미타카, 코즈에, 이쿠코, 친구 사카모토 등 원작의 캐릭터들이 대거 출연한다.

파워 리그 II

HuCARD 3M | SPT | 허드슨 | 1989년 8월 8일 | 5,800엔

バックアップ メモリ 対応ソフト

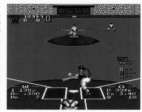

▶ 어더욱 다채로운 진행이 추가되어 야구 게임의 정석.

리얼한 비주얼로 인기를 끈 「파워 리그」의 속편. 선수 데이터가 변경되어 새로운 팀으로 플레이할 수 있다. 비스듬히 내려다보는 시점으로 바뀌어 공의 궤적을 알아보기 쉬워졌다. 새로 추가된 홈런 모드도 호쾌함이 넘친다.

브레이크 인

HuCARD 2M | TBL | 나그자트 | 1989년 8월 10일 | 5,500엔

▶ 슛 방향을 결정할 때 라인이 아닌 이미지 볼로 표시되는 특이한 시스템의 당구 게임.

6종류의 게임을 플레이할 수 있는 본격적인 당구 게임. 실패 없이 칠 수 있는 'SIMULATION', 실제 플레이 시에 발생하기 쉬운 실수가 포함된 'ACTION', 다양한 상황을 연습해볼 수 있는 'TECHNIQUE'까지 3개의 모드가 준비되어 있다.

록 온

HuCARD 4M | STG | 빅 클럽 | 1989년 8월 22일 | 6,700엔

▶ 출현하는 아이템 중에는 이지의 시작 지점으로 스테이지도 있어 처음 공략할 때는 시행착오를 겪어야 한다.

코믹한 느낌의 동그란 비행기가 주인공인 횡스크롤 슈팅 게임. PC엔진의 오리지널 타이틀이며 풍부하게 출현하는 아이템으로 다양한 파워업을 거치며 적을 쓰러뜨린다. 무기는 3개까지 보관할 수 있고 이것을 상황에 따라 전환하며 싸울 수 있는 점이 특징이다.

F1 드림

RCG　NEC 애비뉴　1989년 8월 25일　5,400엔

▶ 그래픽·사운드 모두 우수한 이식작. 아케이드판은 F3000에서 시작해 F1을 노리는 스토리였지만 이 작품에서는 그 아랫단계인 스트리트 레이스가 추가되었다. 내기 경주로 자금을 모아 뛰어난 정비사를 고용하고 머신과 플레이어의 실력을 연마하게 된다.

캡콤이 개발한 같은 이름의 아케이드 게임 이식작. 아케이드판은 F3000에서 시작해 F1을 노리는 스토리였지만 이 작품에서는 그 아랫단계인 스트리트 레이스가 추가되었다. 내기 경주로 자금을 모아 뛰어난 정비사를 고용하고 머신과 플레이어의 실력을 연마하게 된다.

원더 보이 III : 몬스터 레어

STG　허드슨　1989년 8월 31일　5,800엔

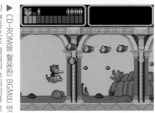

▶ CD-ROM을 활용한 BGM이나 멋진 연출곡으로 게임의 분위기를 고조시킨다.

「원더 보이」시리즈 제 3탄. 전반부에는 1탄 「원더 보이」 풍의 점프 액션이, 후반부에는 슈팅 형식의 공중전과 보스 전이 펼쳐지는 2부 구성이다. 아이템으로 사용하는 무기는 시간제한이지만, 보스전에서는 시간제한이 사라진다. 총 14스 테이지로, 2인 동시 플레이 가능.

불량배 전투부대 블러디 울프

ACT　데이터 이스트　1989년 9월 1일　6,500엔

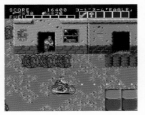

▶ 등장 캐릭터의 대사도 매력 포인트 중 하나. 두 주인공 역시 대사가 달라지니 확인해볼 만하다.

아케이드로 발매된 같은 제목의 게임 이식작. 이식되면서 추가 요소들이 대폭 들어간 데다, 밸런스도 절묘하게 조정 되어 아케이드판을 뛰어넘은 명작이 되었다. 특히 아케이 드판과는 다르게 전개되는 스토리가 매우 드라마틱해서 플레이어를 흥분시키기에 충분했다.

오다인

STG　남코　1989년 9월 8일　6,800엔

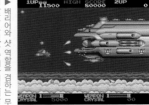

▶ 기본 배리어와 샷을 겸하는 무 기 '스톡 봄버'는 여전히 필수 아 이템이다. 약체화되었지만.

회전확대축소 기능을 탑재한 아케이드용 횡스크롤 게임의 이식작. 납치당한 애인을 구하기 위해 여러 신비한 스테이 지를 거쳐 크리스탈을 모으며 파워 업해야 한다. 도중에 미 로가 회전하면서 전개되는 장면이 매우 잘 재현되어 있어, 마지막까지 방심하기 어렵다.

슈퍼 모모타로 전철

TBL　허드슨　1989년 9월 15일　5,800엔

▶ 쇼핑 시 구입 가능 여부가 게임 표시되는 등, 시스 템 면에서 알기 쉽 게 전했다. 이벤트가 늘어나 파란이 발 생하기도 쉬워졌다.

▶ 발매 직후부터 매진이 속출했던 인기작이었다. 대 히트하여, 하늘의 소리 등과 함께 절로 곤 했던 인기작이었다.

철도회사 사장이 되어 총 자산액을 경쟁하는 말판 형 보드 게임. 「모모타로 전설」의 스핀오프 시리즈 2번째 작품이다. 오타루, 야마가타, 사세보 등 30개 역의 신규 추가는 물론 카드와 부채 개념, 목적지에서 가장 멀리 있는 사람에게 씩

는 가난의 신 등 신규 요소도 많이 들어갔다. 가난의 신 시 스템 도입에 따라 전원의 목적지가 통일되는 등, 이번 작에 서 크게 바뀐 규칙이 이후 시리즈 작품에도 계승되어 「모 모타로 전철」시리즈의 기반이 되었다.

슈퍼 알바트로스

SPT 니혼 텔레네트 1989년 9월 14일 6,780엔

▶매치 플레이 모드에서는 테츠야라는 주인공이 라이벌 골퍼와 대결하는 스토리가 펼쳐진다.

애니메이션 풍 일러스트를 도입하고 비주얼 신도 다수 포함된, CD-ROM²다운 골프 게임. 골프를 플레이하는 화면은 전형적인 탑뷰 스타일이지만, 코스 상에서 목표 장소를 직접 지정해 샷을 결정하는 다소 특이한 게임 시스템을 채택했다.

수왕기

SPT NEC 애비뉴 1989년 9월 22일 5,800엔

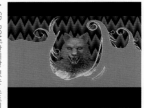

▶CD-ROM²판에만 있는 스토리 모드에는 아케이드판의 일러스트 등을 활용한 데모 신이 있다.

아케이드로도 가동된, 근육질 남자들이 파워 업해 맹수 모습으로 변신하는 횡스크롤 액션 게임. 플레이어는 펀치와 킥으로 적을 물리치면 출현하는 스피리트 볼로 늑대나 용, 곰 등의 수인으로 변신해 스테이지 최후의 보스를 쓰러뜨린다. 변신하지 못하면 무한 진행된다.

수왕기

4 M ACT NEC 애비뉴 1989년 9월 29일 6,800엔

▶심플한 액션 게임이라 가볍게 즐길 수 있다. HuCARD판의 로딩이 없어 쾌적하다.

아케이드에서 이식된 「수왕기」의 HuCARD판. 데모 신 등이 삭제된 대신, 아케이드처럼 2인 동시 플레이가 가능하다. 파워 업하다 보면 변신할 수 있다. 수인 모습이 되면 쓸 수 있는 특수공격이 강력해, 파워 업할 때마다 호쾌함이 비약적으로 상승하는 액션 게임이다.

더블 던전

2 M RPG 메사이야 1989년 9월 29일 5,500엔

▶각 시나리오는 보스의 방 열쇠를 찾아내 보스를 쓰러뜨리면 클리어된다는 공통 목적이 있다.

애니메이션 묘사가 부드러운 3D 던전을 모험하는 롤플레잉 게임. 파티 개념이 없어 플레이어 캐릭터는 하나뿐이지만, 화면분할로 2인 동시 플레이가 가능하다. 게임은 총 22종의 단편 스토리로 구성되어, 매 시나리오마다 새로운 캐릭터로 공략하게 된다.

디지털 챔프 : 배틀 복싱

2 M SPT 나그자트 1989년 10월 13일 5,800엔

▶인마르시아노의 복서를 록키 마르시아노를 실존 재현했던인 출신이

1인칭 시점으로 묘사되는 3D 권투 게임. 디지털 챔프를 쓰러뜨리기 위해 토너먼트 식 서바이벌 전에 도전한다. 플레이어는 잽과 스트레이트 외에 필살 펀치도 사용할 수 있다. 명중만 한다면 시합이 단숨에 우위가 되므로, 필살 펀치를 어떻게 명중시킬지가 키포인트다.

새끼 용 파이터

2 M ACT 톤킨 하우스 1989년 10월 20일 5,600엔

▶라이프 제로가 채택되어 밖으로 떨어지면 즉사하므로 긴장감을 놓을 수 없다.

만화가 미야시타 아키라가 캐릭터 디자인을 맡은 '미야시타 월드'에서 밀짚모자를 쓴 소년이 '새끼 용'을 모으는 점프 액션 게임. 주인공은 봉을 휘둘러 적을 물리치며 진행한다. 시스템이 독특해, 스테이지 마지막까지 가면 소년이 근육질 청년으로 변신해 보스와 싸운다.

거울 나라의 레전드

AVG　빅터음악산업　1989년 10월 27일　6,750엔

'노리피'라는 별명으로 유명한 실존 아이돌 가수 사카이 노리코가 소재인 어드벤처 게임. 실사 스캔한 사카이 노리코의 모습도 물론 등장하지만, 기본적으로는 애니메이션 풍 그래픽과 음성으로 스토리가 진행되는 커맨드 선택식 어드벤처다. 행방불명된 아이돌의 탐색이 목적.

롬롬 가라오케 VOL.1

ETC　NEC 애비뉴　1989년 10월 27일　4,800엔

CD-ROM² 시스템용으로 등장한 가라오케(노래방) 소프트 제 1탄. 음악 CD와 동급의 사운드와 PC엔진이기에 가능한 그래픽으로 간편하게 가라오케를 즐긴다. 'MUGO·음… 섹시해', 'TRUE LOVE', '눈물을 보이지 말아요', '사랑이 멈추지 않아' 등의 8곡을 수록했다.

롬롬 가라오케 VOL.2

ETC　NEC 애비뉴　1989년 10월 27일　4,800엔

PC엔진용 가라오케 소프트 제 2탄. 이번엔 '북국의 봄'·'에리모 곶'·'인생은 다양해'·'아오바 성 사랑가'·'여행하기 좋은 날'·'북쪽의 주점'·'스바루'·'술과 눈물과 남과 여' 8곡의 대중가요가 수록되었다. 이 작품에서 나오는 배경 영상은 전부 사진을 활용한 것이다.

도라에몽 : 미궁대작전

ACT　허드슨　1989년 10월 31일　4,900엔

일본물산의 아케이드 게임 「키드의 파라파라 대작전」의 캐릭터를 바꾸고 주인공을 도라에몽으로 하여 이식한 액션 게임. 도라에몽은 미로 스테이지 안에서 도라야키를 먹다가 열쇠를 입수하여 '어디로든 문'으로 탈출해야 한다. 통로에 구멍을 파 적을 빠트려 파묻을 수도 있다.

츠루 테루히토의 실전 주식배매 게임

SLG　인텍　1989년 11월 1일　9,800엔

주식매매가 소재인 시뮬레이션 게임. 가상의 종목 주식을 매매하여 처음 받은 자금을 기한 내에 목표액까지 불리는 '배매 게임'과, 화면에 표시되는 실제 종목 차트에서 종목을 맞추는 '종목 맞추기 퀴즈' 두 모드가 준비되어 있다.

뉴토피아

RPG　허드슨　1989년 11월 17일　5,800엔

패미컴에서 크게 히트한 「젤다의 전설」에 큰 영향을 받은 액션 롤플레잉 게임. 용사 프레이는 어둠의 황제 라파엘에게 빼앗긴 메달리온 8개를 되찾고 라란 공주를 구하기 위해 4개의 세계를 모험한다. 검과 마법을 사용한 액션의 조작성이 뛰어나 플레이하기 쉽다.

 백업 메모리 지원　 메모리 베이스 128 지원　 마우스 지원　 6버튼 패드 지원

HARDWARE
1987
1988
1989
1990
1991
1992
1993
1994
1995
1996
1997
1998
INDEX

HARDWARE
1987
1988
1989
1990
1991
1992
1993
1994
1995
1996
1997
1998
INDEX

다이치 군 크라이시스
HuCARD 3M | SLG | 사리오 | 1989년 11월 22일 | 6,400엔

バックアップ
メモリ
対応ソフト

▶ 다이치 군 가족은 각자 독자적으로 움직이므로 커맨드로 순서대로 녹색을 효율적으로 늘려나가자.

마녀의 악행에 의해 화산지대로 변해버린 모모 랜드를 구하기 위해 얼룩소 '다이치 군' 가족이 활약하는 이야기. '다이치 군'은 지표면에 쌓인 화산재를 치우고 강에서 물을 끌어와 작물을 기른다. 섬이 녹지로 가득 덮이면 사이드뷰 식의 보스 전에 돌입하게 된다.

갬블러 자기중심파 : 격투 36작사
CD-ROM | TBL | 허드슨 | 1989년 11월 24일 | 5,800엔

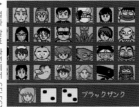

▶ 결과 발표 화면에서 SELECT 버튼을 누르면 하수체인 화면에서 자신이 얼마나 하수인지로 판정해준다.

같은 제목의 만화를 마작 게임화했다. 'CD니까 전원 집합!'이라는 선전문구답게, 대용량을 살려 36명이나 되는 개성 넘치는 캐릭터와 대전 가능. 프리 대전, 토너먼트 전 외에 하수 파와 안티 하수 파로 나뉘어 세력 다툼을 벌이는 하수 토벌전까지의 3가지 모드로 즐긴다.

잭 니클라우스 챔피언십 골프
HuCARD 2M | SPT | 빅터음악산업 | 1989년 11월 24일 | 6,200엔

バックアップ
メモリ
対応ソフト

▶ 화면 하단에는 컵까지의 거리와 풍향 현재 잡은 클럽의 비거리 등 다양한 정보가 표시된다.

PC로 막 발매된 게임을 그대로 이식해 화제가 되기도 한 골프 게임. 제왕 '잭 니클라우스'가 세계의 명문 코스들 중에서 엄선한 18개 홀을 라운딩할 수 있다. 코스는 3D로 재현되었고 스킨즈와 스트로크 두 종류의 모드로 플레이할 수 있다.

마작학교 : 토마 소시로 등장
HuCARD 4M | TBL | 페이스 | 1989년 11월 24일 | 7,980엔

▶ 디오 테이프에 기긴고 임을 잡겁니다 등이 수록했다. 초회 한정판에는 동봉원 VHS 게임 개발진의 게임 출연하는 콩비

아케이드용 탈의마작 게임 「마작학교」 시리즈를 이식한 마작 게임. 학교 모드에서는 특정한 패로 쯔모를 내거나 불량 배를 때리는 미니게임으로 모은 포인트를 사용해 패를 조작 가능하다. 가정용 게임치고는 파격적으로, 거의 전라까지 가는 탈의 장면이 있는 것도 특징.

바리바리 전설
HuCARD 3M | RCG | 타이토 | 1989년 11월 29일 | 6,600엔

▶ 자신의 바이크 세팅으로 전세계 달리는 원작의 그림을 재현한 오프닝의 분위기를 고조시켜준다!

같은 이름의 만화가 원작인 바이크 레이싱 게임. 플레이어는 주인공 '군'이 되어 전 세계의 서킷을 순회하며 우승을 노린다. 레이싱 부분이 제법 리얼 지향이라, 코스와 기후를 고려해 엔진·브레이크·타이어 등을 튠업해야 한다. 이에 능숙하면 멋진 경기가 가능하다.

배틀 에이스
SUPER GRAFX 4M | STG | 허드슨 | 1989년 12월 8일 | 6,500엔

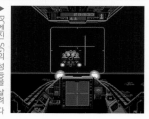

▶ PC엔진 SG의 성능을 살려 다수의 캐릭터가 움직인다. 강렬한 BGM도 멋지다.

PC엔진 슈퍼 그래픽스(SG) 전용 게임 제 1탄. 조종석 시점의 슈팅 게임으로, 일반 무기인 발칸과 탄수 제한이 있는 유도 미사일로 적을 쓰러뜨린다. 스테이지 끝에서 기다리는 보스를 쓰러뜨리면 클리어. 적의 공격이 맹렬해, 무작정 전진하다가 금세 격추당할 것이다.

Mr. HELI의 대모험

HuCARD 4M

STG　아이렘　1989년 12월 1일　6,700엔

▶ 플레이어 기체의 성능을 100% 활용해야 하는데는 개성적인 아이템이 지형이 나온다. 어디에 어떤 아이템이 묻혀있는지 그 외에도 알아두자.

같은 제목의 아케이드 게임 이식작. 데포르메화된 동그란 헬리콥터가 주인공인 슈팅 게임이다. 플레이어 기체는 상하좌우로 자유로이 움직일 수 있고, 지면을 걸어서 이동할 수도 있다. 바위나 블록에 숨겨진 수정을 발견하면, 이를 소비하여 장비를 파워 업하도록 하자.

USA 프로 바스켓볼

HuCARD 2M

SPT　에이컴　1989년 12월 1일　5,600엔

▶ 코믹해 보이는 그래픽과는 달리, 본격적인 농구 게임. 워치 모드로 경기 관전도 가능하다.

미국 프로농구가 소재인 스포츠 게임. 8개 팀 중에서 하나를 선택한다. 1인 플레이와 2인 대전이 가능하다. 플레이 화면은 데포르메화된 캐릭터들 탓에 코믹한 인상이지만, 덩크 등의 슛이 터지면 리얼한 그래픽으로 박력 넘치는 장면이 펼쳐진다.

시노비

HuCARD 3M

ACT　아스믹　1989년 12월 8일　6,800엔

▶ 싸이케온트 ZEED를 괴멸시키기 위해 신디케이트에 맞서 근대적인 무대에 활약하는 시노비가 같이 싸온다.

근대적인 세계에서 싸우는 시노비가 주인공으로 활약하는 닌자 액션 게임. 공격할 때는 시노비답게 수리검·도·총 등의 무기와 발차기를 구사한다. 같은 제목의 아케이드 게임 이식작으로, 스테이지와 일부 적이 삭제되었지만 화면 분위기 등은 아케이드판을 잘 재현해냈다.

불파이트 : 링의 패자

HuCARD 3M

SPT　크림　1989년 12월 8일　6,300엔

▶ 사이드뷰 시점의 복싱 게임. 대전 플레이도 가능. 조작은 단순하지만 치열한 게임이다.

세계 챔피언을 노리며 링을 무대로 싸우는 권투 게임. 파이팅 모드에서는 권투 시합 사이에 횡스크롤 액션 모드가 되어, 악당을 쓰러뜨리며 거리를 헤쳐 나간다. 도중에 계약서를 구입해야만 시합 출장이 가능하다거나, 아이템으로 파워 업하는 등의 독자적인 시스템이 있다.

PC원인

HuCARD 3M

ACT　허드슨　1989년 12월 15일　5,800엔

▶ PC원인은 파워 업 아이템인 고기를 연속으로 먹으면 무적 상태가 된다. 적을 쓰러뜨려 아이템을 얻자.

▶ 스테이지 끝에는 거대한 보스가 다리도 한다. 약점을 파악해 강력한 박치기를 먹여 쓰러뜨리자.

머리가 큼지막한 원시인 'PC원인'이 점프와 박치기, 밟기를 구사하여 적을 물리치며 스테이지를 전진하는 점프 액션 게임. 스테이지에 이런저런 장치가 풍부해, 얼핏 복잡한 공략이 필요할 것 같지만 상쾌하게 진행되도록 밸런스가 잡혀 있다. 특히 점프해 박치기를 먹이는 액션은 조작감이 경쾌해, 속도감 있게 게임이 전개된다. 고기를 먹으면 단계적으로 파워 업하는 원시인의 유쾌한 움직임도 한몫 해, 누구나 재미있게 즐길 수 있는 게임이 되었다.

HARDWARE
1987
1988
1989
1990
1991
1992
1993
1994
1995
1996
1997
1998
INDEX

HARDWARE
1987
1988
1989
1990
1991
1992
1993
1994
1995
1996
1997
1998
INDEX

사이드 암 스페셜

STG　NEC 애비뉴　1989년 12월 15일　6,800엔

▶ 'BEFORE CHRIST」 모드는 슈팅 게임의 묘미를 맛볼 수 있도록 멋지게 어레인지했다.

캡콤의 아케이드 게임 「사이드 암」을 CD-ROM²으로 이식했다. 원작에 충실한 'STANDARD' 모드와, 게임 시스템 및 BGM을 어레인지한 'BEFORE CHRIST' 모드를 수록. 어레인지판은 무기 선택과 플레이어 기체의 로봇 합체를 삭제했지만, 더욱 경쾌해졌다.

이것이 프로야구 '89

SPT　인텍　1989년 12월 20일　5,800엔

▶ '페넌트 레이스」는 70시합과 130시합 중 선택할 수 있고, 패스워드로 컨티뉴가 가능하다.

감독으로서 선수들에게 지시를 내려 팀을 승리로 이끄는 야구 시뮬레이션 게임. 시합 중에는 기본적인 지시밖에 내릴 수 없지만, 시합 전에 미리 고른 선수(최대 5명)는 직접 조작도 가능하다. 등장 구단·선수들은 전부 실명 수록으로, 데이터도 당시 기준의 최신판이다.

이스 I·II

RPG　허드슨　1989년 12월 21일　7,800엔

▶ 최소한의 장비를 갖추고 여행의 목적과 아돌이 이해야 할 일을 알려준다. 이 사라에게 가면,

▶ 플레이어는 붉은 머리의 아돌이며, 전투는 적에게 직접 부딪치는 식이며, '이스 II」에선 마법 공격도 추가되었다. 작해 모험하는,

PC용 게임으로 시작해, 가정용 게임기로도 이식되어 인기를 얻은 액션 RPG 「이스」와 「이스 II」를 CD-ROM²용 소프트 1장으로 합본 이식한 작품. 이식하면서 애니메이션을 도입한 비주얼 신을 추가했다. CD-ROM을 활용한 호화로운 사운드에 새로 편곡된 BGM, 성우가 음성 연기한 캐릭터들의 대사가 스토리의 분위기를 더해준다. 대용량의 이점을 잘 살린 이식작으로, 이후의 CD-ROM²용 게임이 갈 방향성을 결정지은 작품이다.

롬롬 가라오케 VOL.3

ETC　NEC 애비뉴　1989년 12월 20일　4,800엔

▶ 이번에는 대부분 곡의 이미지에 맞춘 CG 애니메이션이 제작되었다.

세계 최초의 가라오케 소프트 시리즈 제 3탄으로, 이번엔 남성 가수의 록 계열 음악을 모았다. 'Runner', 'TRAIN-TRAIN', '키스해줘', '눈을 감고 와', '밀랍인형의 집', 'Marionette', '멋진 밤하늘', '15의 호기심' 8곡이 수록되어, 간편하게 가라오케를 즐길 수 있다.

롬롬 스타디움

SPT　메사이야　1989년 12월 22일　6,200엔

▶ 오리지널 구단을 2개 구단까지 편성할 수 있는 에디트 모드도 탑재되어 있다.

CD-ROM² 최초의 야구 게임. 일본 프로야구 12개 구단이 모티브인 12팀 중 하나를 골라 플레이한다. 진행될수록 선수의 능력이 성장하므로, 다른 야구 게임과는 다른 느낌을 준다. 게스트로 「개조정인 슈비빔맨」의 캐피코가 등장해, 시합 중에도 다양한 모습을 보여준다.

STG 슈팅 게임　ACT 액션 게임　PZL 퍼즐 게임　RPG 롤플레잉 게임　SLG 시뮬레이션 게임　SPT 스포츠 게임　RCG 레이싱 게임　AVG 어드벤처 게임　ETC 교육·기타 게임　TBL 테이블 게임

전격 Z작전 스페셜

HuCARD 2M

RCG　팩 인 비디오　1989년 12월 22일　5,800엔

이 차만 얼핏 평범한 레이싱 게임 같지만, 코스 마지막에 전개된다 ▶

드림 카 '나이트 2000'을 타고 범죄자를 추격하는 카 레이싱 액션 게임. 미국의 인기 TV 드라마 '나이트 라이더'(한국 제목은 '전격 Z작전')를 게임화했다. 유명한 테마 곡의 오프닝과 함께, 나이트 2000에 탑재된 무기와 점프로 드라마를 방불케 하는 카 체이스를 즐긴다.

헤비 유니트

HuCARD 3M

STG　타이토　1989년 12월 22일　6,600엔

일부 적의 배치가 달라졌고 아케이드판의 분위기는 잘 살렸다 ▶

타이토의 같은 이름의 슈팅 게임 이식작. 아이템을 얻으면 전투기와 로봇으로 변신하는 기체를 조작해 적을 쓰러뜨린다. 유도탄이 있는 로봇 형태와, 탄환을 광범위로 쏘는 전투기 형태를 적절히 바꾸는 것이 공략의 키포인트. 소위 '암기 게임'다운 타이토 전통의 슈팅 게임이다.

벤케이 외전

HuCARD 3M

RPG　선 전자　1989년 12월 22일　6,200엔

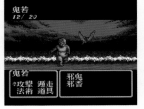

옷, 방어구 셋뿐으로, 심플해 알기 쉽다. 캐릭터의 장비품이 무기, 갑 시스템이 ◀

마물에게 납치당한 '오코토'라는 처녀를 구하러, 절에서 자란 젊은이 '오니와카'가 모험에 나서는 롤플레잉 게임. 필드는 탑뷰 시점이며, 랜덤 인카운터로 조우하는 적을 물리쳐 레벨 업한다. 스토리가 진행되면서 동료가 늘어나는 전형적인 시스템의 RPG다.

F1 트리플 배틀

HuCARD 3M

RCG　휴먼　1989년 12월 23일　6,300엔

로은 극소수였고, 3인 동시 플레이가 가능한 게임은 유일했다. 이 게임의 자랑인 3분할 화면. 당시 대전 가능한 대 ◀

화면을 3분할하여 3명까지 동시 플레이가 가능한, F1이 모티브인 레이싱 게임. 머신 세팅도 가능한데, 세팅 기능 자체도 실존 모델을 토대로 한 4레벨 16종류의 엔진, 4종류의 스티어링, 4종류의 타이어 등으로 세세하게 조정할 수 있도록 했다.

볼피드

HuCARD 3M

ACT　타이토　1989년 12월 27일　6,600엔

있다 이 공간을 잘 나누어 적이 용하면 광대한 영역을 작아진다는 좁은 영역을 따낼 수 ◀

플레이어 기체를 조작해 필드 상에 선을 그어 아군 영역을 확장해가는 땅따먹기 게임. 같은 이름의 아케이드 게임 이식작이지만, 적 캐릭터와 일부 룰을 변경. 규칙은 단순하지만, 미완성된 선이 적에 닿아도 목숨이 줄어 의외로 난이도가 높다. 최대 99.9%까지 딸 수 있다.

레드 얼럿

CD-ROM²

ACT　니혼 텔레네트　1989년 12월 28일　6,780엔

당한다 적은 맵 상의 모든 방향으로 나오므로, 빠른 처치 판단으로 위 ◀

로이드 정부의 배신으로 전멸당한 용병부대의 생존자 '가이 카자마'가 국제 테러조직 '포스 프로젝트'를 괴멸시키러 단신으로 적진에 뛰어드는 액션 슈팅 게임. 탑뷰 시점의 맵과 전 방향 스크롤이 특징이다. 공들여 제작한 비주얼 데모가 작품의 분위기를 끌어올린다.

HARDWARE
1987
1988
1989
1990
1991
1992
1993
1994
1995
1996
1997
1998
INDEX

HARDWARE
1987
1988
1989
1990
1991
1992
1993
1994
1995
1996
1997
1998
INDEX

1990

PC Engine

SOFTWARE ALL CATALOGUE

1990년에 발매된 게임은 전년 대비로 단숨에 두 배 가까이나 늘어난 128개 타이틀이다. 「원평토마전」・「최후의 인도」・「애프터 버너 Ⅱ」 등 이식도가 뛰어난 HuCARD 아케이드 이식작은 물론이고, 「슈퍼 스타 솔저」・「봄버맨」 등의 강력한 오리지널 타이틀도 속속

등장했다. 유저 입장에선 게임 풍년이라 할 만큼 행복했던 한 해라 할 수 있다.

그런 가운데 전년 발매된 「이스 Ⅰ・Ⅱ」가 히트함으로써, 허드슨과 니혼 텔레네트를 중심으로 CD-ROM²의 장점을 살린 게임도 다수 발매되었다.

특히 「시끌별 녀석들 : STAY WITH YOU」는 애니메이션 팬과 CD-ROM²의 친화성을 여실히 보여준 좋은 예로, 이후에도 이어지는 디지털 코믹 노선의 위대한 시발점이 되었다.

롬롬 가라오케 VOL.4

CD-ROM² | ETC NEC 애비뉴 1990년 1월 19일 4,800엔

▶ 이 사진은 노래 '스페셜 보이프렌드'의 배경화면. 무슨 의도로 이런 영상을 맡은 건지의 궁금이 든다.

ねえ MY BOY 私のこと見つけないで

시리즈 제 4탄으로, 이번엔 여성 보컬의 록 계열 곡 'FRIENDS', 'GET CRAZY!', '한계LOVERS', '사랑해도 되잖아', '스페셜 보이프렌드', '댄싱 히어로', 'SHOW ME', '17세' 8곡이 수록되었다. CD 원곡과 동일한 디지털 사운드로 간편하게 가라오케를 즐길 수 있다.

아토믹 로보키드 스페셜

HuCARD 4M | STG UPL 1990년 1월 19일 6,700엔

▶ 서 접촉으로 캐릭터가 전체적으로 거대해서 신중한 조작이 필요한 게임. 죽기 쉬운 편이다.

화면 속을 자유롭게 비행할 수 있는 귀여운 디자인의 로봇을 조작해, 적을 격추시키며 골 지점으로 향하는 횡스크롤 액션 슈팅 게임. 로봇이 장비한 무기는 아이템을 얻어 바꿀 수 있으므로, 스테이지에 따라 적절한 무기를 사용하는 것이 공략 포인트다.

가이프레임

HuCARD 3M | SLG 메사이야 1990년 1월 26일 5,800엔

백업 메모리 대응 소프트

▶ 대륙 맵에서 적군의 세력 범위를 확인하면서 자국의 행동을 결정하는 전략적인 공략이 필요한 게임.

「랑그릿사」와 세계관을 공유하는 속칭 '엘스리드 3부작' 시리즈의 최종작을 PC에서 이식해온 타이틀로, 「가이아의 문장」의 속편이다. 마법과 로봇이 등장하는 세계관의 워 시뮬레이션 게임으로, 캐릭터들의 대화 이벤트를 바탕으로 드라마틱한 스토리가 전개된다.

타이토 체이스 H.Q.

HuCARD 3M | RCG 타이토 1990년 1월 26일 6,600엔

▶ 커브 래 목적인 니트로로 범인 차량을 받으면 추격시의 가속이 대미지가 훨씬 차본 들이 이지만

토니와 레이먼드라는 2인조 형사가 탄 암행순찰차를 운전해, 범인 차량을 들이받아 저지하는 호쾌한 아케이드 레이싱 게임의 이식작. 추격만으로는 의미가 없어, 일정 대미지를 먹여야 한다. 사령탑인 낸시의 "여기는 낸시, 긴급 연락입니다"라는 음성도 이 작품의 큰 묘미.

STG 슈팅 게임 **ACT** 액션 게임 **PZL** 퍼즐 게임 **RPG** 롤플레잉 게임 **SLG** 시뮬레이션 게임 **SPT** 스포츠 게임 **RCG** 레이싱 게임 **AVG** 어드벤처 게임 **ETC** 교육·기타 게임 **TBL** 테이블 게임

도망업자 토베에 : 「참수관」에서

HuCARD 4M | AVG | 나그자트 | 1990년 1월 26일 | 6,700엔

MSX2로 발매된 어드벤처 게임 「비록(秘錄) 참수관 : 도망업자 토베에」를 PC엔진으로 이식했다. 폭정에 신음하는 에도에서 탈출하는 사람들을 도와주며 밥벌이하는 '도망업자'인 토베에는, 자신에게 날아든 의뢰 한 건을 계기로 기기한 사건에 휘말리게 된다.

마작자객열전 마작 워즈

HuCARD 2M | TBL | 일본물산 | 1990년 2월 1일 | 5,400엔

「마작자객」 시리즈 작품. 컴퓨터 마작사와 2인 마작으로 대국하는 '대 자객전'과, 적과의 전투를 마작 대국으로 하는 RPG '마작 워즈'의 두 가지 모드로 즐길 수 있다. '마작 워즈'에서는 패스워드나 백업 시스템으로 컨티뉴가 가능하다.

슈퍼 발리볼

HuCARD 2M | SPT | 비디오 시스템 | 1990년 2월 7일 | 5,800엔

아케이드 게임 「슈퍼 발리 '91」을 이식한 배구 게임. 코트를 사이드뷰로 보는 독자적인 화면 구성 덕분에, 토스의 높이와 스파이크의 강도를 파악하기 쉽다. 조작이 단순하면서도 선수와 공의 움직임이 다채로워, 리얼한 배구 플레이를 즐길 수 있다.

데드 문 : 달 세계의 악몽

HuCARD 4M | STG | T.S.S. | 1990년 2월 22일 | 7,400엔

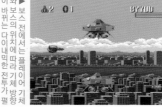

PC엔진 오리지널 횡스크롤 슈팅 게임. 도시 스테이지에서 시작해 우주, 월면 등이 무대인 SF 슈팅 게임으로, 플레이어 기체는 2종류의 기본 무기와 유도탄·옵션 2종류의 보조 무기를 장비해 싸운다. 파워 업이 빨라 난이도가 쉬운 편.

타이거 로드

HuCARD 3M | ACT | 빅터음악산업 | 1990년 2월 23일 | 6,500엔

캡콤이 발매한 같은 제목의 아케이드 게임 이식작이지만, 스테이지 구성과 적 캐릭터가 크게 변경되었다. 철퇴·도끼·창 3가지 무기를 사용해 끊임없이 나타나는 적을 쓰러뜨리는 시스템이다. 적들의 머릿수가 많아 상당히 진행이 힘거운 난이도다.

니시무라 쿄타로 미스터리 북두성의 여자

CD-ROM² | AVG | 나그자트 | 1990년 2월 23일 | 6,300엔

니시무라 쿄타로의 여행 미스터리 '특급 북두1호 살인사건'이 원작인 어드벤처 게임. 카메이 형사, 토츠카와 경감 등 인기 캐릭터가 등장하며, 아사쿠사의 살인사건으로 시작해 홋카이도에서도 사건이 일어난다. 작가의 전매특허인 열차시각표 트릭 등도 등장해, 팬이라면 좋아할 작품.

HARDWARE
1987
1988
1989
1990
1991
1992
1993
1994
1995
1996
1997
1998
INDEX

백업 메모리 지원 메모리 베이스 128 지원 마우스 지원 6버튼 패드 지원

뉴질랜드 스토리
HuCARD 3M　ACT　타이토　1990년 2월 23일　6,600엔

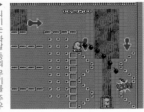

▶티키는 화살 등의 무기를 주우려 하면 강력한 공격이 가능하지만, 꼭 알아야 하는요소.

키위 새 '티키'를 조작해, 미로와 같은 스테이지를 누비며 동료와 연인을 구출하는 액션 게임. 같은 제목의 아케이드 게임 이식작이다. 티키는 걷기와 점프 외에, 적의 풍선이나 기구를 빼앗아 이동할 수도 있다. 얼핏 캐주얼해 보이지만, 난이도가 상당한 게임이다.

비장기병 카이저드
HuCARD 3M　SLG　메사이야　1990년 2월 23일　6,200엔

バックアップメモリ 対応ソフト

▶시나리오는 총 10종으로, SERD를 이용해 싸우던 파일럿은 7명의 전투를 거듭하며 성장한다.

우주에서 온 침략자를 상대로, 인간형 로봇 'SERD'를 타고 싸우는 턴제 시뮬레이션 게임. 특색이 있는 7종의 'SERD'에 지시를 내려, 맵마다 설정된 승리요건을 충족시키면 클리어된다. 행동을 결정할 때는 등장인물의 얼굴과 대사가 나와 스토리의 몰입을 도와준다.

블로디아
HuCARD 2M　PZL　허드슨　1990년 2월 23일　4,500엔

バックアップメモリ 対応ソフト

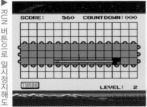

▶RUN 버튼으로 일시정지해 화중 차분히 파이프가 가려지진 않았나 생각해보고 싶을 때도 놀도 보자.

고정화면형 퍼즐 게임. 시작하면 공이 파이프 안을 굴러가며, 공이 통과한 파이프는 사라진다. 파이프를 전부 없애면 클리어다. 도중에 공이 통과할 파이프가 끊어지면 실패하므로, 공의 진로를 예측해 재빨리 바닥 패널을 맞춰가며 통로를 만들자.

파라노이아
HuCARD 2M　STG　나그자트　1990년 3월 1일　5,800엔

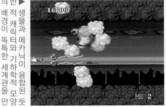

▶의한 들어낸다. 적 생물과 메카닉의 캐릭터와 독특한 기하학적 융합된 세계관으로 배경도 만양듯

PC엔진 오리지널 횡스크롤 슈팅 게임. '이차원 슈팅'을 자칭하는 게임답게 플레이어 기체와 적의 형태가 독특하며, 무기질적인 도트 그림인데도 코믹한 느낌을 주는 그래픽이 인상적이다. 파워 업하면 플레이어 기체의 움직임에 맞춰 동작하는 무기 '새틀라이트'를 장비 가능.

시티 헌터
HuCARD 3M　ACT　선 전자　1990년 3월 2일　6,300엔

▶이 한에고 이들어 이벤트가 여성이 옷을 갈아입고 들 같도 수 있다. 이 체력이 회복되는 방은 몇 번야 방

TV 애니메이션과 만화로 인기를 끈 작품 '시티 헌터'를 게임화한 횡스크롤 액션 게임. 총격과 점프 액션이 「롤링 선더」와 비슷하다. '시티 헌터'의 캐릭터가 「패미컴 점프 영웅열전」에 등장한 적은 있지만, 작품이 단독으로 가정용 게임화된 것은 이 게임뿐이다.

스페이스 인베이더 : 부활의 날
HuCARD 2M　STG　타이토　1990년 3월 2일　5,900엔

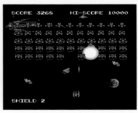

▶도데지 모드 화면의 홀륭하다. 플레이어 강력한 경쟁의 어레인지 모드, 와이어프레임을 활용한 속도감 넘치는 연출

초대 「스페이스 인베이더」를 수록한 '본가 모드'와 이를 리뉴얼한 '분가 모드'를 즐길 수 있다. 분가 모드는 UFO에서 떨어져 내리는 아이템으로 파워 업되는 플레이어 기체로, 다양한 진형과 움직임으로 압박하는 인베이더들을 쓸어버리는 호쾌한 슈팅 게임으로 바뀌었다.

STG 슈팅 게임　ACT 액션 게임　PZL 퍼즐 게임　RPG 롤플레잉 게임　SLG 시뮬레이션 게임　SPT 스포츠 게임　RCG 레이싱 게임　AVG 어드벤처 게임　ETC 교육·기타 게임　TBL 테이블 게임

수수께끼의 가장무도회 : 전설 서양식 저택 연쇄살인사건

AVG　메사이야　1990년 3월 2일　6,000엔

1920년대 도쿄를 무대로 '전설 서양식 저택 연쇄살인사건'이라 불리는 사건을 조사하게 된 탐정 '엔진 류노스케'를 그린 미스터리 어드벤처 게임. 세피아톤으로 그려내 다이쇼 로망 분위기가 넘치는 서양식 저택을 탐색하는 커맨드 식 어드벤처를 즐기며, 살인사건의 범인을 찾아내자.

사이버 코어

STG　IGS　1990년 3월 9일　6,700엔

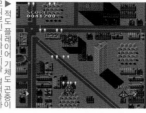

아이템을 얻으면 곤충과 같은 모습으로 '변이'하는 플레이어 기체를 조작하는 종스크롤 슈팅 게임. 곤충에게 지배당한 세계를 비행하며 몰려오는 적들을 물리쳐 가며 각 스테이지의 보스를 쓰러뜨려야 한다. 파워 업이 강력해, 꽤나 쉬운 난이도의 게임이다.

원평토마전

ACT　남코　1990년 3월 16일　6,800엔

겐페이 전쟁의 패장 '타이라노 카게키요'의 원혼이 부활, 원수이자 마족의 수장 '미나모토노 요리토모'를 물리치는 액션 게임. 탑뷰, 사이드뷰, 거대 캐릭터 등 여러 스테이지를 공략하며 요리토모 토벌에 필요한 3종의 신기를 찾아내 가마쿠라로 가자. 우시와카마루와 벤케이도 등장.

골든 액스

ACT　니혼 텔레네트　1990년 3월 16일　6,800엔

아케이드로 발매된 인기 벨트스크롤 액션 게임의 이식작. 대용량 CD-ROM을 활용해 원작에는 없었던 애니메이션 데모와 편곡된 BGM을 추가했다. 공격뿐만 아니라 화려한 마법도 사용하며, 각 스테이지의 보스를 효율적으로 쓰러뜨리고 악의 총수 '데스 아더'를 물리치자.

슈퍼 다라이어스

STG　NEC 애비뉴　1990년 3월 16일　6,780엔

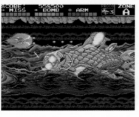

아케이드의 대인기 횡스크롤 슈팅 게임 이식작. 가로 3개 화면인 원작을 가정용 TV 1화면에 맞춰 개변 이식해, 게임성을 충실히 재현해냈다. CD에서 흘러나오는 BGM 역시 아케이드판 기준. 스테이지 보스를 포함해 총 26종류의 어패류 보스를 수록해 팬들을 환호시켰다.

창고지기 WORLD

PZL　미디어 링　1990년 3월 16일　5,400엔

많은 기종으로 이식된 인기 퍼즐 게임 「창고지기」 시리즈의 이식판. 하나씩 밀 수만 있는 화물을 지정된 장소로 전부 이동시키면 클리어. 이 작품엔 실행 취소 기능이 있어, Ⅱ 버튼을 누를 때마다 한 걸음씩 되돌릴 수도 있고, 아예 시작 시점까지 돌아갈 수도 있다.

HARDWARE
1987
1988
1989
1990
1991
1992
1993
1994
1995
1996
1997
1998
INDEX

암드 F

HuCARD 2M
STG 팩 인 비디오 1990년 3월 23일 6,700엔

▶ 포메이션 공격은 횟수에 제한이 있지만, 아이템으로 금세 보충할 수 있으니 적극적으로 사용하도록.

일본물산이 아케이드로 발매한 종스크롤 슈팅 게임의 이식판. 플레이어 기체는 4종류의 아이템으로 무장을 바꾸며 전후 공격 전환이나 강력한 포메이션 공격을 사용한다. 지형에 숨은 적이나 후방에서의 공격도 많아, 클리어하려면 기체의 특성을 잘 활용해야 한다.

파이널 존 II

CD-ROM SYSTEM
ACT 니혼 텔레네트 1990년 3월 23일 6,780엔

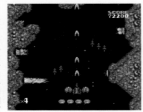

▶ 피격 시의 무적시간이 상당히 짧으니, 연속 대미지를 입지 않도록 잘 회피하는 게 중요.

PC용 게임 「파이널 존」의 속편. 각각 성능이 다른 캐릭터 5명을, 각 스테이지마다 지정된 국면에서 하나씩 골라 출격시킨다. 최종 스테이지 외에는 선택한 캐릭터에 따라 BGM이 바뀌므로, 출격할 캐릭터를 성능보다 아예 BGM과 외모 기준으로 골라보는 것도 재미있다.

기기괴계

HuCARD 4M
ACT 타이토 1990년 3월 27일 6,600엔

▶ 아케이드판을 이식하면서 중간 루트 분기와 컨티뉴 시스템도 입등가 추가·변경되었다.

아케이드에서 이식된 자유 스크롤 액션 슈팅 게임. 요괴에 납치당한 칠복신을 구출하기 위해, 무녀 사요가 근접 공격인 액막이 봉과 원거리 공격인 부적으로 싸운다. 다른 게임기보다 비교적 뒤늦게 이식된 만큼, 원작에 더욱 가까운 이식판이 되었다.

ROM² 가라오케 VOL.1 멋지게 스탠더드로

CD-ROM SYSTEM
ETC 빅터음악산업 1990년 3월 30일 4,800엔

▶ 제목에서도 드러나듯 당시의 애창곡이 가라오케 음원으로 수록되어 있다.

빅터음악산업이 CD-ROM 기능을 활용해 발매한 가라오케 소프트 시리즈 제 1탄. 마츠토야 유미와 쿠와타 케이스케 등 유명 가수의 인기곡 10곡을 생연주로 수록했다. 접대용 게임으로 활용할 수 있는 빙고 등도 포함되어, 여럿이서 노래와 게임을 즐길 수 있다.

ROM² 가라오케 VOL.2 인정받은 아이돌로

CD-ROM SYSTEM
ETC 빅터음악산업 1990년 3월 30일 4,800엔

▶ 이 시리즈에 수록된 미니게임은 멀티 탭을 연결하면 여럿이 동시에 플레이할 수 있다.

「멋지게 스탠더드로」와 같은 날 발매된 가라오케 소프트. 당시 인기를 끌던 아이돌과 탤런트의 히트곡을 생연주로 10곡 수록했다. 남성에게도 인기가 많았던 '히카리 GENJI' 등 80년대 후반 인기곡의 가라오케와 여럿이 즐길 수 있는 미니게임이 다수 수록된 파티 소프트.

카멘 샌디에고를 쫓아라! 세계 편

CD-ROM SYSTEM
AVG 팩 인 비디오 1990년 3월 30일 7,200엔

▶ 게임 내에는 원작인 영어판이 통째로 수록돼 있어, 영어 공부에도 쓸 수 있다.

여성 괴도 '카멘 샌디에고' 일당을 쫓아 전 세계를 날아다니는 어드벤처 게임. 탐문으로 얻은 정보를 토대로 카멘의 행방을 판단해야 하는데, 그때 필요한 것이 실제 해당 지역의 지리적인 지식이다. 괴도 일당을 추적해나가는 동안 자연히 지리 공부가 되는 게임이다.

STG 슈팅 게임 ACT 액션 게임 PZL 퍼즐 게임 RPG 롤플레잉 게임 SLG 시뮬레이션 게임 SPT 스포츠 게임 RCG 레이싱 게임 AVG 어드벤처 게임 ETC 교육·기타 게임 TBL 테이블 게임

킹 오브 카지노

HuCARD 2M TBL 빅터음악산업 1990년 3월 30일 6,200엔

호텔에서 카지노로 출입하며 소지금을 1000만 달러로 불리는 것이 목적인 카지노 게임. '포커', '블랙잭', '슬롯', '룰렛', '키노' 5종의 게임을 즐길 수 있다. 카지노 장소는 총 15종으로, 각각 배율이 다르다. 멀티 탭을 사용하면 5인까지 대전도 가능하다.

코즈믹 판타지 : 모험소년 유우

 RPG 니혼 텔레네트 1990년 3월 30일 6,780엔

우주의 다양한 사건을 조사하는 코즈믹 헌터 '유우'가 사건에 휘말려 도착한 행성 노그에서의 모험을 그린 롤플레잉 게임. 탑뷰 형 맵을 채용한 전형적인 시스템의 게임이다. '유우'는 오토바이 형 로봇 '몬모', 여행 도중 만나는 소녀 '사야'와 함께 모험하며 성장해간다.

드롭 락 호라호라

HuCARD 2M PZL 데이터 이스트 1990년 3월 30일 5,900엔

'블록깨기 게임의 발전형'이라는 선전문구와 함께 등장한, 조금 독특한 액션 퍼즐 게임. 플레이어는 상하·좌우·대각선으로 이동 가능한 구체 패들을 조작해 볼을 쳐내야 하고, 스크롤되며 내려오는 블록 덩어리를 전부 떨어뜨리거나 마지막까지 버티면 클리어다.

열혈고교 피구부 : PC 번외편

HuCARD 2M SPT 나그자트 1990년 3월 30일 5,800엔

같은 제목의 아케이드 게임의 PC엔진판으로, 아케이드판과 앞서 발매되었던 패미컴 양쪽의 특징을 조합한 개변 이식작이다. 1인용 모드로는 각국을 무한히 돌며 대전하는 '세계대회'와, 우주인 군단을 이기면 엔딩이 나오는 '퀘스트 모드'가 있다.

BE BALL

HuCARD 2M PZL 허드슨 1990년 3월 30일 5,200엔

고정화면식 액션 퍼즐 게임. 적을 쓰러뜨리는 빨간 볼과 벽을 부수는 검정 볼 등, 서로 특성이 다른 4색의 볼들을 밀고 당기며 볼과 같은 색의 패널 위로 전부 옮기면 스테이지 클리어다. 2인 플레이로는 동시 플레이 외에, 에어 하키 스타일의 '킥볼'도 즐길 수 있다.

스플래터하우스

HuCARD 4M ACT 남코 1990년 4월 3일 6,800엔

남코가 아케이드로 발매한 호러 액션 게임의 이식작. 비를 피해 들어간 저택에서 행방불명된 애인 제니퍼를 구출하기 위해, 릭은 불가사의한 가면의 힘을 빌려 기괴한 괴물들과 싸운다. 공포영화처럼 괴기스러운 비주얼과 음악이 게임의 분위기를 잘 살려준다.

HARDWARE 1987 1988 1989 1990 1991 1992 1993 1994 1995 1996 1997 1998 INDEX

ROM² 가라오케 VOL.3 역시 밴드로
ETC 빅터음악산업 1990년 4월 6일 4,800엔

▶ PC엔진용 주변기기 '롬롬 앰프'와 같이 써볼 만한 소프트. 노래방과 거의 동일한 내용이다.

시리즈화를 노린 가라오케 소프트 제 3탄. 음악 CD가 아니라 게임 소프트 형태의 CD-ROM²이다. 폭풍 슬럼 프의 '리조 러버', 프린세스 프린세스의 'DIAMONDS', BOØWY의 'Marionette' 등, 실제 당시의 일본 가라오케 인기곡들을 밴드 중심으로 10곡 수록했다.

ROM² 가라오케 VOL.4 조금 어른스럽게!?
ETC 빅터음악산업 1990년 4월 6일 4,800엔

▶ 신경쇠약 미니게임도 수록. 가라오케 화면에서의 음악에 맞춰 그래픽이 재생된다.

빅터음악산업에서 발매된 가라오케 소프트 제 4탄. 나가부치 츠요시의 '잠자리', 타케우치 마리야의 '싱글 어게인', 쿠보타 토시노부의 'Dance If You Want It', 타마키 코지의 'I'm Dandy' 등, 힘든 일이 있거나 어른스러워지고 싶은 사람을 위한 10곡을 골랐다.

ROM² 가라오케 VOL.5 가라오케 왕중왕
ETC 빅터음악산업 1990년 4월 6일 4,800엔

▶ 가제 법되겠지만, 소프트 단독 곡수로 보면 수록곡이 적다는데 문제.

시리즈 전체를 모았다면 곡수

PC엔진에 이 소프트를 돌리면 가정이 노래방으로 돌변. 수록곡은 wink의 '외로운 열대어', '사랑이 멈추지 않아'를 비롯해 쿠보타 토시노부의 'Missing', 프린세스 프린세스의 '세상에서 가장 뜨거운 여름', THE BLUE HEARTS의 '푸른 하늘' 등 당시의 가요 프로 단골 곡 10곡.

사이코 체이서
STG 나그자트 1990년 4월 6일 5,800엔

▶ 안드로이드에게 지배당한 세계에서 인류를 위해 싸우는 사이코 체이서: 그러나 그 자신도 안드로이드이다.

은 코 체이서: 안드로이드

안드로이드 '사이코 체이서'의 싸움을 그린 슈팅 게임. 적과 장애물을 관통하는 샷, 유도 성능이 있는 샷, 측면과 후방에 강한 샷 등 4종류의 샷을 상황에 따라 전환하며 진행해야 한다. 각 샷은 강화용 포인트를 배분하여 4단계까지 강화할 수 있다.

슈퍼 그랑죠
ACT 허드슨 1990년 4월 6일 6,500엔

▶ 그랑죠 원작의 게임화 작품. 각자 개성이 다른 세 로봇을 상황에 따라 바꿔가며 싸우는 전략성도 일품이다.

니혼 TV계에서 방송된 선라이즈 제작 로봇 애니메이션(원제는 「마동왕 그랑조트」)을 게임화한 횡스크롤 액션 게임. 딱 5종뿐인 슈퍼 그래픽스 전용 게임 중 하나다. 마동왕이라 불리는 세 로봇 그랑조트·윈저트·아쿠아비트를 조작해 총 7개 스테이지를 공략해보자.

상하이 II
PZL 허드슨 1990년 4월 13일 5,800엔

▶ 적층 패턴이 늘어나, 마작패를 빼내기 힘든 지점이 바뀌어 있다. 주의하며 공략하자.

마작패를 사용하는 정통 퍼즐 게임의 속편이 CD-ROM² 전용 소프트로 등장. 헬프 기능이 추가되었다. 산더미처럼 쌓인 마작패를 2개 한 조로 빼내 간다는 규칙은 동일하지만, 적층되는 패턴이 늘어났다. 빼내는 순서에 주의하며 진행하지 않으면 순식간에 외통수가 된다.

STG 슈팅 게임 ACT 액션 게임 PZL 퍼즐 게임 RPG 롤플레잉 게임 SLG 시뮬레이션 게임 SPT 스포츠 게임 RCG 레이싱 게임 AVG 어드벤처 게임 ETC 교육·기타 게임 TBL 테이블 게임

파워 드리프트

RCG　아스믹　1990년 4월 13일　6,900엔

▶모든 스테이지를 1위로 골인하면 등장하는 숨겨진 요소 엑스트라 스테이지도 제대로 수록했다.

세가의 인기 아케이드 작품을 이식한 3D 카 레이싱 게임. 타이틀명대로 화려한 드리프트를 구사하여 경쟁자들을 따돌리는 게임이다. 상당히 무리한 이식이지만, PC엔진의 성능을 풀 활용해 게임성뿐 아니라 넘치는 박력까지 훌륭히 재현해냈다. 개발사는 코피아 시스템.

네크로스의 요새

RPG　애스크 코단샤　1990년 4월 20일　6,800엔

▶원작 상품을 반영하여, 회복 아이템 중에는 초콜릿이 있는 등의 장난도 다수 들어가 있다.

일본 롯데의 과자완구 '네크로스의 요새 초콜릿'을 게임화한 롤플레잉 게임. 최대의 특징은 전투 장면의 애니메이션으로, 기본적으론 커맨드식 RPG지만 적·아군 캐릭터 모두 화려한 액션이 펼쳐진다. 과자완구 시리즈의 제 1탄부터 제 4탄 '대마신 네크라가 편'이 기반이다.

요술망아지 브링크

ACT　허드슨　1990년 4월 27일　6,200엔

▶3명 파티로 맵을 이동한다. 선두 캐릭터가 누구냐에 따라 공격 방법과 점프력이 달라진다.

데즈카 오사무가 원안·감독을 맡아 NHK에서 방영한 TV 애니메이션을 게임화한 액션 게임. 아버지가 납치당한 주인공 카케루가 동료들과 함께 모험을 떠난다. 5개 스테이지에서 수집한 정보로 수수께끼를 풀고 보스와 싸우게 되며, 원작과 다른 오리지널 엔딩이 추가되었다.

슈퍼 대전략

SLG　마이크로캐빈　1990년 4월 27일　6,500엔

▶각 유니트는 자국 본거지 및 인근 도시에서 생산할 수 있다. 충분히 생산해두자.

PC용으로 발매되어 히트한 워 시뮬레이션 게임의 이식작. '헥스'라는 육각형 타일로 구성된 맵 위에서 탱크와 전투기, 보병 등의 유니트로 진격하여 적군 본거지를 점령하면 승리한다. 초대 「대전략」을 기반으로 하여, 8비트 기종용으로 업그레이드한 작품.

데스 브링거

RPG　니혼 텔레네트　1990년 4월 27일　7,200엔

▶3D 화면으로는 맵을 이동하지만, 전투 시에는 탑뷰 식 2D 화면이 되어 캐릭터를 조작하여 싸운다.

PC로 발매된 판타지 롤플레잉 게임을 CD-ROM²으로 이식했다. 특징은 도시와 야외 등이 전부 3D로 표현된다는 점. PC판에서는 애니메이션 풍의 얼굴 그래픽이 나오지만, 의외로 PC엔진판은 판타지 용사물 느낌의 일러스트로 변경되었다.

바룬바

STG　남코　1990년 4월 27일　6,800엔

▶플레이어가 전방향 공격 가능한 만큼 후방에서도 적도 가차 없이 공격이 들어오므로 패턴 암기가 중요.

구체 모양의 플레이어 기체를 조종해 전방향으로 강제 스크롤되는 스테이지를 진행하는 슈팅 게임. 기체 양옆에 장비된 포탑을 회전시켜 전방향 공격이 가능하며, 이것이 이 게임 공략의 핵심 포인트다. 아이템을 보충하지 않으면 플레이어 기체의 무장이 약화돼 버린다.

HARDWARE
1987
1988
1989
1990
1991
1992
1993
1994
1995
1996
1997
1998
INDEX

포메이션 사커 휴먼 컵 '90

HuCARD 2M | SPT 휴먼 1990년 4월 27일 5,500엔

보기 드문 종스크롤 축구 게임으로, 슈퍼 패미컴 등으로도 발매되어 인기 시리즈화된「포메이션 사커」시리즈의 첫 작품이다. 16개 국가 팀과 5종류의 포메이션을 자유롭게 선택해 즐길 수 있다. 멀티 탭을 사용하면 최대 4인까지 동시 플레이 가능하다.

롬롬 가라오케 VOL.5

 ETC NEC 애비뉴 1990년 4월 27일 4,800엔

NEC 애비뉴의 마지막 가라오케 소프트인 이 작품은 개그 노래 특집이다. '스다라부시', '무책임 일대남', '사이잔스 맘보', '원조 IEKI 토할 때까지', '운쟈라게', '제정신이 아니라고', '사이타마 올림픽 타령', '옐로우 서브마린 타령'으로 총 8곡을 수록했다.

매니악 프로레슬링 : 내일을 향한 싸움

HuCARD 4M | SPT 허드슨 1990년 5월 25일 6,500엔

커맨드 입력식 롤플레잉 게임 시스템을 도입한 프로레슬링 게임. 진정한 프로레슬링을 갈구하던 주인공이 멕시코 수행에서 돌아와 돈으로 프로레슬링 업계를 지배하는 악의 조직과 맞선다는 스토리다. 시합은 커맨드 선택식으로 진행되며, 전개에 따라 능력치가 성장하게 된다.

돈도코돈

HuCARD 3M | ACT 타이토 1990년 5월 31일 6,600엔

아케이드로 발매된 액션 게임을 이식했다. 망치를 든 나무꾼 '밥'과 '짐'을 조작해, 점프로 발판 위를 뛰어다니며 적을 쓰러뜨리는 고정화면식 게임이다. 망치로 때린 적을 붙잡아 던지면 다른 적까지 쓰러뜨릴 수 있는 등, 액션의 폭이 넓다.

신드바드 : 지저의 대마궁

HuCARD 3M | RPG IGS 1990년 6월 2일 6,700엔

중세 아라비아 무대의, 탑뷰에 커맨드 선택식 왕도 스타일 롤플레잉 게임. 공주 셰라자드가 도적에게 납치당하자, 신드바드와 알리바바는 동경하던 미녀를 둘이서 구출하자며 여행에 나선다. 레벨과 경험치가 캐릭터별이 아니라 캐러밴(파티)에 적용되는 특이한 시스템이다.

울트라 박스 창간호

 ETC 빅터음악산업 1990년 6월 15일 4,800엔

CD-ROM 매체로 제작된 디스크 잡지다. '실용?! 데이트 강좌'에서는 하라주쿠의 데이트 명소 소개를, '러셔 키무라의 별에 소원을!'에서는 별자리점 중심의 버라이어티 기획을 실었다. 또한 '가면 빅터'라는 액션 게임, 'UB64'라는 퍼즐 게임으로 두 가지 미니게임도 수록했다.

다운 로드

HuCARD 4M | STG　NEC 애비뉴　1990년 6월 22일　6,800엔

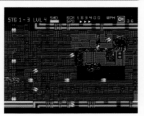

▶ HuCARD 게임인데도 오프닝 과 스테이지 막간에 애니메이션 풍 캐릭터들의 데모가 나온다.

인간의 의식이 사이버 세계 내에서 행동할 수 있게 된 근 미래 세계를 무대로, 범죄자 누명을 쓰게 된 주인공 SYD 가 사건의 진상을 밝혀내기 위해 싸우는 횡스크롤 슈팅 게 임. 비행 가능한 오토바이 형 기체 '모토로더'를 조종해, 끊 임없이 출현하는 적을 쓰러뜨리자.

베이구스

HuCARD 3M | ACT　빅터음악산업　1990년 6월 29일　6,700엔

▶ 팔과 바디의 무장을 여러 장비를 바꿔가며 스테 이지를 진행하는 시스템이 로봇 팬 의 가 슴을 진동하 는 혼을 울린다.

게임 아츠가 개발한 같은 제목의 PC용 로봇 액션 게임의 이식작. 거대 로봇 '베이구스'가 횡스크롤 화면을 호버로 고속 이동하면서, 대량 출현하는 적들을 펀치와 발칸 등의 장비로 쓰러뜨린다. 점프와 턴을 능숙하게 사용해 최대한 대미지를 입지 않는 것이 공략 포인트.

시끌별 녀석들 : STAY WITH YOU

CD-ROM² | AVG　허드슨　1990년 6월 29일　6,500엔

▶ 더 연 클리어 캐릭터 후 에도 비 터에도 음성이 사용 추가 하면, 되 조 어 스토리를 즐길 수 있 다.

▶ 자 부. 들이 그녀 속 가 속 첫 남 째 속 피 납 해 치 학 되 자. 교에 는 이 시 남 노 후에 게 되 여

만화 '시끌별 녀석들'이 소재인 어드벤처 게임으로, 스토리 는 오리지널이다. 수수께끼 없이 스토리만을 즐기는 스타 일로, 처음으로 '디지털 코믹'이라는 장르명을 표방한 작품 이기도 하다. 행방불명돼 버린 시노부를 아타루와 라무가 찾아다니는 스토리로, 도중에 15퍼즐 등도 삽입되어 마지 막까지 싫증나지 않도록 구성했다. 애니메이션과 동일한 성우를 기용했고, 풀 보이스까진 아니지만 상당량의 대사 에 음성이 들어가, 원작 팬에게도 만족스러운 작품이다.

이것이 프로야구 '90

HuCARD 2M | SPT　인텍　1990년 6월 29일　5,800엔

バックアップ メモリ 対応ソフト

▶ 전작에 이어 '오픈 전', 'VS' 3종류의 모드가 준비 되었다.

감독으로서 지시를 내려, 팀을 승리로 이끄는 야구팀 경영 시뮬레이션 게임 제 2탄. 일본야구협회 공인을 받아, 선수 및 팀명이 실명으로 등장한다. 경기는 기본적으로 자동 진 행되지만, 전작과 마찬가지로 특정 선수에 패드를 할당해 5명까지 직접 조작할 수 있다.

제비우스 : 파드라우트 전설

HuCARD 2M | STG　남코　1990년 6월 29일　5,500엔

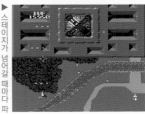

▶ 스테이지 가 넘어 갈 때마다 파 드라우트 전설의 단편적이 고 드라마틱 한 스토리 를 읊으며하 게끔 한다.

아케이드에서 인기를 끌었던 「제비우스」의 스토리를 바탕 으로, 그 역사를 되짚어보는 식의 전개로 스테이지가 진행 되는 슈팅 게임. 캐릭터와 스테이지 그래픽은 원작 기반이 지만, 플레이어 기체가 파워 업하는 등 시스템이 즐기기에 더욱 쾌적해졌다.

HARDWARE
1987
1988
1989
1990
1991
1992
1993
1994
1995
1996
1997
1998
INDEX

HARDWARE
1987
1988
1989
1990
1991
1992
1993
1994
1995
1996
1997
1998
INDEX

솔 비앙카

CD-ROM | RPG | 메사이야 | 1990년 6월 29일 | 6,200엔

▶ 전투는 세미오토 배틀로 이루어지므로, 전원의 행동을 일일이 지정하지 않아도 진행된다.

NEC 애비뉴와 AIC가 제작한 OVA와 함께, 멀티미디어 구상의 일환으로 개발된 롤플레잉 게임. 우주선 '솔 비앙카'호에 탑승한 5명의 스타 주얼 헌터의 모험을 옴니버스 형식의 7개 시나리오로 그려냈다. 전투가 세미오토 방식이라, 경쾌한 템포로 진행된다.

퍼즈닉

HuCARD 2M | PZL | 타이토 | 1990년 6월 29일 | 5,900엔

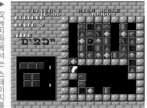

▶ PC엔진판에서는 스테이지를 일정 수 클리어하면 보너스로 미녀 그래픽이 표시된다.

블록으로 둘러싸인 필드 안에 쌓여있는 원·삼각형·사각형 등의 모양이 그려진 블록을 이동시켜, 같은 모양이 2개 이상 붙게 되면 지워지는 규칙의 퍼즐 게임. 각 스테이지마다 지정된 개수만큼의 블록을 없애면 클리어다. 같은 제목의 아케이드 게임 이식작.

마작학교 마일드 : 토마 소시로 등장

HuCARD 4M | TBL | 페이스 | 1990년 6월 29일 | 7,980엔

▶ 수정되면서 컨티뉴 횟수가 늘어났기 때문에 난이도도 다소 마일드해졌다.

과격한 탈의 장면으로 화제가 되었던 「마작학교 : 토마 소시로 등장」이 물의를 일으켰는지, 전라 장면 등을 수정해 발매한 버전. 탈의 장면 그래픽에 속옷 등을 추가로 그려넣었고, 일부 캐릭터도 수정했다. 게임 내용은 동일하다.

최후의 인도(忍道)

HuCARD 4M | ACT | 아이렘 | 1990년 7월 6일 | 7,000엔

▶ 아케이드판의 이식작이지만, 일부 배경이나 표식이 생략되어 원작보다 어려워진 스테이지도 있다.

아버지가 살해당한 기억을 되짚으며, 도주닌자 츠키카게가 복수와 출생의 비밀을 찾아 싸워나가는 액션 게임. 플레이어는 츠키카게를 조작해 4종류의 무기와 점프로 대거 공격해오는 닌자를 물리친다. 츠키카게의 무기는 강력하지만, 그만큼 적도 물량공세라 난이도가 높다.

슈퍼 스타 솔저

HuCARD 4M | STG | 허드슨 | 1990년 7월 6일 | 6,500엔

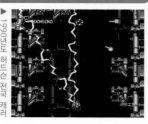

▶ 1990년도 허드슨 전국 캐러밴 공식 지정 게임이라 지정시간 내에 밴드내 점수를 겨루는 캐러밴 모드를 탑재했다.

패밀리 컴퓨터판 「스타 솔저」의 속편으로, 4년 뒤의 세계를 그려낸 종스크롤 슈팅 게임. 총 8스테이지의 노멀 모드에, 추가로 2분간 혹은 5분간 얻은 스코어를 경쟁하는 캐러밴 모드를 탑재했다. 게임 플레이 도중에는 「헥터 '87」과 「스타 솔저」의 BGM도 나온다.

미궁의 엘피네

CD-ROM | AVG | 니혼 텔레네트 | 1990년 7월 6일 | 6,780엔

▶ 미궁 숲 속의 '공포', '엠' 등에서는 잠자는 니시무라 토모미가 온다.

아이돌 가수 니시무라 토모미를 주인공으로 삼은 게임으로, 그녀의 가게 '토모로즈'에서 이야기가 시작된다. 기본은 탑뷰 스타일의 어드벤처 화면이지만, 보스 전은 드라이브 게임이나 슈팅, 퀴즈 등의 미니게임도 있고, 게임 곳곳에 애니메이션 풍 비주얼 신도 들어가 있다.

라스턴 사가 II

HuCARD 3M | ACT 　타이토　1990년 7월 6일　6,600엔

▶ 큼직한 캐릭터와 아름답게 그려진 배경 그래픽이 눈을 사로잡는 고난이도 액션게임이다.

아케이드판을 이식한 횡스크롤 액션 게임으로, 주인공 '라스턴'이 마족의 지상 정복을 저지하러 맞선다. 하단 공격과 상단 찌르기, 점프 하단 찌르기 등의 기본공격과, 검·클로·장검 3종류의 무기 및 방패를 상황에 따라 잘 나눠 사용하여 몬스터를 토벌해나가야 한다.

초절륜인 베라보맨

HuCARD 4M | ACT 　남코　1990년 7월 13일　6,800엔

▶ 아케이드판의 이식작이지만, 버튼을 누르면 늘어나는 베라보 강스틱의 급격력 변화하는 이 삭제됐다. 스위치 시스템은

평범한 샐러리맨이 α유성인에게 능력을 받아 히어로로 변신하여 바쿠타 박사가 이끄는 로봇 군단과 싸우는 액션 게임. 베라보맨은 손목과 발목이 늘어나는 공격을 구사해, 다소 코믹하게 생긴 로봇들을 쓰러뜨린다. 적의 공격이 거센 편이라 난이도가 높다.

데빌 크래시

HuCARD 3M | TBL 　나그자트　1990년 7월 20일　6,300엔

▶ 패키지에도 그려진 신비한 느낌의 여성이 서서히 파충류처럼 변모하는 연출이 인상적이다.

전작 「에일리언 크러시」의 흐름을 이어받은, 섬뜩한 비주얼의 핀볼 게임. 게임 제목처럼 필드 상의 장치 및 연출이 해골과 펜타그램, 마법사 등의 악마적인 이미지로 통일되었다. 전작과 마찬가지로 2개의 필드를 오가면서 화면이 전환된다.

모모타로 전설 터보

HuCARD 3M | RPG 　허드슨　1990년 7월 20일　5,800엔

▶ 드디어 동료 캐릭터가 필드 상에 표시되어, 더욱 와자지걸 한 화면이 되었다.

패미컴용 RPG 「모모타로 전설」의 리메이크 이식작. 주인공 모모타로가 개·원숭이·꿩과 함께 오니가시마로 도깨비 퇴치를 떠나는 일본 전래동화가 모티브로, 다른 동화의 등장인물 '꽃 피우는 할아범', '우라시마 타로', '킨타로' 등도 등장. 하늘의 소리 2로 데이터 세이브도 가능하다.

이미지 파이트

HuCARD 4M | STG 　아이렘　1990년 7월 27일　7,000엔

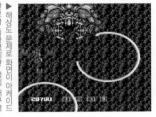

▶ 해상도 문제인지 화면이 아케이드판보다 좁아졌지만 적의 내구력도 줄어들어 플레이하기는 쉬워졌다.

아케이드에서도 인기가 있었던, 정교한 플레이가 필요한 종스크롤 슈팅 게임의 이식작. 플레이어는 OF-1을 조작해, 플레이어 기체 주위에 장비되는 포드와 전방에 장착되는 9종류의 부품을 선택하여, 5가지의 연습 스테이지와 3가지의 실전 스테이지를 돌파해야 한다.

대마계촌

SUPER GRAFX 8M | ACT 　NEC 애비뉴　1990년 7월 27일　10,800엔

▶ 마계촌의 속편이지만, 이번 리 가 어떤 무기든 나름 장점과 한 마법으로 나온다. 황금 갑옷을 입으면 편

아케이드에서 대히트한 같은 제목의 액션 게임 이식작. 철갑기사 아더가 창을 비롯한 다양한 무기로 마계의 마물을 물리치며 공주를 구하러 간다. 슈퍼 그래픽스 전용 게임답게 원작에 충실한 이식작으로, 그래픽은 물론이고 PC엔진 음원으로 분위기 있는 BGM도 잘 재현해냈다.

HARDWARE / 1987 / 1988 / 1989 / 1990 / 1991 / 1992 / 1993 / 1994 / 1995 / 1996 / 1997 / 1998 / INDEX

HARDWARE
1987
1988
1989
1990
1991
1992
1993
1994
1995
1996
1997
1998
INDEX

로드 러너 : 잊혀진 미궁

HuCARD 2M

PZL 팩 인 비디오 1990년 7월 27일 5,800엔

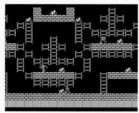

▶ 게임 내의 금괴가 패스트푸드 세로 거듭된 세 겹으로 만들 것 이란 설정이 재미있다.

미궁 안의 금괴를 전부 얻고 탈출하는 게 목적인 퍼즐 게임. 본편을 전부 클리어한 뒤에도 에디트 모드가 있어 오랫동안 플레이할 수 있다. 맵을 어떻게 만들어야 재미있는지를 설명서에서 세 쪽이나 들여 해설하고 있으니 읽어봐도 좋겠다. BGM이 거의 없어 조용한 작품.

월드 비치발리 : 룰 편

HuCARD 2M

SPT IGS 1990년 7월 27일 5,700엔

▶ 선수들은 6명씩 중에서 고르게 된다. 각 나라마다 남자 2명과 여자 2명씩, 총 24명이 준비돼 있다.

2 : 2 비치발리볼을 플레이할 수 있는 스포츠 게임. 캐릭터의 능력치는 자유롭게 조정할 수 있어, 취향에 맞는 캐릭터를 만들 수 있다. 코트는 저마다 특징이 다른 '그린', '헤비', '노멀' 3종류가 준비돼 있어, 이중 마음대로 선택할 수 있다.

지옥 순례기

HuCARD 4M

ACT 타이토 1990년 8월 3일 6,600엔

▶ 공격 버튼과 방향키 ↓ 를 조합하면 개성적인 스페셜 공격이나 간다. 강력한 보스에도 잘 통한다.

동자승 '카쿠렌보'가 미쳐버린 염라대왕을 물리치러 도술을 구사하며 싸우는 액션 게임. 같은 제목의 아케이드 게임 이식판으로, '마파주'라는 구슬 형 무기를 던지는 공격방식이 큰 특징이다. 얼핏 코믹해 보이는 게임이지만, 빡빡한 점프력과 지형 탓에 난이도가 높다.

왈큐레의 전설

HuCARD 4M

ACT 남코 1990년 8월 9일 6,800엔

▶ PC엔진판에는 파트너인 산드라가 나오지 않지만 대신 블랙 왈큐레라는 신 캐릭터가 등장한다.

아케이드로 인기였던 같은 이름의 액션 게임 이식작. 악의 화신 카무즈를 물리치러 지상에 강림한 왈큐레가 검과 마법으로 적을 쓰러뜨리며 황금 씨앗을 찾는다는 스토리다. 그래픽은 원작에 비해 간략화됐지만, 제한시간 폐지와 패스워드 컨티뉴 추가로 플레이가 쉬워졌다.

클랙스

HuCARD 2M

PZL 텐겐 1990년 8월 10일 5,900엔

▶ 가는 잠시 패들에 모아둘 수도 있다. 필요 없는 패널은 다시 던져 보내는 것도 없음 등.

화면 상단에서 회전하며 떨어져 내려오는 패널을 패들로 받아내, 화면 하단의 필드에 가로·세로·대각선으로 같은 색을 맞춰 없애는 낙하 계 퍼즐 게임. 같은 제목의 아케이드 게임 이식판으로, 원작의 특징인 패널이 낙하하는 필드의 독특한 깊이감을 잘 재현해냈다.

쇼기 초단 일직선

HuCARD 2M

TBL 홈 데이터 1990년 8월 10일 6,700엔

▶ 컴퓨터 전은 난이도가 4단계. 초보자도 실력에 자신이 있는 사람도 즐길 수 있도록 했다.

어린이용 모드인 '쇼기 모모타로'부터 '명인전 대국'까지 망라한 쇼기 게임. 자신의 수준에 맞춰 플레이하며 착실히 실력을 성장시킬 수 있도록 했다. '쇼기 모모타로'는 모모타로가 쇼기로 도깨비를 퇴치하는 스토리로, 수수경단이 있으면 원숭이가 다음 수순을 귀띔해준다.

STG 슈팅 게임 　ACT 액션 게임 　PZL 퍼즐 게임 　RPG 롤플레잉 게임 　SLG 시뮬레이션 게임 　SPT 스포츠 게임 　RCG 레이싱 게임 　AVG 어드벤처 게임 　ETC 교육·기타 게임 　TBL 테이블 게임

파워 리그 III

HuCARD 3M | SPT | 허드슨 | 1990년 8월 10일 | 5,800엔

▶ 이 켄지 아나운서가 맡아 실황중계는 이 작품부터 후 탭으로 최대 4인 멀티플레이 가 능

인기 야구 게임 시리즈 제 3탄. 선수 데이터를 당시 최신판 으로 교체했고, 사용 가능 구장도 3곳으로 늘렸다. 선수·구 단명은 가상이지만, 선수 등신이 리얼하고 일부 선수의 특 징적인 폼도 재현했다. 당시 게임으론 드물게 지명타자를 도입하는 등 리얼함을 추구한 작품이다.

마작 오공 스페셜

HuCARD 3M | TBL | 선 전자 | 1990년 8월 10일 | 6,300엔

▶ 여행 떠나기' 모드는 각 스 테이지마다 승리 조건이 있어, 이를 달성하지 못하면 클리어 불가

본격적인 4인 대국 마작 게임. 2개 모드가 있는데, '트레이 닝'에서는 임의의 상대를 골라 대전할 수 있다. '여행 떠나 기'에서는 서유기의 스토리를 따라가며, 가로막는 요괴들 을 마작으로 물리치며 천축으로 향한다. 난이도가 높은 편 이라, 긴장감 넘치는 마작을 즐길 수 있다.

매지컬 사우루스 투어 : 최신 공룡도해대사전

CD-ROM² | ETC | 빅터음악산업 | 1990년 8월 24일 | 8,700엔

▶ 이타해 다의설과 추종을 불허하는 그래픽 박력 넘치던 당시 정설이던 학설에 기반한 공룡도감

CD-ROM의 대용량을 활용한 애니메이션 도감. 가켄 무크 의 '최신 대공룡도감'를 감수한 야자와 사이언스 오피스와 과학기고가 카네코 류이치가 원작·감수를 맡았다. 공룡의 종류를 이름으로도, 서식시기로도 검색 가능. 공룡에 관한 잡학 코너도 내장돼 있다.

오퍼레이션 울프

HuCARD 3M | STG | NEC 애비뉴 | 1990년 8월 31일 | 7,200엔

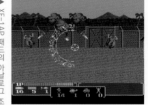

▶ XE-1AP 패드의 아날로그 조 작도 지원하는 몇 안 되는 게임 이므로, 갖고 있다면 시험해보자.

쿠데타로 붙잡힌 인질을 구출하라. 같은 제목의 아케이드 게임 이식작으로, PC엔진판에서는 2인 동시 플레이도 가 능. 최초의 4개 스테이지는 순서를 자유롭게 고를 수 있다. 적 증원과 연관된 통신소는 우선 파괴해야 하는 등, 플레이 어 나름의 전략을 세워 진행 가능하다.

라스트 하르마게돈

CD-ROM² | RPG | 브레인 그레이 | 1990년 8월 31일 | 7,500엔

▶ 전통적인 필드 타입 RPG. 이 식되면서 리뉴얼된 경쾌한 음악 도 화제가 되었다.

과거에 PC로 발매된, 몬스터가 주인공인 롤플레잉 게임의 이식작. 인간이 절멸한 세계에 남겨진 괴물들이 주인공으 로, 그들과 지구를 침략하려 하는 외계인들 간의 싸움을 그 린 이야기다. 괴물들을 조작해 석판에 새겨진 묵시록을 모 아 세계의 수수께끼를 파헤쳐보자.

암흑전설

HuCARD 2M | ACT | 빅터음악산업 | 1990년 9월 7일 | 6,200엔

▶ 크 묘사가 박력 만점이다. 큼직하게 그려진 캐릭터와 다 판타지를 잘 표현해낸 그래픽

PC엔진 초기의 명작 「마경전설」의 속편 격인 횡스크롤 액 션 게임. 전작 주인공 사후 왕국의 혼란스런 후계자 다툼 끝에, 첫째 왕자가 마왕과 손을 잡아 세계는 암흑에 휩싸였 다. 이야기는 둘째 왕자가 떨쳐 일어났다 패배한 후 다시 싸움에 나서면서 시작된다.

HARDWARE
1987
1988
1989
1990
1991
1992
1993
1994
1995
1996
1997
1998
INDEX

HARDWARE
1987
1988
1989
1990
1991
1992
1993
1994
1995
1996
1997
1998
INDEX

바리스 Ⅲ

ACT　니혼 텔레네트　1990년 9월 7일　6,780엔

신규 등장 캐릭터를 구사하며 더
점프와 슬라이딩을 구사하며 더
시 스테이지를 공략하자.

인기 PC게임 시리즈를 계승한 제 3탄. '바리스의 전사'로
싸우는 아소 유코가 여주인공이다. 전작에서는 교복 차림
으로 싸웠지만, 이번엔 한밤중에 깨어 처음엔 잠옷 차림이
다. 바리스 소드를 능숙하게 휘둘러 다양한 스테이지를 공
략해 '환몽황제 메가스'를 물리치는 게 목적.

하니이 온 더 로드

ACT　페이스　1990년 9월 7일　6,400엔

조작감이 독특하지만, 무기와
탈것을 활용한 코믹한 액션과 특징
적인 스테이지 등이 매력적이
다.

「하니이 인 더 스카이」의 속편. 경주 트랙처럼 늘어선 4줄
의 레인을 갈아타는 액션이 특징으로, 스테이지에 따라서
는 레인마다 스크롤 속도가 다르거나, 아예 스크롤 방향이
달라지기도 한다. 화면에 깊이감도 있는데다 독특한 액션
성도 갖춘 코믹한 액션 게임이다.

F1 서커스

RCG　일본물산　1990년 9월 14일　6,900엔

RC카와 조작감이 비슷한 게
임, 실존 레이서의 이름이 유사한
캐릭터가 다수 등장한다.

F1 소재의 PC엔진 오리지널 탑뷰 레이싱 게임. 머신 세팅
과 피트 인, 기후 변동 등이 치밀하게 반영되는 레이스 전
개와 고속 스크롤이 주는 속도감이 특징. 이후 시리즈부터
는 삭제된, 팀 감독이 되는 모드도 이 작품 한정으로 수록
되어 있다.

잭 니클라우스 월드 골프 투어 162홀

SPT　빅터음악산업　1990년 9월 14일　7,800엔

3D화면으로 실제하는 홀을 그
대로 표현했으며, 각 홀의 코스 전
략을 내레이션으로 해설해준다.

'제왕', '사상 최강의 플레이어'로 불렸던 골프선수 잭 니클
라우스가 감수한 본격 골프 게임. 잭 니클라우스가 직접 설
계한 코스를 포함해, 세계 각국에 존재하는 유명 코스를 9
개 코스 162홀로 수록했다. 플레이 모드는 매치, 스킨스,
스트로크 3가지를 준비했다.

세키가하라

SLG　톤킨 하우스　1990년 9월 14일　6,800엔

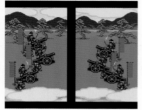

매뉴얼의 무장 소개 페이지는
동서 양군으로 나누어, 무장사진
과 함께 전후 처우도 기재했다.

서기 1600년(케이쵸 5년)에 벌어진 세키가하라 전투가 테
마인 역사 시뮬레이션 게임. 플레이어는 서군에 참가한 다
이묘 전원을 지휘해 미노의 오오가키 성에 주둔한 도쿠가
와 이에야스를 토벌해야 한다. 등장 무장은 동·서군 총 30
명 이상. 전투는 애니메이션으로 표현된다.

꿀벌 학교

AVG　허드슨　1990년 9월 14일　5,800엔

이 작품의 오디션기획에서 그
랑프리가 된 이노우에 마미는 후
일 아이돌로 데뷔했다.

실제 사진 스캔을 사용한 어드벤처 게임. 20명의 소녀를
춘하추동 4개조로 나누어, 각 계절별 스토리를 준비했다.
게임 클리어 후 모델 인기투표를 행해, 우승한 모델이 실제
아이돌로 데뷔한다는 기획도 가동되었다. 그 결과, 이노우
에 마미가 그랑프리를 수상했다.

다라이어스 플러스

STG　NEC 애비뉴　1990년 9월 21일　9,800엔

▶ 도중에 출현하는 파워 업 캡슐은 적탄을 흡수하므로, 일부러 얹지 않으로 낙추는 것도, 일종의 팁.

CD-ROM²판으로 앞서 발매된 「슈퍼 다라이어스」의 HuCARD 이식판. BGM은 본체 음원으로 재생되지만, 총 26스테이지의 충실한 볼륨으로 이식했다. 스테이지 도중에 부지런히 파워 업해서, 각 스테이지 마지막에 등장하는 해양생물 모티브의 보스를 공략하자.

모모타로 활극

ACT　허드슨　1990년 9월 21일　6,500엔

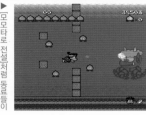

▶ 「모모타로 전설」처럼 동료들이 나 다른, 전래 동화의 캐릭터도 등 장하는 액션 게임이다.

「모모타로 전설」, 「모모타로 전철」 등으로 이어진 「모모타로」 시리즈 중에선 첫 액션 게임. '반드시 엔딩! 어쨌든 엔딩!'이라는 선전문구대로, 정말 누구든 클리어할 수 있도록 여러 단계의 난이도 설정을 준비했다. '간단 모드'는 구멍에 빠져도 죽지 않을 정도로 쉽다.

레기온

STG　니혼 텔레네트　1990년 9월 21일　6,780엔

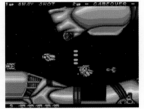

▶ 플레이어 기체의 피탄 판정이 큰데다 초장부터 난이도가 높아. 처음엔 영문도 모른 채 죽기 일쑤.

SF 일러스트의 거장 가토 나오유키가 패키지 일러스트를 담당한 횡스크롤 슈팅 게임. 시스템 자체는 전형적이지만, BGM의 퀄리티가 훌륭하다. 루트 분기를 넣고 멀티 엔딩을 채용하는 등, 당시 유행을 적극 반영하여 타 작품과의 차별화를 꾀했다.

울트라 박스 2호

ETC　빅터음악산업　1990년 9월 28일　4,800엔

▶ 미션스쿨 도감에서는 명문 여고 12개교의 춘하추동 교복을 일러스트 + 음성해설로 소개한다.

CD-ROM 디스크 잡지 제 2탄. 이번 호부터 애니메이션 컷신에 중점을 둔 '쿠스트'라는 어드벤처 게임의 연재를 시작했다. 이번 호의 '실용?! 데이트 강좌'에서는 요코하마의 데이트 명소를 소개한다. 또한 'PC엔진 소프트 도감'에서는 신작 소프트도 소개했다.

애프터 버너 II

STG　NEC 애비뉴　1990년 9월 28일　7,200엔

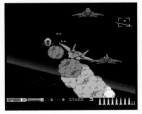

▶ 아날로그 조이패드 지원으로 가감속을 포함한 아날로그 컨트롤이 가능해져서 현장성이 높아졌다.

세가의 아케이드용 체감 게임 이식작. 스토리는 A국 해군 파일럿이 최신예 전투기 F-14XX에 타 Z국의 포위망을 뚫고 기밀병기 정보가 담긴 플로피디스크를 가져간다는 것. 원작 대비로 스프라이트 삭제가 곳곳에 보이지만, 거의 느려짐 없이 60fps의 고속묘사를 실현했다.

고모라 스피드

ACT　UPL　1990년 9월 28일　6,700엔

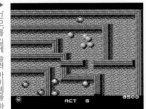

▶ '고모'를 길게 늘려 아이템을 둘러싸는 쾌감이 있다. 독자적인 체험감을 선사하는 게임.

'고므'라는 구체 형태의 플레이어 기체를 조작해, 적과 아이템을 둘러싸는 독특한 룰의 액션 게임. 필드에 흩어져 있는 고므 동체를 획득해 자신의 몸길이를 늘려, 몸으로 '큐'라는 아이템을 둘러싸 모두 얻어내면 출구가 열린다. 환상적인 BGM이 신비한 분위기를 자아낸다.

다이 하드

ACT　팩 인 비디오　1990년 9월 28일　7,200엔

▶ 스테이지 앞머리에 영화에서 따온 비주얼 신이 삽입된다. 이런 점도 게임 분위기에 잘 어울린다. BGM

1989년 개봉한 인기 영화의 게임판. 총 10스테이지 구성으로, 캡콤의 「전장의 이리」와 비슷한 스타일의 액션 슈팅 게임이다. 제한시간 내에 각 스테이지 끝까지 도달해 보스를 쓰러뜨리면 스테이지 클리어. 총과 바디아머를 갖고 있을 경우 다음 스테이지에도 계승된다.

더블 링

STG　나그자트　1990년 9월 28일　6,300엔

▶ 탄속 빠른 게임으로도 유명하며 플레이어의 연사는 물론 빨라 익숙해질 때까지는 피탄도 적으로 탐닉할 어렵다.

수수하지만 디테일까지 잘 만들어진 슈팅 게임. 1인 플레이 전용으로, 총 6스테이지 구성이다. 난이도는 3단계 중 선택 가능. 극도로 단순함을 추구한 작품으로, 복잡한 요소가 전혀 없다. BGM 퀄리티도 뛰어나, 일부 예외가 있지만 각 스테이지마다 보스 전용 BGM이 있다.

파이널 블래스터

STG　남코　1990년 9월 28일　6,800엔

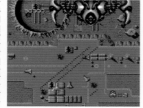

▶ 과거 명작들을 계승하는 작품이라, 남코 팬이라면 난이도도 가치가 있는 작품. 난이도는 높지만 즐길 충분히

PC엔진 오리지널 종스크롤 슈팅 게임. 아케이드 게임 「보스코니언」·「블래스트 오프」의 속편격 작품이다. 플레이어 기체는 캡슐을 얻으면 파워 업하며, 마치 불새처럼 차지 공격을 사용할 수도 있다. 격추당하면 파워 업이 초기화되기 때문에 난이도가 높다.

더 프로야구

SPT　인텍　1990년 10월 5일　6,800엔

▶ 캐릭터 등장신은 리얼하지만 조작감은 전통적인 편. 직감적으로 플레이할 수 있다.

일본 프로야구 12개 구단 공인 게임. 구단명과 선수명, 구장 이름까지 전부 실명이다. 데이터는 1989년 공식기록 기반. 최대 특징은 메뉴 등에 표시되는 선수 얼굴이 실제 사진 스캔이라 리얼하다는 점. 노모 히데오와 무라타 쵸지 등의 개성적인 투구 폼도 잘 재현했다.

마작 탐정 이야기

TBL　니혼 텔레네트　1990년 10월 9일　6,780엔

▶ 마작으로 대결 가능한 여성은 총 12명. 비주얼을 강조한 게임치고는 서비스 신이 매우 적다.

미려하면서도 추억을 은근히 자극하는 비주얼이 특징인 마작 게임. 플레이어는 주인공인 사립탐정이 되어, 학교 이사장 딸의 의뢰를 해결해야 한다. 스토리는 일직선 진행이다. 마작 자체는 2인 대국으로, 레벨이 올라가면 몇 종류의 패 조작 기술을 사용할 수 있게 된다.

사이버 나이트

RPG　톤킨 하우스　1990년 10월 12일　6,800엔

▶ 얼핏 판타지 RPG 세계만 표현하는 적의 디자인과 파워풀한 슈즈로 전투한다는 점이 신선하다. 하드만

우주해적과의 전투에서 도망쳐 우주의 끝으로 워프한 용병 부대가, 지구보다 문명이 뒤떨어진 행성에서 우주의 수수께끼를 밝힐 사건에 직면하는 롤플레잉 게임. TRPG 등의 제작으로 유명한 '그룹 SNE'가 프로듀스로 참가하여, 중후한 SF 설정과 스토리로 완성되었다.

배트맨

HuCARD 4M	ACT	선 전자	1990년 10월 12일	6,500엔

▶ 등, 맵별로 정해진 클리어 조건을 충족시켜야 한다. 아이템 회수나 낙서 지우기

패미컴과 게임보이, 메가 드라이브 등 여러 기종으로 발매된 「배트맨」이 횡스크롤 액션인 반면, 이 작품은 탑뷰 형 액션 게임이 되었다. 12개 스테이지를 클리어할 때마다 데모 신이 나오며, 최종 스테이지인 대성당에서는 사이드뷰 액션으로 전환된다.

라비오 레푸스 스페셜

HuCARD 3M	STG	비디오 시스템	1990년 10월 19일	6,800엔

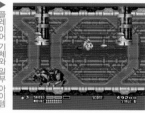

▶ 플레이어 기체와 일부 아이템, 적 캐릭터 등의 디자인은 코믹하지만 전반적으로 정통파 슈팅 게임.

토끼 형 기체를 조종해 횡스크롤 스테이지를 진행하는 슈팅 게임. 플레이어 기체의 공격방법은 전방을 공격하는 노멀 샷과 탄수 제한이 있는 호밍 미사일, 그리고 적에게 직접 펀치를 날리는 공격으로 나뉜다. 내구력이 높은 적이 많아 난이도가 만만치 않은 게임.

나그자트 스타디움

HuCARD 3M	SPT	나그자트	1990년 10월 26일	6,800엔

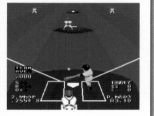

▶ 셋업에서는 에러 유무는 물론이고 수비의 오토 기능과 콜드 게임 임 유무까지도 선택할 수 있다.

에디트 기능이 포함된 야구 게임. 시스템 자체는 전통적인 편으로, 실제 프로구단이 모티브인 12개 구단으로 플레이할 수 있다. 에디트 기능은 지정된 2개 팀의 선수 능력을 변경하는 식으로, 꿈의 4할 타자나 구속 200km/h짜리 투수를 만들 수도 있다.

류큐

HuCARD 2M	PZL	페이스	1990년 10월 26일	5,400엔

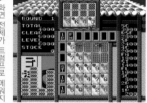

▶ 화면 전체가 트럼프로 메워지기 전에 여러 패를 완성시켜 클리어. 어 기 전에 점수만큼 벌어야 한다.

원래는 PC용 소프트웨어 콘테스트 수상작품이었던 퍼즐 게임. 화면 위에 나타난 트럼프를 배치해 포커 패를 만들면 그에 대응된 점수를 얻는다. 「류큐」란 제목답게 오키나와의 풍경과 전통음악 BGM이 남국의 정취를 느끼게 한다. 제목의 유래는 불명.

에어로 블래스터즈

HuCARD 4M	STG	허드슨	1990년 11월 2일	6,500엔

▶ 시. 고속으로 스크롤되는 스테이지 연출이 풍부하다. 공중폭격으로 폐허화된 대도

다채로운 그래픽과 경쾌한 BGM, 속도감 있는 연출로 인기를 얻은 아케이드용 횡스크롤 슈팅 게임 「에어 버스터」의 이식판. 플레이어 기체는 샷과 다채로운 서브웨폰, 차지 공격 등을 사용하며 도시와 동굴, 우주 등 각기 특징이 있는 스테이지를 통과해야 한다.

울퉁불퉁 전설 : 달리는 와가맘마

CD-ROM²	RCG	니혼 텔레네트	1990년 11월 2일	6,780엔

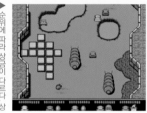

▶ 순위에 따라 상금이 다르다. 상금으로 상대 방해차를 사거나 망가진 애차를 수리할 수 있다.

산도 있고 강도 있고 몬스터도 나와 정신없는 레이싱 게임. 플레이어는 와가맘마 왕자가 되어, 이웃나라 왕녀와 결혼할 권리를 얻기 위해 경주에서 승리해야 한다. 총 10개 스테이지를 애마 데코봇카로 누비게 된다. 멀티 탭을 사용하면 최대 5명까지 동시 플레이 가능.

달려라! 택배 군

HuCARD 4M

ACT　톤킨 하우스　1990년 11월 9일　6,500엔

バックアップ
メモリ
対応ソフト

▶ 맵상에 숨겨진 상점에서 각종 장치나 공격장비를 구입하면서 탈 것을 개조·강화할 수 있다.

누나의 지시로 배달 일에 뛰어드는 심부름 액션 게임. 짐을 빼앗으러 오는 악의 조직과 공방을 벌이기도 하고 경찰에 게 들키면 안 되는 짐도 배달하는 등, 기상천외한 세계관이 특징이다. 탈것은 자전거와 오토바이 중에 고르는데, 오토 바이는 가솔린 잔량도 신경 써야 한다.

J.B.해럴드 시리즈 #1 살인 클럽

CD-ROM²

AVG　허드슨　1990년 11월 23일　6,500엔

▶ 여러 PC와 가정용 게임기로 이식된 대인기 휴 대폰으로까지 이식된 대인기 명작 시리즈의 첫 작품이다.

PC로 발매된 인기 타이틀의 이식판으로, 'J.B.해럴드' 시리 즈 첫 작품. 미국 리버티 타운 교외의 주차장에서 나이프에 찔린 남성의 시체가 발견되자, 형사 J.B.해럴드가 사건 조 사에 나선다. 게임은 전통적인 커맨드 선택식으로, 치밀한 추리가 필요한 미스터리 작품이다.

킥 볼

HuCARD 3M

SPT　메사이야　1990년 11월 24일　6,200엔

バックアップ
メモリ
対応ソフト

▶ 당연히 단순한 발야구가 아니 라 필살기가 있다. 그것도 수비 팀 공격 팀 모두에 있다는 게 특징.

오프닝 데모부터 울끈불끈 근육질 아저씨와 스모 선수가 등장하는 액션 게임. 규칙은 이른바 발야구 스타일로, 한 팀은 포수 없는 8명 구성. 굴린 볼을 되차면 시합이 시작된 다. 아웃시키는 방법은 야구와 거의 동일하지만, 볼로 주자 를 맞혀도 아웃으로 인정된다.

어벤저

CD-ROM²

STG　니혼 텔레네트　1990년 12월 7일　6,780엔

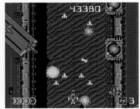

▶ 비주얼 신에 잔뜩 공이 들어가 있다. 성우 킹키 반조의 내레이션 도 잘 어울린다.

서기 2061년, 세계대전이라는 대참사 후의 세계를 무 대로 한 종스크롤 슈팅 게임. 플레이어는 최신 헬기 'AVENGER'를 조종하여 최종병기 'VOLOS'를 격파하고 세계를 구해야 한다. CD-ROM² 게임답게 스테이지 사이 에는 비주얼 신이 삽입되어 있다.

선더 블레이드

HuCARD 4M

STG　NEC 애비뉴　1990년 12월 7일　7,200엔

▶ 각 스테이지의 보스전에서는 원을 그리듯 적탄을 피하면서 공격 하면 매우 효과적이다!

종스크롤과 3D 스테이지로 구성된 슈팅 게임 「선더 블레 이드」의 이식작. 헬리콥터를 조종해 도시·협곡·동굴 스테 이지를 거쳐 최종 보스에 도전하자. 난이도도 높아 숙달될 때까지는 요령이 필요하지만, 관성이 작용하는 기체 조종 에 익숙해지면 매우 재미있는 작품이다.

버닝 엔젤

HuCARD 3M

STG　나그자트　1990년 12월 7일　6,700엔

▶ 스테이지 앞뒤로 나오는 여성 캐릭터 그림은 가슴과 엉덩이 를 강조하는데, 꽤 잘 그려졌다.

가슴이 흔들리는 여자 주인공이 메카닉에 탑승하는 종스 크롤 슈팅 게임. 게임의 완성도보다, 이벤트로 삽입된 여성 캐릭터의 아슬아슬한 각도의 그림으로 호평 받았다. 2인 동시 플레이가 가능하며 합체 시스템을 도입했지만, 합체 연출 도중에도 피탄 판정이 있으니 주의.

HARDWARE

1987
1988
1989
1990
1991
1992
1993
1994
1995
1996
1997
1998
INDEX

봄버맨

HuCARD 2M

ACT 허드슨 1990년 12월 7일 5,300엔 PC엔진 GT 컴 케이블 지원

バックアップ メモリ 対応ソフト

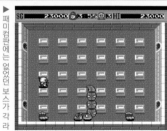

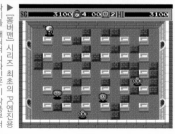

▶ 패미컴판에는 없었던 라운드 최후에 등장 스테이지도 각 화면짜리 외에, 세로 스크롤형도 있다. 보스가

▶ [봄버맨] 시리즈 최초의 PC엔진용 타이틀. 캐릭터 디자인은 이 작품부터 코믹한 느낌으로 통일했다.

십자형으로 폭발하는 폭탄으로 적을 쓰러뜨리는 액션 게임. 미츠모리 박사가 만들어낸 블랙 봄버맨이 프로그램 오류로 악한 녀석이 되어, 박사의 외동딸 리사를 납치해 기계성에 숨어버렸다. 화이트 봄버맨은 리사를 구출하러 기계성으로 향한다. 배틀 모드에서는 멀티 탭을 사용하여 시리즈 최초로 최대 5인까지 대전 가능해졌다. 또한 PC엔진 GT일 경우 컴 케이블을 사용해 2인 대전하는 '배틀 통신'도 지원된다.

란마 1/2

CD-ROM²

ACT 메사이야 1990년 12월 7일 6,800엔

▶ 널는 원작 기반이고, 8화만 오리지널 스토리다. 총 8화 구성 중에서 7화까지

타카하시 루미코 원작의 만화 '란마 1/2'를 게임화한 작품으로, 기본적으로는 횡스크롤 액션 게임이다. 중간 동영상 등, CD-ROM²의 성능을 활용한 연출이 삽입되었다. 오프닝 주제가와 원작 성우진이 연기한 애니메이션 무비 등, 원작 팬이라면 충분히 좋아할만한 작품이다.

이상한 꿈의 앨리스

HuCARD 4M

ACT 페이스 1990년 12월 7일 6,400엔

▶ 이상한 나라를 여행하는 앨리스. 귀여운 그래픽과 달리 난이도는 가 높았지만, 게임 밸런스는 괜찮다.

'이상한 나라의 앨리스'를 비롯해 여러 동화를 소재로 한 횡스크롤 액션 게임. 사로잡힌 동화 세계의 주민들을 구출해야 한다. 앨리스는 '싫어~'라는 목소리를 앞으로 발사하거나, 마법을 사용하여 적을 쓰러뜨린다. '싫어~' 공격은 3단계까지 차지도 가능하다.

메르헨 메이즈

HuCARD 2M

ACT 남코 1990년 12월 11일 5,500엔

▶ 공중에 뜬 발판 등에 같은 스테이지 앨리스가 공중에 뜬 적탄 등에 맞으면 발판에서 떨어져 버린다. 버스가 무대가 튕겨나가

같은 이름의 아케이드 게임 이식작이지만, 원작이 쿼터뷰로 비스듬히 스크롤되는 게임인 데 비해 이식판은 종스크롤로 변경되었다. 이상한 나라, 장난감 나라 등 환상적인 세계관의 스테이지에 뛰어든 앨리스가 비눗방울을 무기로 앞을 가로막는 적들과 싸워나간다.

ZIPANG

HuCARD 2M

PZL 팩 인 비디오 1990년 12월 14일 6,200엔

▶ 돌을 소환하는 타이밍과 점프 타이밍도 중요해, 액션 요소도 상당히 강한 퍼즐 게임이다.

같은 제목의 영화를 게임화한 작품. 그러나 플레이 내용 자체는 퍼즐 액션 게임 「솔로몬의 열쇠」와 똑같아, 주인공은 검을 휘둘러 블록 형태의 돌을 소환하거나 부술 수 있다. 이 돌로 발판을 만들거나 적을 막아내면서, 열쇠를 얻어 문으로 나가면 스테이지 클리어.

HARDWARE

1987
1988
1989
1990
1991
1992
1993
1994
1995
1996
1997
1998
INDEX

스핀페어

PC엔진 GT 컴 케이블 지원

HuCARD 2M ／ PZL ／ 미디어 링 ／ 1990년 12월 14일 ／ 5,900엔

▶번 요청되, 잘 조절하면 원래 모습으로 되돌릴 수 있다.

▶떨어져오는 블록을 겹쳐 없애나

화면 위에서 떨어지는 2개의 블록을 겹쳐 없애나가는 낙하 계 퍼즐 게임. 다른 게임과 달리 이 작품에서는 블록의 절반만 색칠돼 있고, 버튼을 누르면 색칠된 부분이 90도로 회전한다. 동일한 블록 2개를 겹쳐 색을 덧칠하면 없앨 수 있다.

대선풍

HuCARD 4M ／ STG ／ NEC 애비뉴 ／ 1990년 12월 14일 ／ 7,200엔

 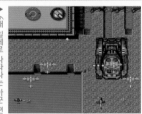

▶대는 일체로 나타나는 아군 편대지만, 피격당하면 대와 함께 싹 격추된다.

▶6대 일체로 주지만, 대와 함께

프로펠러기로 편성된 비행대 '대선풍'이 적군을 괴멸시키러 출동하는 종스크롤 슈팅 게임. 플레이어 기체는 단독으로 적진에 뛰어들어, 기본 샷과 긴급시 횟수제한으로 호출 가능한 아군 편대에만 의지하며 싸운다. 적이 지상병기로만 출현하는 독특한 작품이다.

챔피언 레슬러

HuCARD 3M ／ SPT ／ 타이토 ／ 1990년 12월 14일 ／ 6,600엔

▶등장 레슬러는 8명. 각자 실존 프로레슬러가 모델인 캐릭터도 있는 등 다양하고 하이 오리지널

다른 프로레슬링 게임에 없는 독창적인 기술을 구사하는 프로레슬링 게임. 스피닝 토 홀드나 스몰 패키지 홀드 등, 요즘 게임에도 없는 기술이 대부분이다. 7개 스테이지+타이틀 방어전으로 구성되며, 규칙은 실제 프로레슬링과 동일. 매니아의 취향을 잘 공략한 게임이다.

토이 샵 보이즈

HuCARD 2M ／ STG ／ 빅터음악산업 ／ 1990년 12월 14일 ／ 6,200엔

▶격추당하면 파워 업이 전부 라진다. 보스전 직전이라면 절대 추락당하면 안 된다.

장난감에게 지배당한 세상을 구하기 위해 어린이 3명이 맞서 싸우는 종스크롤 슈팅 게임. 캐릭터마다 공격방식이 다르며, 상황에 따라 교체해가며 진행한다. 공격해오는 적이 전부 장난감이라 얼핏 캐주얼해 보이지만, 실제로는 고난이도에 가차 없는 슈팅 게임.

바이올런트 솔저

HuCARD 3M ／ STG ／ IGS ／ 1990년 12월 14일 ／ 6,400엔

 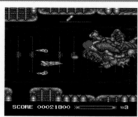

▶불가능하진 않지만 이 게임의 연사 패드를 쓰면 차지 공격이 시실상 필요 없는 게 모으는데 시간이

생물과 기계가 융합된 독특한 세계관이 매력적인 횡스크롤 슈팅 게임. 그로테스크한 그래픽 디자인에 호불호가 갈리긴 하지만, 디테일까지 잘 그려져 있고 BGM도 훌륭하다. 이른바 암기형 슈팅으로, 나름대로 전략도 짜야 한다. 컨티뉴에 제한이 없다는 게 그나마 다행이다.

왈라비!!

HuCARD 3M ／ SLG ／ 메사이야 ／ 1990년 12월 14일 ／ 6,500엔

백업 메모리 対応ソフト

▶왈라비란 캥거루의 일종으로, 생 왈라비는 야행성이다. 사실 야 캥거루보다 몸집이 작다.

왈라비 경주 결과를 예상해 돈을 버는 시뮬레이션 게임. 플레이어는 도박사 토끼가 되어, 킹 컵을 제패해 왕이 되는 것이 목표다. 처음 주어지는 돈은 10만 GL. 이것을 밑천으로 왈라비 경주에서 돈을 불려나가 자신의 왈라비를 구입하자.

바스틸

SLG　휴먼　1990년 12월 20일　6,500엔

▶지는 애매하지만, 곡 자체의 완성도는 호평받는 편이다.

BGM이 작품의 세계관에 맞는

우주를 무대로, 황위계승을 둘러싼 전쟁을 그린 SF 전략 시뮬레이션 게임. 로봇 유니트를 생산해서 전력을 갖춰, 승리조건을 달성해야 한다. 적 유니트와 전투할 때는 액션 파트로 진행된다. 재즈 뮤지션에게 제작 의뢰한 음악을 BGM으로 사용한 것이 특징이다.

아웃런

HuCARD 4M

RCG　NEC 애비뉴　1990년 12월 21일　7,200엔

▶채널 수가 많은 PC엔진의 내장음을 활용해, 음악과 타이어 마찰음이 모두 제대로 나온다.

아케이드에서 인기를 얻었던 드라이브 게임의 이식작. 새빨간 스포츠카 조수석에 여성을 태우고, 총 5스테이지의 코스를 주파해야 한다. 아케이드판과 마찬가지로 스테이지에 분기점이 존재하며, 아름다운 배경도 훌륭히 재현했다. 선택 가능한 BGM 3곡도 전부 수록했다.

크로스 와이버 : CYBER-COMBAT-POLICE

HuCARD 4M

ACT　페이스　1990년 12월 21일　6,780엔

▶전작에서 나왔던 개구리 괴인을 탑승 모빌로 재등장. 적인 물리치고 토벌하는 이야기인데, 한 바퀴 돈다.

「사이버 크로스」의 속편에 해당한다. 변신 히어로가 활약하는 액션 게임. 어딘가 코믹했던 전작에서 확 달라져, 현실적인 그래픽과 제법 화려한 BGM으로 진지한 분위기를 냈다. 검과 총, 부메랑 등의 무기는 이번 작품에서도 건재해, 시리즈의 기본은 유지했다.

천성룡 : SAINT DRAGON

HuCARD 3M

STG　에이컴　1990년 12월 21일　7,200엔

▶기계적인 디자인의 플레이어 기체와 적 캐릭터가 게임 내내 잔뜩 등장한다.

「천성룡」이라 쓰고 '세인트 드래곤'이라 읽는 이 작품은 드래곤을 조작해 전진하는 횡스크롤 슈팅 게임이다. 여러 종류의 샷을 선택해 쓸 수 있고 몸통은 완전 무적이므로, 몸통을 잘 활용해 급소인 머리 부분을 지키면서 포메이션을 만들어 적을 물리쳐 가자.

마계 프린스 도라봇짱

HuCARD 3M

ACT　나그자트　1990년 12월 21일　6,700엔

▶인장집사는 움직임이 부자연스럽다. 주인공 도라봇짱 캐릭터를 비롯해 평화롭게 보등

나그자트가 자사의 마스코트 캐릭터를 주인공삼아 만든 횡스크롤 액션 게임. 스토리는 악인 오오와루사의 봉인을 풀어버린 도라봇짱이 그를 다시 봉인하러 간다는 내용이다. 중간에 입수하는 아이템에 따라, 도라봇짱의 모습이 조금씩 멋지게 바뀌어간다.

모모타로 전설 II

HuCARD 6M

RPG　허드슨　1990년 12월 22일　7,200엔

백업 메모리 대응 소프트

Vol.35

▶를 그린, 귀엽고 느긋한 일본풍 세계관의 본격적 RPG다. 다시 여행을 떠나는 모모타로

「모모타로 전설 터보」의 속편. 개·원숭이·꿩과 함께 오니가시마로 도깨비를 퇴치하러 간다는 점은 전작과 동일하지만, 이번엔 최대 20명 파티를 편성하고 4명까지 조작할 수 있게 되었다. 스토리는 염라대왕 토벌 3년 후, 인간 세상을 침략한 지옥왕을 퇴치하는 내용이다.

HARDWARE
1987
1988
1989
1990
1991
1992
1993
1994
1995
1996
1997
1998
INDEX

1991

PC Engine SOFTWARE ALL CATALOGUE

1991년에 발매된 게임 수는 전년도보다 약간 줄어든 112개 타이틀이다. 「1941 Counter Attack」을 끝으로 슈퍼 그래픽스 시장이 막을 내리는 등의 마이너스 요소는 있었지만, 「사일런트 디버거즈」처럼 독창성이 높은 오리지널 타이틀도 적극적으로 발매되어 전체적으로는 호조를 기록한 해였다.

이 해에는 PC엔진 Duo와 슈퍼 CD-ROM²이 발매되어, 「드래곤 슬레이어 영웅전설」로 하드웨어의 실력을 여실히 보여주었다.

또한, 1991년 가을에는 유력 서드파티인 코나미가 「그라디우스」와 「사라만다」를 이끌고 후발로 참가했다. 앞서 언급한 슈퍼 CD-ROM²의 발매와 함께, 이후의 PC엔진 유저들을 열광케 하는 라인업 포진이 갖추어진 해였다 할 수 있겠다.

울트라 박스 3호

CD-ROM² | ETC 빅터음악산업 1990년 12월 28일 4,800엔

CD-ROM 디스크 잡지 제 3탄. 연말에 발매된 이번 호에서는 미니게임 코너가 대폭 늘어났다. 또한 이번 호에는 'UB 걸즈'라는 3인조 오리지널 아이돌이 등장하는데, 그 중 한 명인 미즈이데 치나츠가 히로인으로 등장하는 '로맨스를 찾아서'라는 게임이 수록되었다.

오버라이드

HuCARD 2M | STG 데이터 이스트 1991년 1월 8일 6,500엔

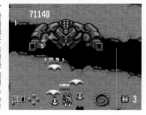

적을 파괴하는 데 주안점을 둔 종스크롤 슈팅 게임. 기본 샷은 버튼을 누르고 있기만 해도 자동으로 연사된다. 풀 샷을 끝까지 모아 단숨에 방출시키면 적을 한꺼번에 쓸어버릴 수 있다. 그래픽이 정교하게 그려져 있으며, 짧지만 경쾌한 BGM도 높은 평가를 받았다.

카다시

HuCARD 3M | ACT 타이토 1991년 1월 18일 6,600엔

같은 제목의 아케이드 액션 게임 이식작. 판타지 롤플레잉 게임 풍 액션 게임으로, 4종류의 직업 중에서 플레이 캐릭터를 선택하며 적을 쓰러뜨려 경험치를 벌어 레벨 업할 수록 캐릭터가 강화된다. 이식되면서 컨티뉴가 삭제되어, 아케이드판보다 어려워졌다.

재키 찬

HuCARD 4M | ACT 허드슨 1991년 1월 18일 6,500엔

세계적인 인기 액션 스타 재키 찬(성룡)이 주인공으로 등장하는 액션 게임. 대요술사 '무상동자'에게 납치당한 연인 '메이링'을 구해야 한다. 같은 시기에 발매된 패미컴판과 기본적인 시스템은 동일하지만, 적의 종류와 배치, 스테이지 구성 등은 크게 다르다.

S.C.I.

RCG　타이토　1991년 1월 25일　7,200엔

HuCARD 4M

넘어지는 형사들이 타는 차량도 원작과 처음 얼굴이 바뀌었던 형사들이 타는 처음 나오는 차량도 바퀴처럼

전작에서는 목소리였던

원작은 1989년 가동된 아케이드 게임. 대히트한 「체이스 H.Q.」의 속편에 해당한다. 이식되면서 조작방식이 변경되어, 2가지 조작법 중에서 고르는 형태가 되었다. 전작의 인기요인인 '터보'에다 범인에게 '사격'하는 시스템을 추가한, 단순하면서도 호쾌한 게임이다.

걸클라이트 TDF2

SLG　팩 인 비디오　1991년 1월 25일　7,800엔

CD-ROM SYSTEM

메가는 걸클라이트란 게임에 등장하는 거대로봇이 이름으로 머신신기가 합체하는 작중 최강의 주인공

우주괴수와 거대로봇이 싸우는 전술 시뮬레이션 게임. 총 13스테이지 구성으로, 전 시나리오의 승리조건은 적 괴수 전멸이다. 12스테이지까지 클리어하면 최종 스테이지로 진입한다. 시스템은 턴제로, 사정거리 개념은 없다. 걸클라이트를 쓸 수 있는 건 4스테이지 이후부터.

퀴즈 애비뉴

ETC　NEC 애비뉴　1991년 2월 15일　5,800엔

CD-ROM SYSTEM

명까지 플레이가 가능하다 으로 멀티 탭을 사용하면 최대 5 주제가 실로 다양한 퀴즈 게임

일러스트레이터 미타 류스케가 캐릭터 디자인을 맡은 퀴즈 게임. 탑재된 게임 모드로는 롤플레잉 게임 스타일의 '퀘스트 모드'와, 당시 일본에서 인기 있던 TV 퀴즈 프로를 모티브로 한 '파티 모드' 2종류를 준비했다. 4000문제라는 막대한 수량의 문제를 수록했다.

파라솔 스타

ACT　타이토　1991년 2월 15일　6,600엔

HuCARD 3M

임의 특징. 풍부한 아이템도 이 게임의 실 대량의 거품을 파라솔 위에 강력한 공격에 실 는 것도 막해져서 다

아케이드 게임 「버블 보블」, 「레인보우 아일랜드」에 이은 시리즈 제 3탄으로, PC엔진 오리지널 액션 게임. 스테이지가 고정화면 식으로, 주인공인 버비와 보비는 파라솔 위로 올린 거품을 날려 적을 쓰러뜨리거나 아이템을 집거나 할 수 있다.

마스터 오브 몬스터즈

SLG　마이크로캐빈　1991년 2월 15일　6,500엔

CD-ROM SYSTEM

유닛 삼아 소환해 싸웠다 전략에서 파생된 작품. 몬스터를 현대전 위주 시뮬레이션 게임 대

PC에서 이식된 판타지 워 시뮬레이션 게임. 육각형 타일로 구성된 맵 위에서 몬스터를 소환하여 적 마스터를 쓰러뜨리면 승리한다. PC엔진판은 타기종에 비해 몬스터의 진화 과정이 다르고, 정령의 공격이 격투공격으로 반격당하기 쉬운 등의 차이점이 있다.

올디네스

STG　허드슨　1991년 2월 22일　9,800엔

SUPER GRAFX 8M

략의 첩전. 후방에서 출현하는 적이나 잡은 형태의 지형이 많아, 반복 플레이하며 패턴을 외우는 게임. 반복 공

슈퍼 그래픽스 전용으로 발매된 PC엔진 오리지널 횡스크롤 슈팅 게임. 주인공 히로코는 미지의 침략자와의 싸움으로 목숨을 잃은 애인의 복수를 위해 신형 전투기 올디네스에 타고 출격한다. 정교한 그래픽으로 묘사된 메카닉과 다중 스크롤이 볼만한 작품이다.

HARDWARE
1987
1988
1989
1990
1991
1992
1993
1994
1995
1996
1997
1998
INDEX

퍼즐 보이

PC엔진 GT 컴 케이블 지원

HuCARD 2M

PZL 니혼 텔레네트 1991년 2월 22일 6,400엔

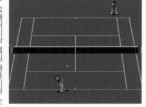

스테이지 클리어를 노리자.

주인공 포테링을 조작해, 내내 흐르는 경쾌한 음악과 게임이

아틀라스가 개발해 다양한 게임기로 발매된 바 있는 탑뷰형 퍼즐 게임. 필드에 설치된 돌을 움직여 지면을 메워 길을 만들고, 회전하는 문을 빠져나와 골로 향하자. 게임이 단순명쾌해 누구라도 즐길 수 있다. 여담이지만 이 작품에 등장하는 캐릭터는 전부 야채다.

파이널 매치 테니스

HuCARD 2M

SPT 휴먼 1991년 3월 1일 5,700엔

마저 딱 필요한 만큼만 나온다.

그래픽이나 게임 내용이 나 곰뜩치도 꾸밈이 없는 게임 BGM

장르 게임으로서 최소한의 요소만을 담아 제작한 고난이도 테니스 게임. 당시의 정상급 선수가 모델인 캐릭터 16명 중 하나를 골라 플레이한다. 단식은 물론이고 복식 대전도 가능하며, 멀티 탭을 연결하면 4명이 즐길 수도 있다. 연습을 위한 트레이닝 모드도 존재한다.

제로욘 챔프

HuCARD 4M

RCG 미디어 링 1991년 3월 8일 6,900엔

당점했다.

엇보다 스티어링 조작이 없는 시프트 레버로 게임 시스템 상의 특징은 무

'제로욘'에 특화한 레이싱 게임. 제로욘이란 400m 직선도로를 경쟁하는 '드래그 레이스'의 일본 속칭이다. 주인공은 수많은 경쟁자를 물리치고 일본에서 가장 빠른 남자 '제로욘 챔프'가 되는 게 목표로, 스토리는 어드벤처 식으로 진행된다. 자금을 버는 미니게임도 있다.

레전드 오브 히어로 톤마

HuCARD 4M

ACT 아이렘 1991년 3월 13일 7,000엔

서도 난이도는 낮게 조정했다.

이식 판이라서 그런지, 재현도가 높으면

발매 당시에는 원작의 유일한

원작은 1989년 아이렘이 발매한 아케이드 게임이다. 총 7개 스테이지로 구성되었고, 횡스크롤 액션 게임에 슈팅 게임 요소를 가미했다. 개발에 참여한 스태프가 전원 여성이라서 그런지, 아이렘이 개발한 게임치고는 난이도가 다소 낮은 느낌이 있다.

왕괴짜 돈만이

HuCARD 4M

ACT 남코 1991년 3월 15일 6,800엔

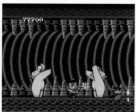

지나성 머리로 나타난다.

총 5라운드 17개 스테이지구 단일 스테이지고. 5라운드만은 각 4개 스테

같은 제목(원제는 「오봇챠마 군」)의 인기만화를 게임화한 작품. 이 작품이 게임화된 예가 매우 드물다보니 상당히 귀중한 게임이 되었다. 게임 자체는 전형적인 횡스크롤 액션으로, 일반적인 이동과 공격 외에 방향키와 버튼을 조합해 다양한 '돈만이 말투'를 낼 수 있다.

CYBER CITY OEDO 808 짐승의 속성

CD-ROM²

AVG 메사이야 1991년 3월 15일 6,500엔

수한 작품이지만 CD로딩이 좋다.

드 선택식. 시나리오 연출 모두 우

시스템은 지극히 평범한 커맨

서기 2808년의 근미래 도시 OEDO가 무대인 SF 어드벤처 게임. 플레이어는 기동경찰의 일원인 주인공 센고쿠가 되어, 사이버 범죄자 및 대립세력과 격렬한 싸움을 벌인다. 소설과 OVA로도 전개된 멀티미디어 작품으로, 일본보다는 서양에서 호평 받았다.

STG 슈팅 게임 ACT 액션 게임 PZL 퍼즐 게임 RPG 롤플레잉 게임 SLG 시뮬레이션 게임 SPT 스포츠 게임 RCG 레이싱 게임 AVG 어드벤처 게임 ETC 교육·기타 게임 TBL 테이블 게임

TITAN
PZL　나그자트　1991년 3월 15일　5,900엔

▶ ― 버튼과 ＝버튼을 누른 상태로 볼을 치면 붙는다. 이렇게 하면 각도 조정이 가능해진다.

블록격파 장르에 몇 가지 요소를 추가해 진화시킨 게임. 플레이어는 기체를 조종하여 볼 여러 개를 튕겨내 주변 블록을 쳐 파괴해야 한다. 클리어 조건은 제한시간 내에 파괴 가능한 모든 블록을 파괴하는 것. 다만 볼의 궤도가 불안정해, 조작이 어려운 편이다.

프로야구 월드 스타디움 '91
SPT　남코　1991년 3월 21일　5,500엔

▶ 히데오의 토네이도 투구폼 등도 재현했다. 최신 데이터로 갱신해, 노라타 초의 도끼 투구폼도

전작에서 3년 지나 발매된 PC엔진판 「패미스타」 시리즈 제 2탄. 멀티 탭으로 4인 동시 플레이가 가능하다. 투수는 선발 3명과 구원 1명으로, 구원투수는 선발로 출전할 수 없다. 이전 타석의 성적표시와 에러 유무 선택, 스위치히터와 선수 컨디션 시스템이 채용되었다.

1943 개(改) : THE BATTLE OF MIDWAY
STG　나그자트　1991년 3월 22일　7,200엔

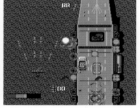

▶ PC엔진 오리지널 스테이지가 있어 아케이드판과 전혀 다른 느낌으로 즐길 수 있다. PC엔진판의 완성도가 높다.

미국제 전투기로 일본 함선을 격침시키는 종스크롤 슈팅 게임. 아케이드 게임의 이식작으로, PC엔진판에서는 적 명칭이 변경되었다. 또한 게임 중반부터 플레이어 기체가 파워 업하는 연출이 등장하여, 속도감 넘치는 오리지널 스테이지로 돌입하게 된다.

이스 III : 원더러즈 프롬 이스
RPG　허드슨　1991년 3월 22일　7,200엔

▶ CD 음질임으로 화려하게 편곡된 BGM으로 드라마틱한 스토리를 더욱 멋지게 꾸며주었다.

PC에서 인기를 얻은 「이스」 시리즈 제 3탄을 CD-ROM² 전용 게임으로 이식했다. 사이드뷰 액션 롤플레잉 게임이 되어, 검을 휘두르고 점프하는 등 주인공 아돌의 액션이 강화되었다. 아돌은 파트너인 도기의 고향을 방문하고, 그곳에서 새로운 사건과 조우하게 된다.

마정전기 라 발뢰르
RPG　코가도 스튜디오　1991년 3월 22일　7,200엔

▶ 이 작품의 특징은 파티가 없다는 점과, 에어리어 별로 모험한다는 점, 레벨 상한선이 있다는 점이다.

원작은 1989년 발매된 PC-8801판. 플레이어는 검과 마법의 세계인 중세 국가 베스가로스에서 세계 정복을 꾀하는 마법사의 야망을 저지해야 한다. 탑뷰 형식의 롤플레잉 게임으로, 전투 시스템으로는 랜덤 인카운트와 커맨드 선택식을 채용했다.

맨홀
AVG　선 전자　1991년 3월 22일　6,500엔

▶ 승리나 점수 등, 일반적인 게임 시스템은 거의 없다. 그림책을 읽는 듯한 감각이 재미있다.

'맨홀을 열자, 하늘까지 닿을 듯한 커다란 나무가 자라났습니다.' 식으로, 동화 속 세계를 체험할 수 있는 어드벤처 게임이다. 화면상의 아름다운 그림을 손가락 모양 커서로 클릭하면 무언가 반응이 나오고 새로운 이야기가 전개된다. 그런 의외성을 느긋하게 즐기는 게임.

HARDWARE
1987
1988
1989
1990
1991
1992
1993
1994
1995
1996
1997
1998
INDEX

CD-ROM² 로드 스피리츠

RCG 팩 인 비디오 1991년 3월 22일 7,200엔

▶승부를 중시한 레이싱 게임이 아니라, 세계 각지를 돌며 풍경을 감상하는 드라이브 게임에 가깝다.

세계 각국을 끊임없이 달리는 로드 레이싱 게임. 게임은 유사 3D 형태로, 현실감과 속도감이 있다. 총 16스테이지 구성. 북미부터 남미, 아프리카를 거쳐 유럽으로 향한다. 스테이지를 클리어하면 버블시대 풍의 여성 그림이 한 화면 나온 후 다음 스테이지로 넘어간다.

CD-ROM² 엑자일 : 시간의 틈새로

RPG 니혼 텔레네트 1991년 3월 29일 6,780엔

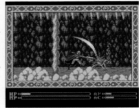

▶PC판 「엑자일 II」의 이식작으로, 일부 보스와 최종 스테이지가 삭제되고 시나리오도 짧아졌다.

탑뷰 맵과 횡스크롤 액션으로 구성된 롤플레잉 게임. 12세기 이슬람 세계가 무대이며, 기독교 십자군과의 싸움과 유일신의 탄생 등을 다루었다. 이 작품은 PC판으로는 「엑자일 II」에 해당하며, 1편의 스토리는 비주얼 신으로 설명해 준다.

HuCARD 1M 컬럼스

PC엔진 GT 컴 케이블 지원

PZL 니혼 텔레네트 1991년 3월 29일 6,400엔

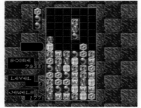

▶보석을 없앤 후 다시 보석이 맞춰지면 없어지는 연쇄 테크닉을 익히면 더욱 상쾌한 플레이가 된다.

아케이드에서 히트한 낙하 계 퍼즐 게임. 세로로 3개씩 묶여 낙하하는 보석을 잘 교체해 맞춰, 가로·세로·대각선으로 같은 색의 보석 3개 이상을 만들면 소멸한다. 낙하 속도가 점점 빨라지므로 순간적인 판단으로 보석을 맞춰야 해, 그런 아슬아슬함이 매력인 퍼즐 게임.

HuCARD 4M 사일런트 디버거즈

STG 데이터 이스트 1991년 3월 29일 6,800엔

▶두번 안쪽의 각 블록을 째로 파기돼 버리므로, 중요 설비는 우선적으로 지키자.

3D 던전 RPG풍 미로와 FPS 형태의 건 슈팅이 결합된 게임. 우주정거장을 무대로 미지의 생물체 적과 싸우며 제한 시간 내에 생환하는 것이 목적이다. 시야에서 벗어난 적의 위치는 거리와 방향을 사운드로 알려주는 센서에만 의지해, 소리를 들으며 추측해야 한다.

CD-ROM² 삼국지 : 영걸, 천하에 내려오다

SLG 나그자트 1991년 3월 29일 8,800엔

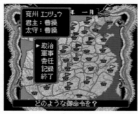

▶각 장의 오프닝에선 요코야마 캐릭터의 재현률은 낮은 편.

유명한 요코야마 미츠테루의 '삼국지' 캐릭터를 쓴 역사 시뮬레이션 게임. 플레이어는 준비된 영웅 중 하나를 골라 중국 전토 통일을 노린다. 초기 코에이 「삼국지」를 간소화한 시스템으로, 전투화면에 꽤 공을 들였다. 무장끼리 서로 공격하면 강제로 일기토 모드가 된다.

CD-ROM² 다운 로드 2

STG NEC 애비뉴 1991년 3월 29일 6,800엔

▶당시 유행하던 노선을 따른 바꿔어 강렬한 패러디풀로 변해 모한다. 확임이지만, 히든 모드는 분위기가 확 가…

캐릭터 디자인에 만화가 SHUFO(당시 필명은 이타하시 슈호)를 기용한 슈팅 게임. CD-ROM²의 용량 덕에 비주얼 신의 퀄리티가 급격히 향상되었다. 시오자와 카네토를 비롯한 실력파 성우의 목소리 연기도 추가되어, 전체적으로 매력적인 요소가 강해졌다.

TV 스포츠 풋볼

HuCARD 3M

SPT　빅터음악산업　1991년 3월 29일　6,700엔

▶ 플레이 모드는 리그 전과 엑시비션, 조작을 연습하는 프래티스 등 충분히 마련되어 있다.

일본인에게는 친숙하지 않은 미식축구를 쉽게 즐길 수 있도록 만든 게임. 등장 팀은 대학도 프로도 아닌 가상의 팀으로, 시합 시작시와 쿼터 종료시에는 캐스터인 짐 보이드의 해설이 나온다. 공격과 수비 형태는 물론이고 패스와 질주 경로도 선택할 수 있다.

모토 로더 II

HuCARD 3M

RCG　메사이야　1991년 3월 29일　6,500엔

▶ 모토 로더의 모습은 더욱 메카닉스러워졌고 게임 화면도 박력 넘치게 바뀌었다.

「모토 로더」의 속편. 컴퓨터 기술의 발전으로 전쟁이 사라진 세계가 무대로, 사람들은 레이싱 카트 경주로 투쟁본능을 발산한다. 경쟁자를 방해하여 레이스에서 승리해야 하는 과격한 스타일은 여전하며, 플레이어 차량의 세팅이 단순해져 난이도가 쉬워졌다.

엘디스

STG　메사이야　1991년 4월 5일　6,500엔

▶ 이 작품에서는 별별 캐릭터가 말을 한다. 보스가 대미지를 입을 때내는 그들의 외침도 들어나보자!

CD-ROM²으로 발매된 횡스크롤 슈팅 게임. 대용량을 살려 슈팅 게임으로서는 이례적으로 샘플링 보이스로 여러 캐릭터들의 말과 대사를 출력해, 당시에 상당한 화제가 되었다. 파워 업에 대한 해설까지도 게임 데모 도중에 나오는 게 재미있다.

퀴즈 통째로 The 월드

ETC　아틀라스　1991년 4월 5일　6,200엔

▶ 문제를 전부 음성으로 읽어주는데다, 당시 방영하던 TV 퀴즈 프로를 오마주한 연출이 많다.

퀴즈 게임이 유행하던 시기에 발매된 작품. 10가지 장르로 구분된 1500개 이상의 문제가 준비된 퀴즈 게임이다. 게임 모드는 퀴즈가 연속으로 150문제나 출제되는 '세계 일주 퀴즈 여행'을 비롯해, 업계 최초로 50명 참가 가능한 'ROM² 퀴즈 대회' 등 4종류를 준비했다.

코즈믹 판타지 2 : 모험소년 반

RPG　니혼 텔레네트　1991년 4월 5일　6,780엔

▶ 전작의 문제점이었던 긴 로드를 CD-ROM로딩이 개선되었고 전통의 실사에로적인 장면도 시리즈 건재하다.

대인기 롤플레잉 게임 시리즈 제 2탄. 새 주인공 '반'과 새 히로인 '리무'가 암흑 마도사 가람에게 납치당한 라라를 구하러 여행을 떠난다. 시스템은 전작을 답습하여 직감적으로 조작할 수 있다. 맵도 전작의 2배로 넓어졌다. 1편의 주인공 '유우'와 '사야', '몬모'도 등장한다.

포퓰러스

HuCARD 4M

SLG　허드슨　1991년 4월 5일　7,800엔

백업 메모리 대응 소프트

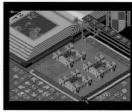

▶ 신의 행동 하나로 인류가 순식간에 전멸하거나 번영하는 광경을 관찰하는 시점이 참신하다.

플레이어가 신의 시점에서 다양한 기적을 일으켜 인류가 사는 토지를 융기시키고, 천재지변을 일으켜 자신을 믿는 사람들이 적 민족을 이기도록 만드는 시뮬레이션 게임. PC 게임의 이식작으로, 펼친 책 형태의 맵과 아이콘화된 커맨드 등의 탁상형 인터페이스도 재현했다.

HARDWARE
1987
1988
1989
1990
1991
1992
1993
1994
1995
1996
1997
1998
INDEX

 백업 메모리 지원　 메모리 베이스 128 지원　 마우스 지원　6버튼 패드 지원

HARDWARE
1987
1988
1989
1990
1991
1992
1993
1994
1995
1996
1997
1998
INDEX

서커스 라이도

HuCARD 2M ｜ PZL ｜ 유니 포스트 ｜ 1991년 4월 6일 ｜ 5,243엔

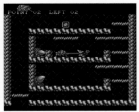

한 보스 스테이지도 있을 만큼 독특한 작품이다. ▶ 화면 위아래가 연결된 루프 구조임을 이용해 낙하하며 싸우는

고정화면식 액션 게임. 긴 혀로 사다리를 오르거나 벽 너머로 적을 잡아먹는 등, 카멜레온의 특성을 활용한 액션이 특징. 게임매장이 아니라 서점 판매여서였는지 발매 당시엔 별로 주목받지 못해, 후일 재고가 시장에 대량 풀리기 전까지는 수십만 엔에 거래되던 희귀 게임이었다.

도시전송계획 이터널 시티

HuCARD 3M ｜ ACT ｜ 나그자트 ｜ 1991년 4월 12일 ｜ 6,900엔

▶ 공격하면 하단의 무기가 줄지만, 시간을 보내거나 아이템 전송장치에서 회복이 가나 능하다. 이지가 하단의 무기가

시로 마사무네가 패키지 일러스트와 캐릭터 디자인을 맡은, 총 8스테이지의 SF 액션 슈팅 게임. 맵이 광대해서, 곳곳을 뒤져 무기와 액션을 늘리는 등 탐색하는 재미가 가득하다. 전송장치에 힌트가 표시되기도 하며, 설명서에 그려진 전체지도도 공략에 도움이 된다.

하이 그레네이더

SLG ｜ 니혼 텔레네트 ｜ 1991년 4월 12일 ｜ 6,780엔

▶ 게임 클리어 시 생존해 있는 지휘관은, 엔딩에서 후일담이 언급된다.

아군 부대를 편성·진군시켜 적군 본거지를 파괴해야 하는 맵 하나짜리 전략 시뮬레이션 게임. 적 기지를 제압하면 포로가 된 지휘관을 구출하여 전선에 투입할 수도 있지만, 클리어에 시간을 너무 끌면 적이 전력을 계속 강화하므로 속전속결이 필요하다.

헬파이어 S

STG ｜ NEC 애비뉴 ｜ 1991년 4월 12일 ｜ 6,800엔

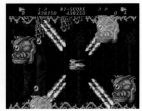

▶ 충격적인 전개를 보여주는 드라마틱한 스토리가 당시 플레이한 사람들 사이에 화제가 되었다.

아케이드로 가동되던 횡스크롤 슈팅 게임 「헬파이어」의 이식작. 각각 특정 방향을 공격할 수 있는 4종류의 샷을 적절히 전환해 사용하며 스테이지 최후의 보스를 물리치는 전통적인 구성의 게임이지만, 스테이지 사이에 애니메이션을 추가해 스토리성을 강조했다.

어드벤처 아일랜드

HuCARD 2M ｜ ACT ｜ 허드슨 ｜ 1991년 4월 19일 ｜ 5,300엔

▶ 진행하다 보면 검과 방패 아이템을 구입해 강화시킬 수 있다. 장비하는 마우스맨으로

마스터 시스템용 게임 「몬스터 월드Ⅱ 드래곤의 함정」의 캐릭터를 약간 변경한 이식작으로, 리저드맨 모습으로 바뀐 용사 부크가 저주를 풀기 위해 분투한다는 스토리의 액션 RPG. 변신 능력으로 스테이지의 퍼즐을 푸는 요소와 게임 밸런스가 뛰어난 작품이다.

파치오 군 환상의 전설

전용 컨트롤러 동봉

TBL ｜ 코코너츠 재팬 ｜ 1991년 4월 19일 ｜ 12,800엔

▶ 패미컴판의 이식작. 전용 컨트롤러 구슬을 최대한 많이 집어넣자.

파친코 붐에 편승하여 '집에서도 파친코를!'이라는 취지로 발매된 작품. 전용 컨트롤러를 사용해, 파친코 실기를 즐기는 듯한 느낌을 준다. 가정용 게임기로 파친코를 즐긴다면 역시 파치오 군! 핀을 살피며 잘 터질 것 같은 기계를 신중히 골라, 여러 점포를 공략해보자!

개조정인 슈비빔맨 2 : 새로운 적

HuCARD 4M　ACT　메사이야　1991년 4월 27일　6,600엔

▶ 2인 협력 플레이어 시에는 다른 플레이어의 슈비빔에 맞춰 쏘면 협력 슈비빔이 나가게 된다.

「개조정인 슈비빔맨」 시리즈 2번째 작품. 액션 슈팅과 슈팅 스테이지로 구성되어, 게임 자체는 슈팅에 더 가까워졌다. 적의 패턴이 전작보다 늘어나 난이도도 올라갔지만, 차지 공격인 '슈비빔'은 물론 위 방향으로도 공격이 가능해져 효과적으로 싸울 수 있게 됐다.

울트라 박스 4호

CD-ROM²　ETC　빅터음악산업　1991년 5월 24일　4,800엔

▶ 얼핏 시뮬레이션 게임 갈지만 실은 퍼즐 게임이라고.

▶ 미니 게임 · 노부나가의 야랑.

창간호부터 제 3호까지는 계간으로 3개월마다 발매되었지만, 제 4호는 제 3호의 약 반년 뒤에 발매되었다. 이번 호에서는 '쿠스트' 등의 연재 게임과 'PC엔진 소프트 도감'은 유지하면서, 새로이 '포네〈FONE〉'라는 오리지널 RPG가 수록되었다.

해트리스

HuCARD 1M　PZL　마이크로캐빈　1991년 5월 24일　4,500엔

▶ 하나를 없애려 하면 머리에 모자가 쌓이는 등, 코믹한 요소가 추가되었다.

「테트리스」의 개발자인 '알렉세이 파지트노프'가 만든 낙하 계 퍼즐 게임. 2개 1조로 위에서 떨어지는 6종류의 모자를 하단에 있는 사람의 머리에 씌워나가며, 같은 종류의 모자가 5개 겹쳐지면 없어진다. 모자가 화면 최상단까지 닿으면 게임 오버가 된다.

폼핑 월드

CD-ROM²　ACT　허드슨　1991년 5월 31일　4,500엔

▶ PC-6001용으로 발매된 '캐논인생'에도 수록됐던 것. 참고로 [유유

위쪽으로 와이어를 발사해 모든 볼을 파괴하는 스테이지 클리어형 고정화면식 퍼즐 액션 게임. 공은 계속 튕겨 다니며 와이어에 닿으면 작은 볼로 분열하므로, 스테이지 형태나 공의 갯수에 따라 어떻게 공략할지 전략적으로 고민해야 한다. 심플함과 심오함을 겸비한 작품.

코브라 II : 전설의 남자

CD-ROM²　AVG　허드슨　1991년 6월 7일　6,500엔

▶ 원작자가 직접 살려낸 '코브라'의 매력을 제대로 인정받는 작품.

원작자인 테라사와 부이치가 총감독·각본·콘티를 맡고 원화도 다량 직접 그린 작품. '문신의 여자' 편을 토대로 보강한 스토리가 총 8스테이지의 디지털 코믹으로 그려진다. 선택지를 잘못 골라 코브라가 죽더라도 '악몽'을 꿨다며 직전으로 되돌아가니 로드할 일도 없다.

라이잔버 II

CD-ROM²　STG　데이터 웨스트　1991년 6월 7일　6,800엔

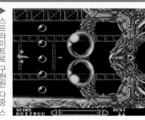

▶ 스프라이트로 구현한 다중 스크롤과 박력 넘치는 록 풍 BGM이 이 게임의 분위기를 끌어올린다.

FM TOWNS로 발매된 횡스크롤 슈팅 게임의 속편에 해당하는 작품. 플레이어 기체 위아래에 장비하는 백업 유닛과 순간 고속이동이 가능한 오버 부스트를 사용하여 적을 섬멸한다. 적의 내구력이 전반적으로 높아 난이도가 어렵지만, 그래픽 하나만큼은 아름다운 작품.

 백업 메모리 지원　 메모리 베이스 128 지원　 마우스 지원　6버튼 패드 지원

HARDWARE　1987　1988　1989　1990　1991　1992　1993　1994　1995　1996　1997　1998　INDEX

HARDWARE
1987
1988
1989
1990
1991
1992
1993
1994
1995
1996
1997
1998
INDEX

파워 일레븐

SPT　허드슨　1991년 6월 21일　5,800엔

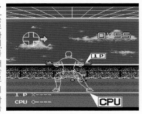

▶승부차기를 빼놓고는 을 언급할 순 없다. 기가 펼쳐진다. 으로 리얼하고 박력 있는 승부차

탑뷰 시점의 축구 게임. 허드슨의 파워 스포츠 시리즈로 발매되었으며, 세계 12개국과 대결하는 'HUDSON CUP', 2인 대전용인 'VS MODE', CPU끼리의 대전을 관람하는 'WATCH MODE', 승부차기만을 플레이하는 'PK MODE' 등의 게임 모드를 탑재했다.

마적전설 아스트랄리우스

RPG　IGS　1991년 6월 21일　6,300엔

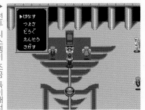

▶전투 시스템이 조금 특이해서 난이도가 높다. 좌우율도 상당히 높고, 특히 초반의 적 공격이 강

음악을 주제로 한 롤플레잉 게임. 주인공은 호화 여객선의 음악단원이다. 돌연 덮친 회오리에 배가 통째로 휩쓸려, 모두가 이세계 아스트랄리우스로 날아가게 된다. 얼핏 보기엔 단순한 필드 형 RPG지만, 마법 대신 음악을 사용하는 등의 독창성이 돋보인다.

스플래시 레이크

PZL　NEC 애비뉴　1991년 6월 28일　5,800엔

▶만전부는 없이 깊이 빠트리는 전략 등, 단순하지 아니한 스테이지엔 깰 수 있는 바닥이 있어 적을 잘 몰아두지가 있다.

타조 오스트리치를 조작해 바다를 깨뜨려 적을 빠트리는 액션 퍼즐 게임. 규칙이 단순하면서도 난이도가 높아, 숨겨진 스테이지 포함 총 180개의 스테이지를 전부 공략하기란 꽤 어렵다. 그래도 기본 스테이지는 난이도가 그리 높지 않아 초보자도 충분히 즐길 수 있다.

전국 간토 삼국지

SLG　인텍　1991년 6월 28일　7,800엔

▶오프닝과 2부 시작시 성우 음성이 나오는 등, CD-ROM을 활용한 연출도 도입했다.

간토·코신에츠 지방을 점령하는 1부와 오다 노부나가와 대결하는 2부로 구성된 역사 시뮬레이션 게임. 기본은 초기 「노부나가의 야망」 스타일의 영지 경영 시뮬레이션으로, 모든 성을 점령하면 1부가 종료된다. 2부는 내정이나 외교 요소 없이 노부나가와의 전투 일변도.

파이널 솔저

STG　허드슨　1991년 7월 5일　6,500엔

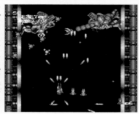

▶「슈퍼 스타 솔저」에 이은 마찬가지로 대회용 2분간 모드 등을 탑재해 치로 열광했다 고득점 경쟁이 가능해져

제 7회 허드슨 전국 캐러밴 공식 인정 게임으로, 「슈퍼 스타 솔저」에 이은 종스크롤 슈팅 게임. 시스템 면에서는 솔저 시리즈의 흐름을 계승했지만, 아이템으로 전환하는 4종류의 무기 구성을 셋업 화면에서 변경할 수 있다는 점은 참신했다.

트리키

PZL　IGS　1991년 7월 6일　6,700엔

▶주인공은 총 6명이 각자의 배경 스토리가 존재한다. 10개 스테이지가 주인공 각자의 준비돼, 각

숲에 사는 동물을 걷어차 날려, 같은 종류끼리 충돌시켜 절멸시키는 액션 퍼즐 게임. 제한시간 내에 모든 동물을 소멸시키면 스테이지 클리어다. 다만 동물이 여러 마리 겹쳐있으면 찰 수 없고, 너무 가까이에서 차 날려도 소멸되지 않는 등, 생각보다 난이도가 높다.

F1 서커스 '91

RCG　일본물산　1991년 7월 12일　6,900엔

전작에서는 비슷한 코스가 많았으나 이번에는 실제 도로 전구수도 늘어나며 자극한다.

「F1 서커스」 시리즈 2번째 작품으로, 전작처럼 속도감 넘치는 탑뷰 형 레이싱 게임이다. 코스 수가 증가해, 직선 코스 위주였던 전작과 달리 이번엔 코너가 늘어 난이도도 상승했다. 한편 초보자를 위한 연습 모드도 추가되었다.

정령전사 스프리건

STG　나그자트　1991년 7월 12일　6,500엔

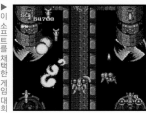

이 소프트를 채택한 게임 대회 서머 카니발, 에서는 2분 동안의 타임어택으로 득점을 겨루었다.

정령의 힘이 깃든 정령구를 얻으면 파워 업하는 플레이어 기체 '스프리건'을 조종해, 대량으로 쏟아져 나오는 적들을 쓸어버리는 종스크롤 슈팅 게임. 정령구에 땅·물·불·바람의 4속성이 있어 이를 조합하면 공격이 변화하기 때문에, 샷 종류가 상당히 많은 것이 특징이다.

메탈 스토커

STG　페이스　1991년 7월 12일　6,980엔

남자 주인공이 토리 싸우기 병기 테스트로 전장에 진짜 테러리스트와 파견되는 후에 알게 된다는 스토리와 된

뇌로 직접 조작할 수 있는 무인 사이버 전차 '메탈 스토커'로 싸우는 자유 스크롤 슈팅 게임. 샷 버튼 외에 방향고정 버튼이 있어, 기체 이동방향과 별개로 포탑 방향의 고정도 가능하다. 5개의 무기에 개별적으로 특수동작이 있어, 각각 폭탄이나 무적 등의 역할을 한다.

PC원인 2

ACT　허드슨　1991년 7월 19일　5,800엔

했다 ▶서다 초보자도 쉽게 게임 자체의 난이도를 선택까지 즐기도록 가능하도록 낮춘 배려되어 데

1989년 발매된 「PC원인」의 속편. 삼각 점프와 풍차 돌리기 등 액션 종류가 늘어났고, 만화 고기를 먹고 변신하는 액션도 'PC미인', 'PC분인' 등의 신규 패턴이 추가됐다. 스테이지가 다채로워지고 적 캐릭터도 추가되는 등, 여러 면에서 업그레이드된 작품이다.

레이싱 혼

RCG　아이렘　1991년 7월 19일　7,000엔

를 총 8개 코스를 게임 레이스와 내 모드는 테스트 주행 3종류 를 경주 포인트

게임 보이로도 발매된 바이크 레이싱 게임. 당시 실제로 스즈카 8시간 내구 레이스에 참가한 아이렘 팀의 노하우를 반영해 제작했다. 팀은 실업 팀과 개인 팀 넷 중에서 선택 가능. 각각 특색이 있는 바이크들이라, 자신에게 잘 맞는 바이크를 선택하는 것이 중요하다.

셜록 홈즈의 탐정 강좌

AVG　빅터음악산업　1991년 7월 26일　7,200엔

결말 사자. 이 다양한 장소에서 임의 질문에 탐정하며 대답하여 증거를 사건 수집하며 해결 판게

실사를 스캔한 동영상을 사용한 어드벤처 게임. 플레이어는 명탐정 셜록 홈즈가 되어, 조수 왓슨과 함께 난해한 사건들을 해결해야 한다. 사건은 '미라의 저주', '주석 군대', '탕아의 죽음' 3종류다. 홈즈의 목소리 연기는 성우 와카모토 노리오가 담당했다.

HARDWARE
1987
1988
1989
1990
1991
1992
1993
1994
1995
1996
1997
1998
INDEX

대선풍 커스텀

STG　NEC 애비뷰　1991년 7월 26일　6,800엔

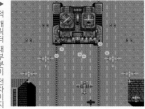

▶ 적 캐릭터 대부분이 전차이지만, 대략 크기로 난이도 파악이 되므로 구분하기 쉽다.

이전에 발매되었던 「대선풍」을 CD-ROM²으로 이식한 작품. 새로운 보스가 추가되었고, 약동감 넘치는 중후한 BGM도 새로 편곡되어 듣는 맛이 난다. 원작은 스테이지 구분이 없었지만, 이번엔 스테이지 제로 바뀌고 오리지널 보스도 추가되어 전개에 기복이 뚜렷하다.

스퀴크

PZL　빅터음악산업　1991년 8월 2일　6,400엔

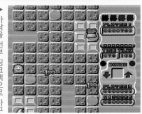

▶ 바닥을 전부 핑크색으로 바꾸는 것이 목적. 가끔 출몰하는 등 클리어 방법이 여럿 있는 듯하다.

퍼즐 요소가 있는 액션 게임. 적의 방해를 피하며 제한시간 내에 바닥을 메운 패널 위를 통과해 전부 핑크색으로 바꾸면 스테이지 클리어다. 스테이지를 진행할수록 다양한 종류의 타일과 아이템이 등장한다. 패스워드를 사용하면 해당 스테이지부터 플레이할 수 있다.

BURAI : 팔옥의 용사 전설

RPG　리버힐 소프트　1991년 8월 6일　7,200엔

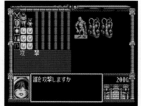

▶ PC판의 이식작이지만, 이 작품은 원작과 달리 시작하는 시나리오 순서가 고정되어 있다.

PC용 롤플레잉 게임의 이식작. 시나리오는 이이지마 타케오, 캐릭터 디자인은 아라키 신고·히메노 미치, 음악은 록 그룹 SHOW-YA 등, 최전선에서 활약하는 크리에이터들이 집결해 화제가 되었다. 이식되면서 비주얼 신이 새로 그려졌고 캐릭터 음성과 BGM도 추가되었다.

코주부가 어때서!?

STG　타이토　1991년 8월 9일　7,200엔

▶ 어느 피탄 판정이 커지지만, 대신 서브웨폰을 얻으면 강화 아이템을 얻으면 플레이가 쓸 수 있게 된다.

쿠라마 산의 텐구가 주인공인 일본풍 슈팅 게임. 히든 스테이지에 숨겨진 봉인의 부적 조각을 전부 모으지 않으면 엔딩 화면이 완전히 나오지 않으므로, 단순 클리어 목적을 넘어 깊이 연구하며 파고드는 플레이도 가능하다. 코믹한 그래픽과 BGM도 높은 평가를 받았다.

파워 리그 4

SPT　허드슨　1991년 8월 9일　6,500엔

▶ 숨겨진 팀 휴버즈가 대폭 물갈이 됐었고, 프로야구 OB 팀도 새로운 선수가 추가되었다.

인기 야구 게임 시리즈 제 4탄. 시스템은 3편의 정통 진화판으로, 탑재된 게임 모드도 큰 차이는 없지만 수비와 주루 조작을 덜어주는 오토 모드를 도입하는 등 초보자도 배려했다. 이 작품 역시 에디트 모드를 탑재하여, 제작한 선수를 10명까지 등록할 수 있다.

1941 : Counter Attack

STG　허드슨　1991년 8월 23일　9,800엔

▶ 「194X」 시리즈 4번째 작품. 전작과는 달리 연합군과 제 3제국군의 싸움을 그렸다. 일제...

5종뿐인 슈퍼 그래픽스 전용 게임 중 하나이자, 마지막 타이틀. 원작은 1990년 캡콤이 출시한 아케이드 게임으로, 레이아웃은 원작의 세로화면을 TV에 맞춘 가로화면으로 변경했지만 이식도는 실로 훌륭하며, 2인 동시 플레이까지 가능해 작품 자체는 매우 호평 받았다.

바리스 IV

ACT 니혼 텔레네트 1991년 8월 23일 6,780엔

여 승나 ▶
나 했. 비
· 시 다 주얼
다 리 · 얼 신
만 즈 다 의
난 최 만 퀄
이 고 난 리
도 의 이 티
도 완 도 도
대 성 대 신
폭 도 폭 의
상 로 상
보 도 보

인기 액션 게임 시리즈 제 4탄. 전작까지의 주인공 '유코'를 대신해 신 주인공 '레나'가 등장한다. 전작에서 도입된 캐릭터 체인지는 이번에도 채용. 레나 외에, 레나의 여동생이자 스피드 중시형인 '아므'와 중간부터 합류하는 중량급 전사 '아스퍼'를 상황에 맞춰 전환하자.

성룡전설 몬비트

RPG 허드슨 1991년 8월 30일 6,800엔

율 평 ▶
보 이 범
이 상 한
스 적 필
로 으 드
나 로 형
온 높 RPG지
다. 다. 만
이 조
벤 작
트 성
신 이

전형적인 디자인의 롤플레잉 게임. 플레이어는 드래곤을 조종하는 유일한 종족인 몬비트 족의 생존자가 되어, 각 대륙을 지배하는 사악한 왕을 물리치고 드래곤을 육성해야 한다. 6가지 능력치를 자유롭게 분배하여 자신만의 드래곤으로 진화시키자.

파워 게이트

STG 팩 인 비디오 1991년 8월 30일 6,200엔

구 출 주 ▶
성. 주 인
곪 공
총 들 파
6 었 일
스 다. 럿
테 의
이 일
지 러
만 스
트
와
연

그래픽은 한 세대 전 수준이지만 제법 재미있는 횡스크롤 슈팅 게임. 각 스테이지 클리어 후에 결과화면이 표시되고 점수에 따른 칭호도 받는데다, 보너스 아이템까지 준다. 칭호로 받는 파워 업은 격추당해도 없어지지 않아, 위력을 그대로 유지한 상태로 부활한다.

파이어 프로레슬링 2nd BOUT

SPT 휴먼 1991년 8월 30일 6,900엔

있 리 ▶
다. 게 게
· 골 임
슈 라 모
퍼 싸 드
토 우 는
너 는 레
먼 익 슬
트 사 러
등 이 를
4 트 자
종 , 유

인기 프로레슬링 게임 제 2탄. 이번 작품부터 태그 팀을 마음대로 짤 수 있게 되었다. 등장 레슬러는 당시의 메이저 단체인 전일본, 신일본, UWF에 등록된 레슬러 중심의 20명 구성이다. 그중 4명은 숨겨진 레슬러로, 시리즈 최초로 히든 커맨드를 입력해야 쓸 수 있다.

히트 디 아이스

SPT 타이토 1991년 9월 20일 6,800엔

다. 대 팀 ▶
4 신 당
인 캐 3
동 릭 명
시 터 으
멀 를 로
티 클 인
플 릭 원
레 하 이
이 게 제
도 묘 한
지 사 된
원 했

아이스하키의 본래 매력인 '맞부딪치는 사나이들의 모습'에 주안점을 둔 스포츠 게임. 한 팀이 골리 포함 3명으로 구성된다. 몸싸움은 물론이고 주먹으로 때리거나 스틱으로 찌르는 등, 아이스하키의 또 다른 매력인 폭력적인 면을 강조한 게임이다.

월드 자키

RCG 남코 1991년 9월 20일 5,800엔

을 리 처 ▶
쥐 중 음
게 하 엔
한 나 능
다. 를 력
고 치
른 가
동 다
시 른
대 말
전 8
은 마
손
에
땀

1991년 패미컴으로 발매되어 대히트한 경마 게임 「패밀리 자키」의 이식판. PC엔진의 성능에 맞춰 그래픽과 BGM을 강화했고, 푸른 잔디도 멋지게 표현되어 있다. 경주 도중에 회복 아이템 등이 출현하므로, 초보자도 쉽게 즐길 수 있다.

  백업 메모리 지원   메모리 베이스 128 지원   마우스 지원   6버튼 패드 지원

HARDWARE
1987
1988
1989
1990
1991
1992
1993
1994
1995
1996
1997
1998
INDEX

울트라 박스 5호

ETC　빅터음악산업　1991년 9월 27일　4,800엔

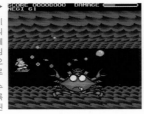

CD-ROM 디스크 잡지 제 5탄. 2호부터 연재가 시작된 '쿠스트'도 최종회를 맞는다. 대단원을 맺는 이번 호는 플레이 시간이 1시간을 넘는 등 볼륨도 커졌다. 또한 'UB 걸즈'를 탄생시킨 'CLUB UB'도 최종회를 맞았다. 'PC엔진 소프트 도감'에서는 숨겨진 비기도 다루었다.

드래곤 EGG!

ACT　메사이야　1991년 9월 27일　6,500엔

등에 짊어진 용의 알을 진화시켜 싸우는 횡스크롤 액션 게임. 주인공 '엘란'은 악한 마족을 물리치러 용의 알과 함께 여행에 나선다. 용의 알은 특정한 적을 해치우면 출현하는 '화룡석'을 얻으면 4단계까지 진화한다. 스테이지 내에 상점이 몇 군데 존재해, 아이템을 살 수 있다.

뉴토피아 II

RPG　허드슨　1991년 9월 27일　7,200엔

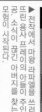

광대한 맵과 던전을 탐색하는 액션 롤플레잉 게임 「뉴토피아」의 속편. 무기와 아이템을 두 버튼에 각각 할당하여 플레이하는 시스템은 거의 변경하지 않아, 이번 작에서도 주로 검과 마법으로 싸운다. 도트 그래픽과 사운드의 퀄리티가 더욱 훌륭해졌다.

모리타 쇼기 PC

PC엔진 GT 컴 케이블 지원

TBL　NEC 애비뉴　1991년 9월 27일　7,200엔

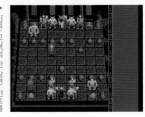

유명한 「모리타 쇼기」의 PC엔진판. 컴퓨터 대전은 물론, 박보장기도 내장했다. 휴대용 게임기인 PC엔진 GT를 사용하면 군인 쇼기로 대전할 수도 있다. '입문 교실'은 딱히 쇼기를 가르쳐주지 않지만, 무슨 이유인지 말을 몬스터로 바꾼 판타지 쇼기로 진행된다.

메소포타미아

ACT　아틀라스　1991년 10월 4일　6,800엔

해외에선 '슬링키' 혹은 '톰보이'로 불리는 스프링 장난감을 플레이어가 조작하는 특이한 액션 슈팅 게임. 스프링은 벽에 붙어 이동하며, 샷도 쏠 수 있다. 샷은 아이템을 얻어 파워 업도 가능하다. 왠지 모르게 예술적인 느낌의 스테이지를 진행해, 제한시간 내에 보스를 쓰러뜨리자.

퀴즈 애비뉴 II

ETC　NEC 애비뉴　1991년 10월 11일　6,000엔

인기 퀴즈 게임 제 2탄. 시스템 자체는 전작을 답습했지만, 퀴즈 내용이 물갈이되었다. 퀘스트 모드는 2인 동시 플레이가 가능해졌고, 비주얼 쪽에도 신경을 써서 캐릭터에 애니메이션 처리가 들어가 살짝살짝 움직인다. 등장하는 여성 캐릭터의 디자인도 좀 더 선정적이다.

090　STG 슈팅 게임　ACT 액션 게임　PZL 퍼즐 게임　RPG 롤플레잉 게임　SLG 시뮬레이션 게임　SPT 스포츠 게임　RCG 레이싱 게임　AVG 어드벤처 게임　ETC 교육·기타 게임　TBL 테이블 게임

월드 서킷

2M | RCG | 남코 | 1991년 10월 18일 | 5,800엔

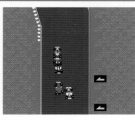

▶게임 모드는 자유 연습과 타임 어택, 스프린트 레이스와 내구 레이스로 구성되었다.

1991년 발매된 패미컴용 게임 「패밀리 서킷」의 이식판. F1을 베이스로 한 카 레이싱 게임으로, 게임을 시작하면 엔진·핸들·타이어 그립 등 8종류의 항목을 8단계 중에서 선택할 수 있다. 실제 자동차와 마찬가지로 세세한 세팅이 가능하다.

 천사의 시

RPG | 니혼 텔레네트 | 1991년 10월 25일 | 7,400엔

▶플레이어는 개성적인 캐릭터들로 구성된 파티와 함께 장대한 이야기를 체험할 수 있다.

결혼 세례를 받기 위한 여행 도중 납치돼버린 클레어를 찾아 나서는 청년 케알. 결국 이야기는 천상계와 마왕의 세력 다툼으로까지 확대되는데……. 탑뷰 형 필드 맵 위를 이동하는 전형적인 스타일의 RPG로, 켈트 신화를 바탕으로 한 세계관이 매력적이다.

드래곤 슬레이어 영웅전설

RPG | 허드슨 | 1991년 10월 25일 | 6,800엔

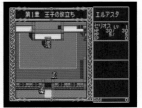

▶CD-DA 음원의 화려한 BGM 전투 매력이지만, 제어할 BGM은 본체 내장음원으로 들을 수 있어 쓰될 이 다.

슬라임 괴롭히기가 취미인 세리오스 왕자가, 부친이자 과거 국왕이었던 아스엘의 살해와 관련된 음모를 저지하기까지를 그린 롤플레잉 게임. 모험과 성장이 테마인 스토리로, 필드 맵을 이동하다 적과 랜덤 인카운트하는 시스템이다. 던전 내에서는 적이 보인다는 점이 특징.

포퓰러스 : 더 프로미스트 랜드

SLG | 허드슨 | 1991년 10월 25일 | 5,800엔

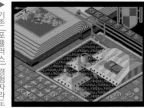

▶신 캐릭터가 활약하기에 신선한 기분으로 즐길 수 있다. 기존 「포퓰러스」 경험자라도.

HuCARD로 발매된 「포퓰러스」에 새로운 테마의 맵을 추가하여 CD-ROM²용 게임으로 발매한 작품. 컴퓨터 내부를 표현한 듯한 와이어프레임 세계와 블록으로 이루어진 세계, PC엔진다운 「봄버맨」 세계 등 버라이어티하게 포퓰러스를 즐길 수 있다.

 마작 바닐라 신드롬

TBL | 일본물산 | 1991년 10월 25일 | 7,000엔

▶기본에 충실한 2인 대국 마작. 난이도는 높지만 그래픽이 아담고 BGM도 공들여 만들었다.

아케이드용 탈의 마작 게임의 이식작. 니치부츠(일본물산의 게임 브랜드)의 CD-ROM 게임 제 1탄이다. 섹시 요소가 있긴 하나 이식되면서 탈의 장면은 삭제되었다. 어드벤처 모드 외에, 게임에 등장하는 미소녀들과의 토너먼트 전과 프리 대전 모드를 수록했다.

 타임 크루즈 II

4M | TBL | 페이스 | 1991년 11월 8일 | 7,200엔

▶시간여행을 이미지화한 배경 패널의 그래픽이 독특한 세계관을 표현해주고 있다.

과거에서 미래를 여행하는 시간 여행 요소가 들어간 핀볼 게임. 구슬 형 기체에 탑승해 다양한 시공간을 여행한다는 설정이다. 7개 화면에 걸친 광대한 필드를 이동할 뿐만 아니라, 구슬이 잘 빠지지 않도록 구성해 놓은 탓에 초보자도 장시간 플레이할 수 있다.

 백업 메모리 지원   메모리 베이스 128 지원   마우스 지원   6버튼 패드 지원

HARDWARE 1987 1988 1989 1990 1991 1992 1993 1994 1995 1996 1997 1998 INDEX

페르시아의 왕자

ACT 리버힐 소프트 1991년 11월 8일 6,800엔

▶미국에서 대히트한 PC게임으로, 왕자의 부드러운 움직임이 특징으로, 여러 기종으로 이식되었다.

아라비안나이트 풍의 세계가 무대인 액션 게임. 주인공의 부드러운 모션이 특징이다. 사로잡힌 공주를 구출하러, 대신 자파가 깔아둔 함정을 통과하며 왕궁의 최상층까지 올라가자. 수많은 함정에 중간 보스도 있는데다, 클리어하기까지 시간제한도 있어 난이도가 높다.

그라디우스

STG 코나미 1991년 11월 15일 6,000엔

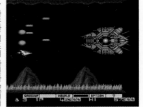

▶다운 차분한 색조의 화면과 PC엔진다운 투명한 느낌의 BGM으로, 식작이 되었다. 아케이드판과는 맛이 다른 색다른이.

오락실에서 인기를 끈 횡스크롤 슈팅 게임의 이식작. 플레이어 기체인 빅 바이퍼는 적을 쓰러뜨리면 출현하는 캡슐로 파워 업 게이지를 모아, 원하는 타이밍에 버튼을 눌러 장비를 늘릴 수 있다. PC엔진판에는 원작에 없던 오리지널 스테이지도 추가되었다.

매지컬 체이스

STG 팔소프트 1991년 11월 15일 7,800엔

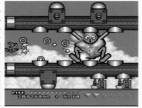

▶의 도트 판타지가 어우러진 겁고 경쾌한 색조 팝과 BGM이 게임의 그래픽과 즐거움과 잘 맞는다.

PC엔진 오리지널 횡스크롤 슈팅 게임. 마법사 리플이 악마 6마리를 봉인하기 위해 빗자루를 타고 싸운다. 플레이어 주위를 따라다니는 별의 정령을 움직여 다양한 방향으로 공격할 수 있으며, 크리스탈을 모아 구입한 마법도 잘 활용하며 스테이지를 공략해야 한다.

몬스터 프로레슬링

SPT 애스크 코단샤 1991년 11월 22일 6,800엔

▶선니, 일반적인 프로레슬링 게임에 상상도 못할 공격이 존재한다. 캐릭터 전원이 몬스터다 보니.

주인공과 적 모두가 기괴한 몬스터인 프로레슬링 게임. 플레이어는 4명의 캐릭터 중 하나를 골라, 유폐당한 인류를 해방시키기 위해 마왕 군단과 싸워야 한다. 전투는 룰렛 형식으로, 플레이어가 건 기술의 포인트가 상대보다 많으면 공격이 먹히는 식이다.

라이덴

STG 허드슨 1991년 11월 22일 7,200엔

▶이가 가능했지만, PC엔진판에서 자서 강적인 적들을 상대하게 한다. 아케이드판은 2인 동시 플레이
Vol.44

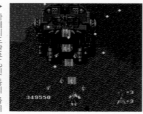

아케이드에서 인기였던 종스크롤 슈팅 게임의 이식작. 아이템을 획득하면 전환되는 샷과 레이저의 두 기본무기와, 긴급상황에서 적탄을 모두 없애버릴 수 있는 폭탄을 사용해 총 8개 스테이지를 공략한다. 적탄이 매우 빠르고 적의 맷집도 세기에, 꽤 어려운 게임이다.

코룬

STG 나그자트 1991년 11월 29일 6,800엔

▶게임 화면을 보면 귀여운 캐릭터들이 넘치는 데도 흐뭇해진다. 긴박한 장면인

귀여운 드래곤을 조작해 납치당한 공주를 구하러 가는 횡스크롤 슈팅 게임. '어린아이도 즐길 수 있는 이지 모드 포함'이라는 광고문구대로, 파워 업 아이템이 잘 나오고 적의 출현 지점에 '!' 아이콘까지 표시되는 등 난이도를 상당히 낮게 조정했다.

쇼기 초심자무용

HuCARD 2M　TBL　홈 데이터　1991년 11월 29일　7,300엔

컴퓨터의 레벨을 8단계까지 조정 가능한 쇼기 게임. 선공·후공은 물론 차포 떼기도 선택할 수 있어, 초보자부터 상급자까지 즐길 수 있다. 사람끼리의 대국도 당연히 가능하므로 쇼기판이 없어도 쇼기를 둘 수 있다. 백업 기능을 지원해, 대국 도중에 저장도 가능하다.

슈퍼 메탈 크러셔

HuCARD 2M　SLG　팩 인 비디오　1991년 11월 29일　6,200엔

2대의 로봇이 싸우는 시뮬레이션 게임. '크러시 게임'이란 미래의 스포츠로, 무인 전투로봇끼리 싸우게 하는 대전형 배틀 게임이다. 게임 모드는 CPU를 상대로 싸우는 '배틀 모드'와 플레이어끼리 대전하는 '프랙티스 모드' 2가지를 준비했다.

파이팅 런

HuCARD 4M　ACT　일본물산　1991년 11월 29일　6,900엔

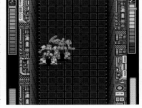

로봇과 레이싱을 합쳐놓은 듯한 종스크롤 액션 게임. 플레이어는 파일럿과 기체를 임의로 선택해, 지정된 코스를 질주하며 상대의 기체를 전투불능이 될 때까지 파괴해야 한다. 높은 랭크의 적을 쓰러뜨리면 기체의 강화 포인트나 필살기를 얻는다.

레이디 팬텀

SUPER CD-ROM SYSTEM　SLG　니혼 텔레네트　1991년 11월 29일　6,980엔

강인한 기계 육체 '팬텀 미디어'에 빙의하여 싸우는 전략 시뮬레이션 게임. 장애물에 사선이 막히는 사계(射界) 개념을 이 장르로는 최초 도입하고, 유니트의 방향에 따라 방어력이 달라지며, 유폭 등 전투의 리얼리티를 추구한 시스템으로 깊이 있는 전략성을 만들어냈다.

로드 오브 워즈

CD-ROM SYSTEM　SLG　시스템 소프트　1991년 11월 29일　6,800엔

전차전에 특화한 육상전투 시뮬레이션 게임. 원작은 1988년 시스템 소프트가 발매한 PC-9801용 게임이다. 맵 상에 배치한 전차를 운용해 목표를 파괴·제압해나가는 게임으로, 맵을 제압할 때마다 새로운 장비와 전차를 입수할 수 있다.

사라만다

HuCARD 2M　STG　코나미　1991년 12월 6일　6,000엔

「그라디우스」의 속편으로서, 아케이드에서 화제가 된 같은 제목의 게임 이식작. 횡스크롤과 종스크롤 스테이지가 번갈아 나오는 변칙적인 게임으로, 전작 「그라디우스」와 달리 특정한 적을 쓰러뜨려야 출현하는 아이템으로만 파워업 가능하다. 전작의 적들도 출현한다.

HARDWARE
1987
1988
1989
1990
1991
1992
1993
1994
1995
1996
1997
1998
INDEX

슈퍼 슈바르츠실트

SLG 코가도 스튜디오 1991년 12월 6일 7,800엔

▶시나리오는 더욱 영웅담에 가깝게 각색하고 시스템도 더욱 순화해 난이도가 패 낮아졌다. 단

원작은 1989년 PC-9801용으로 발매된 「Schwarzschild Ⅱ : 제국의 배신」. 이 작품 기반으로 이식하면서, CD-ROM²의 기능을 활용하여 애니메이션 및 CD 음원으로 수록한 BGM이 추가되었다. 연출 면으로도 대폭 파워 업되었다.

도라에몽 : 진구의 도라비안나이트

ACT 허드슨 1991년 12월 6일 5,800엔

▶1인 플레이 전용으로, 총 5스 테이지 구성이다. 순수한 액션 게임을 원한다면 이 HuCARD판을 추천.

1991년 공개된 같은 제목의 극장판 애니메이션의 게임판. 슈퍼 CD-ROM²판보다 약 반년 선행 발매되었다. 게임 내용 자체는 양쪽 모두 동일한 횡스크롤 액션 게임이다. 그래픽은 세세한 부분까지 정교하게 묘사되어, 원작 영화의 세계관을 잘 표현했다.

버블검 크래시

AVG 나그자트 1991년 12월 6일 7,200엔

▶디테일까지 매우 공들인 어드벤처 게임. 이벤트가 있는 어드벤처 및 퍼즐 요소가 들어가 액션에만 만들

같은 제목의 OVA가 원작인 어드벤처 게임. 원작은 '버블검 크라이시스'의 속편에 해당하며, 여성 4인조 '나이트 세이버즈'의 새로운 활약을 그려냈다. 본 작품은 조금 어른스러워진 '네네'가 주인공이다. 아이콘 선택식으로 스토리가 진행되며, 근미래에 만연한 악과 대결한다.

란마 1/2 : 사로잡힌 신부

AVG 메사이야 1991년 12월 6일 6,800엔

▶시작과 고르는 커맨드 박스 진행 과네 적절한 시점으로 아카 이란 시점이 마야

같은 제목의 인기 만화/애니메이션이 원작인 디지털 코믹풍 어드벤처 게임. 이 작품만을 위해 새로 만든 오리지널 스토리로, '삼백제', '차슈' 등의 오리지널 캐릭터도 등장한다. 게임은 풀 보이스로, TV 애니메이션과 동일한 성우진이 목소리 연기를 맡았다.

NHK 엄마와 함께 니코니코풍

ACT NHK 엔터프라이즈 1991년 12월 13일 6,500엔

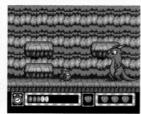

▶픽.그림 맞추기를 잘 살린다 원작의 분위기를 캐릭터가 큰 그림으로 표시된다

NHK에서 방영된 아동용 TV 프로의 캐릭터를 활용한 횡스크롤 액션 게임. 쟈쟈마루, 핏코로, 포로리 중 하나를 골라 게임을 진행한다. 단, 어떤 캐릭터는 공격은 불가능하다. 총 6스테이지 구성이며, 지정된 과일을 모아 안쪽에 있는 공룡에게 먹이면 클리어한다.

에페라 & 질리오라 : 디 엠블럼 프롬 다크니스

RPG 브레인 그레이 1991년 12월 13일 7,200엔

▶에페라는 마법사, 질리오라는 검사라는 설정이며, 누구를 고르든 엔딩에 영향은 없다.

히카와 레이코의 소설 '여전사 에페라 & 질리오라'가 원작인 액션 롤플레잉 게임. 시작할 때 에페라와 질리오라 중 한 명을 선택해 게임을 진행한다. 이벤트 신에 애니메이션 등의 비주얼을 사용하지 않아, 플레이어에게 상상의 여지를 남긴다.

겐지 통신 아게다마

HuCARD 4M

ACT　NEC 홈 일렉트로닉스　1991년 12월 13일　5,800엔

▶TV 애니메이션과는 설정과 스토리가 애니메이션화했던 실제의 초기 설정과 메인이 다니고 메르다.

같은 시기 방영된 TV 애니메이션을 게임화했다. 게임은 점프 액션 요소가 가미된 슈팅 게임이다. 캐릭터가 상당히 충실하게 그려져 있고 BGM의 퀄리티도 높다. 차지 공격 종류가 16종류나 되어 풍부하며, 각 단계별로 그래픽까지 차별화되어 있다.

슈퍼 CD-ROM² 체험 소프트집

SUPER CD-ROM² SYSTEM

ETC　허드슨　1991년 12월 13일　1,000엔

▶커버 디자인은 촌스럽지만, 슈퍼 CD-ROM²을 대표하는 2개 작품을 즐길 수 있는 호화 체험판.

「천외마경 Ⅱ : 만지마루」와 「드래곤 슬레이어 영웅전설」의 도입부를 즐기는 체험판. 인터넷이 없던 당시에는 체험판 자체가 희귀했지만, 생산비용이 낮은 CD-ROM의 장점을 살려 배포되었다. 아직 개발 중이던 게임들이라, 일부 음악 등 제품판과 다른 부분도 있다.

스파이럴 웨이브

HuCARD 4M

STG　미디어 링　1991년 12월 13일　6,900엔

バックアップ メモリ 対応ソフト

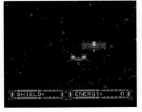

▶기본 화면은 3D 슈팅 피탄판. 정파악이 어렵고, 초반에는 모함의 에너지 저축이 꽤 힘들다.

어드벤처 요소와 슈팅 요소를 겸비한 신 감각 롤플레잉 게임. 플레이어는 2390년의 우주를 무대로, 모함 '홀리 배럴'을 조종해 여섯 성계와 24개 행성을 누비며 주민들로부터 정보를 수집해, 미지의 물체 '스파이럴 웨이브'의 수수께끼를 풀어내야만 한다.

태평기

CD-ROM² SYSTEM

SLG　인텍　1991년 12월 13일　6,800엔

▶곳곳에 애니메이션을 사용한 이벤트 신이 삽입되어 있는 만화가 요코야마 미츠테루 캐릭터 디자인.

NHK 대하드라마 방영에 맞춰 발매된 역사 시뮬레이션 게임. 겐무 신정 후인 1335년 10월 이후를 무대로, 특히 남북조시대 전쟁을 그렸다. 아시카가 타카우지와 닛타 요시사다의 싸움이 테마로, 플레이어는 한쪽을 골라 일본통일을 노린다. 등장 무장은 200명 이상에 달한다.

발리스틱스

HuCARD 2M

ACT　코코너츠 재팬　1991년 12월 13일　6,900엔

▶조작은 단순하지만 익숙해지려면 서양 게임 특유의 고난이도가 필요요소로 돌파하는 실력이 답지를 가른다.

1989년 영국 시그노시스 사가 발매한 근미래 스포츠 게임. 에어하키에 당구 요소를 추가한 느낌의 게임으로, 플레이어는 로봇을 조종해 퍽에 탄을 맞춰 골인시켜야 한다. 개발사인 시그노시스는 1991년 발매한 「레밍스」로 유명해진 회사다.

비보전설 : 크리스의 모험

CD-ROM² SYSTEM

ACT　팩 인 비디오　1991년 12월 13일　6,800엔

▶총 8스테이지 구성으로, 각 스테이지가 2부로 나뉜다. 고의 감성이 느껴지지만 조작감은 괜찮다.

일러스트레이터 우루시하라 사토시가 캐릭터 디자인을 맡은 횡스크롤 액션 게임. 주인공 소녀 크리스가 행방불명된 아버지를 찾기 위해 고대 인디오의 수수께끼를 풀어나간다는 내용이다. 함정으로 가득한 동굴 안을 돌아다니며 제한시간 내에 스테이지를 클리어해야 한다.

HARDWARE
1987
1988
1989
1990
1991
1992
1993
1994
1995
1996
1997
1998
INDEX

HARDWARE
1987
1988
1989
1990
1991
1992
1993
1994
1995
1996
1997
1998
INDEX

R-TYPE : Complete CD

STG　아이렘　1991년 12월 20일　7,500엔

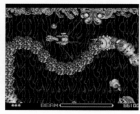

HuCARD로 발매된 「R-TYPE Ⅰ」·「R-TYPE Ⅱ」를 CD 1 장에 담은 타이틀. 애니메이션을 적극 사용한 비주얼 신을 비롯해, CD답게 호화롭게 편곡된 BGM이 추가되었다. 비주얼 신에서는 원작에 없었던 오리지널 에피소드가 그려져 있다.

슈퍼 모모타로 전철 II

TBL　허드슨　1991년 12월 20일　6,800엔

「슈퍼 모모타로 전철」의 속편. 여행하며 물건을 사 모으는 즐거움은 그대로이지만, 킹 봄비의 등장으로 더욱 과격한 게임 전개를 만끽할 수 있게 되었다. 고액을 투자한 물건이 단숨에 휴지조각이 되는 호쾌한 벌칙으로, 모든 「모모타로 전철」 팬들이 두려움에 떨었다.

벼락출세 : 더 말판놀이 '92

TBL　니혼 텔레네트　1991년 12월 20일　5,800엔

니혼 텔레네트 게임의 등장 캐릭터들을 사용한 인생 게임. 주사위를 던져 그 수만큼 전진해 업적·주식·파벌 3가지 요소를 갖춰야 한다. 최종 목표는 사장 자리. 보드게임답게 되돌아갈 수 없으며, 카드 입수 기회도 적기 때문에 말판을 오로지 전진할 수밖에 없다.

열혈고교 피구부 CD 축구 편

SPT　나그자트　1991년 12월 20일　7,200엔

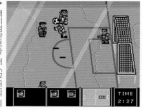

1990년 발매된 패미컴용 게임 「열혈고교 피구부 축구 편」의 이식판. HuCARD판보다 약 3개월 선행 발매되었다. 패미컴판에 비해 그래픽이 향상되었고, 오리지널 엔딩도 추가되었다. 캐릭터 목소리로는 아오니 프로덕션 소속 성우들을 기용했다.

참(斬) : 아지랑이의 시대

SLG　타이토　1991년 12월 27일　7,500엔

1989년 발매된 PC 게임의 이식판. 플레이어는 이 시대를 살아가는 무장이 되어 천하통일을 노린다. 낭인부터 다이묘까지 선택 가능하며, 캐릭터 그래픽이 연령별로 변화하고, 나라가 아닌 성 단위로 영토가 설정되어 있는 등, 당시로선 선구적인 시스템을 다수 탑재했다.

드래곤 세이버

STG　남코　1991년 12월 27일　6,800엔

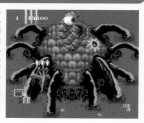

같은 제목의 아케이드용 종스크롤 슈팅 게임 이식작. 「드래곤 스피리트」의 속편으로, 이번에도 주인공이 드래곤으로 변신해 환경오염으로 탄생한 무서운 괴물을 토벌한다. 플레이어 기체인 드래곤은 아이템을 얻으면 머리가 여러 개로 늘어나거나 샷의 위력이 강화된다.

1992

PC Engine SOFTWARE ALL CATALOGUE

HARDWARE
1987
1988
1989
1990
1991
1992
1993
1994
1995
1996
1997
1998
INDEX

이 해에 발매된 게임은 121개 타이틀. 타이틀 수 자체는 작년보다 늘었는데, 주목할 만한 것은 매체가 HuCARD에서 CD-ROM으로 급속 전환되어가는 현상이다. 특히 1992년 하반기에 발매된 게임은 대부분 슈퍼 CD-ROM²용으로서, 전년도에 발매된

PC엔진 Duo가 CD-ROM² 보급에 큰 추진력을 가져다준 것으로 추측된다.

게임 소프트 면에서도 「천외마경 II : 만지마루」, 「스내처 : CD-ROMantic」, 「은하아가씨전설 유나」 등, 슈퍼 CD-ROM²의 구매욕구를 자극한 실력파 타이틀이 다수 발매된 점

도 놓쳐선 안 된다. 또한 이 해에는 통례를 깨고 성인용 PC 미소녀 게임 「드래곤 나이트 II」가 전격 이식되어, 미소녀 게임을 즐기고 싶지만 사지 못하던 연령층에 강하게 어필했다.

모험 남작 돈 : 선 하트 편

HuCARD 4M | STG | 아이맥스 | 1992년 1월 4일 | 6,800엔

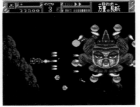

설정과 공우에스기 겐신의 혼혈이라는 귀족인 ▶ 제법 흘륭한 괴작 게임. 주인공 스페이스 게임.

강렬한 캐릭터와 맛 간 설정이 특징인 횡스크롤 슈팅 게임. 괴작 게임과 스팀펑크를 조합한 세계관이 독특하고, 적이나 아군이나 막 나가는 녀석들뿐이라 그야말로 초차원 게임이다. 하지만 의외로 게임 자체는 멀쩡하게 만들어져 있어, 상당히 경쾌하게 플레이할 수 있다.

마루코는 아홉 살 : 퀴즈로 삐빠라

HuCARD 4M | ETC | 남코 | 1992년 1월 10일 | 6,800엔

퀴즈는 4지선다로 출제된다. A라고 대답하려면 A의 적을 쓰러뜨려 출현하는 곳을 집어야 한다. ▶

오휴휴 성인에게 정복당한 지구를 구하러 마루코가 퀴즈를 푸는 게임. 지구가 침략당한 것 치고는 느긋한 분위기로, 제한시간 내에 8문제를 맞히면 다음 지역으로 넘어간다. 3번 틀리면 하트가 하나 줄어든다. 퀴즈는 원작에 관련된 매니악한 문제투성이다.

물폭탄 대모험

HuCARD 4M | ACT | 타이토 | 1992년 1월 17일 | 7,400엔

해서 공략의 폭이 넓다. ▶ 귀여운 캐릭터의 바리에이션이 풍부. 그러면

아케이드에서 가동되던 같은 이름의 액션 게임 이식작. 하마처럼 생긴 주인공 '히포포'를 조작해, 공격 버튼을 누르고 있으면 거대해지는 무기 '물폭탄'을 던져 적을 쓰러뜨린다. 물폭탄은 아이템으로 강화되며, 터질 때의 물줄기로 적을 쓰러뜨리거나 불을 끌 수도 있다.

닌자용검전

HuCARD 4M | ACT | 허드슨 | 1992년 1월 24일 | 6,500엔

이식되면서 게임 밸런스가 대폭 수정되었다. 난이도도 적당히 내려가 플레이하기 쉬워졌다. ▶

용의 일족 마지막 후예 '류 하야부사'가 미국을 무대로 활약하는 횡스크롤 액션 게임. 패미컴판의 이식작으로, 기본적으로는 원작에 충실한 이식이지만 그래픽은 전부 새로 그렸으며, BGM이 대부분 교체되는 등의 변경점도 있다.

HARDWARE
1987
1988
1989
1990
1991
1992
1993
1994
1995
1996
1997
1998
INDEX

마이트 & 매직

RPG　NEC 애비뉴　1992년 1월 24일　7,200엔

▶이 필수라 할 수 있는 게임의 이 명도가 빨라 순화됐지만, 여전히 려운 작품.

고전 명작 롤플레잉 게임의 이식판. 자유롭게 탐험 가능한 세계를 무대로, 적 몬스터와 싸우고 퀘스트를 해결하면서 이야기를 진행해간다. 이 작품에서는 모험할 캐릭터가 처음부터 이름과 직업 등의 설정이 완성된 6인 파티로 제시되며, 시작시의 난이도도 순화되었다.

NHK 대하드라마 태평기

SLG　NHK 엔터프라이즈　1992년 1월 31일　6,500엔

▶가오 정된다. 고 1인 플레이어일 경우엔 시나리오 1의 막부 토벌군으로 남북조군으로 플레이어 진영이 2

1991년 방영된 NHK 대하드라마를 게임화한 작품. 세계관 외에는 드라마와 딱히 특별한 접점이 없다. 시나리오는 2개 있지만, 시나리오 1 '가마쿠라 막부의 멸망'을 클리어해야 시나리오 2 '남북조 대란'을 플레이할 수 있게 된다. 전투 장면은 애니메이션으로 펼쳐진다.

울트라 박스 6호

ETC　빅터음악산업　1992년 1월 31일　5,800엔

▶내용이 요약돼 있어 대용으로 장편도 볼 수 있어 간편히 감상할 수 있는 세이브 기능

1990년부터 발행해온 디스크 잡지의 최종호. 5호 간행 후 간만에 나온 데다 가격도 올랐다. 표지 일러스트레이터가 미즈타마 케이노죠로 바뀌고, 'PC엔진 소프트 도감'에는 12개 사 홍보담당자가 육성 메시지를 실었다. 'UB 인포메이션'에서는 이 디스크 잡지의 휴간을 밝힌다.

사이버 닷지

SPT　톤킨 하우스　1992년 1월 31일　6,800엔

▶각 팀의 주장과 부주장은 필살 숨을 쓸 수 있다. 명중률이 낮거 만 위력은 절대적이다.

과격하게 룰을 개변한 피구 게임. 황폐한 세계관을 배경으로 목숨을 건 피구가 펼쳐진다. 등장 팀도 미식축구 풍에 마법사, 로마시대 병사, 터미네이터 비슷한 기계, 스켈레톤까지 매우 다양하다. 대미지를 입을 때마다 피가 튀는 폭력적인 그래픽 표현도 특징이다.

브라우닝

ACT　니혼 텔레네트　1992년 2월 7일　6,980엔

▶높다. 정 이치밀해 성 제한이 있어 이 시간이 짧아 난이도는 패 높다.

비주얼을 중시한 횡스크롤 액션 게임. 플레이어는 주인공 브리드가 되어 브라우닝에 탑승해, G스퀘어 영내에 있는 최종병기를 파괴해야 한다. 일본에서 제작된 게임이지만, 비주얼 신을 포함한 대사가 전부 일본어 자막을 포함해 영어로 나온다.

IQ 패닉

ETC　IGS　1992년 2월 21일　8,900엔

▶기과 아마을이도 다린다. 'IQ QUEST'는 RPG. 각 지역에는 보스가 있고, 각 지역을 도는 성장에

역사·일반상식 등의 총 10개 주제, 총 문제 수 15,000개 이상이 수록된 퀴즈 게임. 출제는 전부 4지선다로, 1인용 'IQ QUEST', 다인용으로 즐기는 '일본 종단 슈퍼 퀴즈', 퀴즈를 자유롭게 골라 즐기는 '고르는 퀴즈 THE 어떤 걸로 할래?!'까지 3가지 모드가 준비되었다.

STG 슈팅 게임　ACT 액션 게임　PZL 퍼즐 게임　RPG 롤플레잉 게임　SLG 시뮬레이션 게임　SPT 스포츠 게임　RCG 레이싱 게임　AVG 어드벤처 게임　ETC 교육·기타 게임　TBL 테이블 게임

게이트 오브 선더

STG　허드슨　1992년 2월 21일　6,800엔

「썬더 포스 Ⅲ」의 제작진이 참여한 PC엔진 오리지널 횡스크롤 슈팅 게임. 풀 오토 샷과 앞뒤로 공격방향을 전환 가능한 옵션을 무기삼아 총 7스테이지를 공략한다. 플레이어 기체는 아이템을 얻어 3종류의 무기를 장비할 수 있으며, 버튼으로 교체도 가능하다.

파로디우스다!

HuCARD 8M

STG　코나미　1992년 2월 21일　9,800엔

아케이드에서 인기를 얻은 횡스크롤 슈팅 게임의 이식판. 세계관은 「그라디우스」를 셀프 패러디했으며, 파워 업 시스템도 해당 시리즈를 그대로 가져왔다. 스테이지의 연출이나 보스 캐릭터에 개그 요소가 많다. 반면, 게임 난이도 역시 매우 높기로도 유명하다.

개조정인 슈비빔맨 3 : 이계의 프린세스

ACT　메사이야　1992년 2월 28일　6,800엔

인기 시리즈 제 3탄. 제비뽑기로 남국의 바캉스에 당첨된 타스케와 캐피코가 해변에서 평화를 만끽하던 차에 이계의 공주가 난입한다는 스토리. 주인공 타스케 역에 야마데라 코이치, 캐피코 역에 토미나가 미이나, 악역에 시마즈 사에코와 겐다 텟쇼 등 호화 성우들이 출연한다.

갬블러 자기중심파 : 마작퍼즐 컬렉션

PZL　타이토　1992년 2월 28일　6,800엔

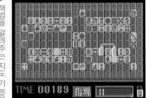

원작의 인기 캐릭터가 등장하는 PC엔진판 「갬블러 자기중심파」의 제 2탄. 규칙은 퍼즐 게임 '사천성'이 모델로, 같은 그림의 마작패를 2번까지 꺾는 선으로 연결해 빼내는 것이다. 투어 모드에서는 스테이지 클리어 시마다 캐릭터가 출연하는 데모가 나온다.

마작 탐정 이야기 2 : 우주탐정 디반 / 출동편

TBL　아틀라스　1992년 2월 28일　4,800엔

80년대 분위기 물씬한 마작 게임 제 2탄. 전작에서 분위기를 바꿔 히어로 특촬물 전개로 진행된다. 스토리는 우주탐정 디반이 악의 비밀결사로부터 지구를 지키러 마작으로 싸운다는 것. 주인공 디반이 무척 약해, 패하면 상대가 옷을 빼앗는다. 패러디 요소가 짙은 작품.

나왔구나!! 트윈비

HuCARD 4M

STG　코나미　1992년 2월 28일　6,800엔

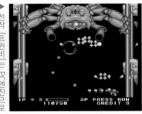

같은 이름의 아케이드 종스크롤 슈팅 게임 이식작. 화사한 색조의 화면과 코믹하고 판타지스러운 그림체가 특징이지만, 개성적인 보스 캐릭터들이 꽤 어려워 도전의욕을 자극하는 난이도다. 플레이어 캐릭터 '트윈비'는 공중공격과 지상공격을 잘 사용해 가며 진행해야 한다.

HARDWARE
1987
1988
1989
1990
1991
1992
1993
1994
1995
1996
1997
1998
INDEX

HARDWARE
1987
1988
1989
1990
1991
1992
1993
1994
1995
1996
1997
1998
INDEX

휴먼 스포츠 페스티벌

SPT　휴먼　1992년 2월 28일　5,900엔

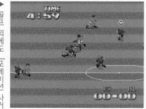

휴먼에서 과거 발매했던 스포츠 게임 2작품과 신작 게임 1
작품이 하나로 합본된 염가판 타이틀. 신작 「파인샷 골프」
는 4가지 모드가 내장돼 있고, 레슨에서는 홀을 연습할 수
있다. 게임 화면이 심플하며, 조작도 파워 게이지 중앙에
맞춰 버튼을 누르는 식이라 간단하다.

마작패왕전 카이저즈 퀘스트

HuCARD 4M　TBL　UPL　1992년 2월 28일　7,200엔

판타지 풍 세계의 통일 황제가 되어 지도상의 나라를 상대
로 마작 승부를 걸어 영토를 넓혀가는 마작 게임. 각국을
침공하면 그 나라의 성까지 가는 상세한 맵 모드로 바뀌어,
말판놀이처럼 말을 옮겨가며 대국한다. 특정 나라를 이기
면 프린세스의 보너스 그림이 나오기도.

미래소년 코난

SUPER CD-ROM²SYSTEM　ACT　니혼 텔레넷　1992년 2월 28일　7,200엔

같은 제목의 인기 애니메이션의 첫 게임화. 비주얼 신을 다
수 삽입한 횡스크롤 액션 게임이다. TV 애니메이션 느낌
의 재현에 주력해, 원작의 장면을 재현한 데모 등 시종일관
팬이 흐뭇할 만한 연출이 이어진다. 난이도는 높지만, 점프
액션 게임으로서의 완성도는 제법이다.

토일렛 키즈

HuCARD 4M　STG　미디어 링　1992년 3월 6일　6,900엔

코바야시 제약, 어스 제약, 라이온, 대일본제충균과 제휴해
제작한 슈팅 게임. 화장실 사용에 도전하는 세 살배기 아이
'다이스케'가 아이들의 기저귀 졸업을 방해하는 '응뼈 대
왕' 타도를 노린다는 스토리. 그래픽부터 연출까지 철저
히 응가 일변도인 저연령용 게임이다.

야마무라 미사 서스펜스 금잔화 교토 그림접시 살인사건

SUPER CD-ROM²SYSTEM　AVG　나그자트　1992년 3월 6일　7,200엔

제 16회 에도가와 란포 상 수상 작가가 시나리오를 맡은
본격 미스터리 어드벤처 게임. 미식여행 잡지 기자 코바야
카와 유코가 취재중 살인사건을 접하고, 여러 우연이 겹쳐
더욱 큰 살인사건에 휘말린다는 내용이다. 야마무라 서스
펜스 단골 캐릭터인 카리야 경감도 등장.

HAWK F-123

SUPER CD-ROM²SYSTEM　STG　팩 인 비디오　1992년 3월 13일　6,800엔

파워 업해 총알을 난사하는 슈팅 게임의 묘미를 잘 살린
게임. 총 8스테이지 구성으로, 최신예기 'HAWK F-123'을
조작해 의문의 무장집단을 물리치는 것이 목적. 개발 도중
의 가칭이 「파워 게이트 스페셜」이었기에, 전년 발매된 「파
워 게이트」의 속편으로 여겨진다.

STG 슈팅 게임　ACT 액션 게임　PZL 퍼즐 게임　RPG 롤플레잉 게임　SLG 시뮬레이션 게임　SPT 스포츠 게임　RCG 레이싱 게임　AVG 어드벤처 게임　ETC 교육·기타 게임　TBL 테이블 게임

극락! 중화대선

HuCARD 3M | STG | 타이토 | 1992년 3월 13일 | 6,800엔

타이토가 발매한 아케이드 게임 「중화대선」을 PC엔진용으로 개변 이식한 횡스크롤 슈팅 게임. 스테이지 구성뿐만 아니라 캐릭터와 스토리도 쇄신하여, 금두운에 탄 주인공 '리키 첸'을 조작하여 하늘의 사자인 소녀 '테스 밍'을 구출하는 내용으로 바뀌었다.

▶ 원작에는 없던 좌우 방향전환 공격이 가능해지고, 적 배치도 아케이드판에서 변경되었다.

파치오 군 십번승부

HuCARD 4M | TBL | 코코너츠 재팬 | 1992년 3월 13일 | 7,900엔

PC엔진판 제 2탄이자, 타 기종판까지 포함하면 시리즈 8번째 작품. 전작에 동봉되었던 '파친코 컨트롤러'도 지원한다. 스토리는 파치오 군이 악의 못 조정사 조직 '구슬사회'에 맞선다는 것. 파친코 대는 17종류가 있다. 5대를 모두 제패하면 다음 가게로 갈 수 있다.

▶ 10명의 못 조정사가 악역으로 등장. 전작에서는 탑뷰식이던 화면이 사이드뷰 스타일로 바뀌었다.

마물 헌터 요코 : 마계에서 온 전학생

AVG | 메사이야 | 1992년 3월 13일 | 6,800엔

妖子 千賀子 周囲

妖子「ナニを見ているの ショウマ君?」

무츠키 쥬조가 원안, 미야오 가쿠가 캐릭터 원안을 맡은 멀티미디어 타이틀 첫 작품. 요코가 마물 헌터로 각성하기 전, 기억상실된 소년들과 함께 이세계 '몽환계'를 여행하는 스토리를 디지털 코믹 형식으로 그렸다. 이 작품으로 완결 예정이었지만, 용량 문제로 전·후편으로 분할했다.

▶ 원래는 롤플레잉 게임으로 제작할 계획이었다. 대화창 등에서 그 흔적을 엿볼 수 있다.

라이징 선

SLG | 빅터음악산업 | 1992년 3월 13일 | 7,800엔

헤이안 시대 말기 '지쇼·쥬에이의 난'이 소재인 리얼타임 시뮬레이션 게임. 요리토모·요시츠네·키요모리 중 하나를 골라 일본 평정에 나선다. 공성전 시에는 탑뷰 시점의 액션 게임, 방어전 시에는 화살을 쏘는 슈팅 게임 등, 여러 장르의 성질을 겸비한 독특한 게임 시스템이다.

▶ 성내 이벤트는 내정이 오로지 행군뿐이다. 병력에 주의하며 단숨에 공격하는 것이 철칙.

사이킥 스톰

SUPER CD-ROM²SYSTEM | SLG | 니혼 텔레네트 | 1992년 3월 19일 | 6,980엔

알파 시스템이 개발한 슈팅 게임. 스테이지 시작 전에 각자 공격 방식이 다른 4종류의 스톰 브링거 중 하나를 골라야 한다. 스테이지 도중에 사이킥 스톰이라는 형태로 변신하면 일정 시간 무적 상태가 된다. 변신 시간은 아이템을 획득하여 연장도 가능하다.

▶ 총 7스테이지 구성으로는 드물게 PC엔진 슈팅 게임이면서도 2인 동시 플레이가 가능하다.

몽환전사 바리스

SUPER CD-ROM²SYSTEM | ACT | 니혼 텔레네트 | 1992년 3월 19일 | 6,980엔

PC용으로 발매된 액션 게임 시리즈 첫 작품의 이식작. 여고생 유코는 '평범함'으로 몽환계의 여왕 바리아의 눈에 들어, 바리스의 전사로서 마왕 로그레스와 싸운다. 사이드뷰 스테이지에서 검과, 그 검에서 발사되는 충격파를 무기삼아 계속 출현하는 괴물을 쓰러뜨린다.

▶ 스테이지 어딘가에서 기다리는 보스 캐릭터를 찾아 쓰러뜨리면서 게임을 진행했다.

HARDWARE
1987
1988
1989
1990
1991
1992
1993
1994
1995
1996
1997
1998
INDEX

천외마경 II : 만지마루

SUPER CD-ROM SYSTEM

RPG　허드슨　1992년 3월 26일　7,800엔

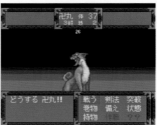

▶ '불의 일족'과 '뿌리의 일족'의 이번 작품부터 등장하는 만지마루는 사람들을 괴롭히는 꽃 암흑란을 퇴치하러 여행한다.

▶ RPG의 필수요소인 보스들과 만만찮은 전도 캐릭터가 강렬한 보스들이 많이 나와 흥미롭게 즐길 수 있다.

독특한 세계관 '지팡구'를 계승한, 「천외마경 ZIRIA」의 속편. 이번 작품은 등장인물이 모두 갈려, 완전히 새로운 스토리가 펼쳐진다. 전작의 시스템을 답습한 전형적인 필드형 롤플레잉 게임이지만, 압도적인 동영상과 이벤트로 전개되는 스토리는 둥글둥글한 애니메이션 풍 그림체와는 달리 실로 묵직하다. 시스템이 알기 쉽고, 다양한 유저층이 즐길 수 있는 내용이지만, 클리어하려면 막대한 시간이 필요한 초대작이다.

지뢰찾기

CD-ROM SYSTEM

PZL　팩 인 비디오　1992년 3월 20일　6,200엔

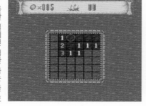

▶ 룰만 익히면 시간 가는 줄 모르고 빠져드는 게임이므로 주의하자!

PC에서도 대 히트한 명작 퍼즐 게임. 화면 내의 타일을 열면 표시되는 숫자는 인접한 8방향에 폭탄이 몇 개나 있는지를 알려주는 힌트다. 숫자를 참고해서 맵 내에 숨겨진 지뢰 위치를 추리해, 지뢰를 폭발시키지 않고 안전하게 나머지 타일을 모두 열면 스테이지 클리어.

강의 누시 낚시 : 자연파

CD-ROM SYSTEM

RPG　팩 인 비디오　1992년 3월 27일　6,900엔

▶ 롤플레잉 게임답게 경험치를 쌓으며 짐승들을 물리쳐 얻고, 돈은 낚은 고기를 팔아 벌게 된다.

1990년 패미컴으로 발매된 낚시 게임의 이식판. 주인공은 정체 모를 병에 걸린 여동생을 구하러 강에서 물고기 '누시'를 낚아야만 한다. CD-ROM의 대용량을 활용하여 강물소리와 새의 지저귐 등 자연음과 효과음을 입체음향으로 즐길 수 있고, 어류도감 기능도 충실하다.

퀴즈 통째로 The 월드 2 : 타임머신, 부탁이야!

CD-ROM SYSTEM

ETC　아틀라스　1992년 3월 27일　6,800엔

▶ 퀴즈는 다들 고난이도. 본편 외에 여신전생 퀴즈, 패널 퀴즈 '루비 군' 등을 수록했다.

「QUIZ 통째로 The 월드」의 속편. 메인 모드인 '타임머신, 부탁이야!'는 타임머신으로 과거에 와버린 주인공이 미래로 돌아가기 위해 퀴즈를 풀어나가는 스토리이다. 목표량만큼 맞추지 못하면 미래에 돌아가기는커녕 사실이 왜곡되어 역사가 엇나가기 시작하게 된다.

섀도우 오브 더 비스트 : 마성의 굴레

SUPER CD-ROM SYSTEM

ACT　빅터음악산업　1992년 3월 27일　7,200엔

▶ 주인공은 아기일 때 마술사의 조아가 마술사의 문의 여러 실험에 도중 괴물이 됐다는 암울한 설정이 있다.

이 끝에 직전에 잡혀 있다.

원작은 1989년 영국 Reflections 사가 개발한 아미가용 횡스크롤 액션 게임. 주인공은 원래 인간이었지만 마법사에게서 탈출한 괴물이라는 설정이라, 허리에 천 하나만 두르고 있고 액션도 펀치·킥·점프 등 간단한 것만 가능. 도중에 아이템을 얻어야 마법과 총을 쓸 수 있다.

SUPER CD-ROM SYSTEM | BABEL
RPG 니혼 텔레네트 1992년 3월 27일 6,980엔

제시했던 판타지 색채를 철저히 배제했다. ▶ 전투는 총과 수류탄 등 근대 병기 중심으로, 기존 작품에서 당연히

먼 미래, 다른 차원의 세계가 무대인 SF 롤플레잉 게임. 특징은 졸개를 아무리 해치워도 경험치는 못 얻는다는 점이다. 경험치를 얻어 레벨 업하려면 이벤트를 클리어해야만 한다. 세이브는 아무데서나 할 수 없고, 다음 장으로 넘어가는 도중의 특정 장소에서만 가능하다.

SUPER CD-ROM SYSTEM | 포가튼 월드
STG NEC 애비뉴 1992년 3월 27일 7,980엔

키 K.H, '로도 잘 알려진 작품가 하야시 카즈히로가 맡았다. ▶ BGM의 전부 편곡판으로, 평

아케이드의 라이프 제 슈팅 게임 「로스트 월드」의 이식작. 원작에서 롤링 스위치를 사용했던 조작은 버튼을 3개 사용하는 형태로 변경했지만, 2버튼 일반 패드로도 RUN 버튼을 사용해 조작 가능하다. 보이스는 프로 성우판과 아케이드판 중 취향에 따라 고를 수 있다.

SUPER CD-ROM SYSTEM | 더 데이비스컵 테니스
SPT 마이크로 월드 1992년 4월 1일 6,800엔

▶ 심판의 콜이 전부 음성으로 표현되고 BGM이 없는 등 서양게임답게 심플한 디자인이다.

프랑스 게임회사 로리시엘이 제작한 테니스 게임. 위아래로 분할된 게임화면이 특징이다. 제목은 실존하는 남자 테니스 국가대항전 대회에서 따왔으며, 대회명은 우승컵을 기증한 드와이트 데이비스가 유래다. 조작은 방향키와 I 버튼만 사용하며, 다양한 샷을 칠 수 있다.

SUPER CD-ROM SYSTEM | 빌더랜드
PZL 마이크로 월드 1992년 4월 1일 6,800엔

임시 서 이스 조작이도 다 ▶ 원작은 서양 게임이므로, 현지에 꽉 짜여진 수작 퍼즐 게임.

납치당한 아내를 되찾기 위해 계속 걸어가는 주인공 메르바가 목적지까지 무사히 도착할 수 있도록, 계단을 설치하거나 블록으로 구멍을 막아줘야 하는 사이드뷰 퍼즐 게임. 이 작품에서는 3종류의 일시정지 조작이 있는데, 그중 둘을 상황에 따라 잘 구사하는 게 중요하다.

SUPER CD-ROM SYSTEM | 슈퍼 라이덴
STG 허드슨 1992년 4월 2일 5,800엔

▶ 오리지널 스테이지 포함 총 10스테이지를 클리어하면 이 작품만의 엔딩을 감상할 수 있다

아케이드에서 인기를 끈 종스크롤 슈팅 게임 「라이덴」을 슈퍼 CD-ROM²용으로 이식한 작품. 이미 HuCARD판이 발매된 바 있지만, 이 작품 한정으로 오리지널 스테이지 2개가 추가되었다. BGM은 전부 CD-DA 음원으로 편곡 수록되어, 더욱 호화로운 구성이 되었다.

SUPER CD-ROM SYSTEM | 초시공요새 마크로스 2036
STG 메사이야 1992년 4월 3일 7,200엔

지널 기체가 등장한다. ▶ 같은 해 발매된 OVA [초시공요새 마크로스 II]와 연동한 설정이 공유되지만, 오리 획요새 마크로스

같은 제목의 인기 애니메이션이 테마인 횡스크롤 슈팅 게임. 스토리는 극장판 '사랑, 기억하고 있습니까'의 후일담에 해당하며, 독자적인 스토리가 전개된다. 슈팅 게임으로서의 완성도는 평범하기 이를 데 없지만, 미키모토 하루히코를 기용한 비주얼 신은 미려함 그 자체.

열혈고교 피구부 PC 축구 편

HuCARD 4M　SPT　나그자트　1992년 4월 3일　6,900엔

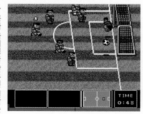

▶ 공과 타이밍을 맞추면 필살 슛을 쏠 수도 있다. 동료들에게 지시를 내릴 수도 있다.

1990년 발매된 패미컴용 게임의 이식판. 매 시리즈마다 친숙한 '쿠니오 군'이 6인제 축구에 도전하는 게임이다. 멀티 탭을 연결하면 최대 4명까지 대전 플레이가 가능하다. 결승전에는 이 작품에만 등장하는 오리지널 고교가 나오는 등, 독자적인 요소가 추가되었다.

원평토마전 : 두 번째 권

HuCARD 4M　ACT　남코　1992년 4월 7일　6,800엔

▶ 마전으로 완전히 새롭게 태어난 '원평토마전'을 즐길 수 있다.

오락실에서 인기였던 역사물 액션 「원평토마전」의 속편으로, PC엔진에만 발매된 오리지널 타이틀이다. 전작의 그래픽과 게임성을 바탕으로 모든 스테이지가 큼지막한 캐릭터로 통일되었고, 방어 가능한 자세와 점프 도중 하단 찌르기 등 액션도 충실해졌다.

스타 패로저

SUPER CD-ROM SYSTEM　STG　허드슨　1992년 4월 24일　6,800엔

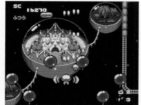

▶ 캐릭터가 귀엽게 묘사되어 재미있다. 누구나 즐기기 쉬운 난이도로 접근성이 높은 슈팅게임.

많은 허드슨 계 캐릭터들이 코믹한 디자인으로 등장하는 종스크롤 슈팅 게임. 플레이어 기체는 '패로저'와 '봄버맨', 'PC엔진' 3종류로, 각자 장비가 다르다. 애니메이션을 활용한 데모도 있고 BGM도 호화로운, 마치 축제 같은 느낌의 슈팅 게임.

마작 탐정 이야기 2 : 우주탐정 디반 / 완결편

CD-ROM SYSTEM　TBL　아틀라스　1992년 4월 24일　4,800엔

▶ 니 메이즈타니 유우코를 비롯해 매체의 장점을 살려 대량의 음성애를 기용했다. 당시 인기애 성우가

2개월 전 발매된 「출동편」에서 이어지는 작품. 디반과 비밀결사 마룡의 최종결전이 그려진다. 특징은 애니메이션 신이 많고, 주인공 디반이 조무래기 적이나 괴인, 적 간부로부터 한심할 만큼 당한다는 점이다. 등장하는 적들은 모두 노출도 높은 여성 캐릭터뿐이다.

스프리건 mark2 : Re Terraform Project

SUPER CD-ROM SYSTEM　STG　나그자트　1992년 5월 1일　6,800엔

▶ 인공 메카닉 스프리건 mark2가 주로 등장한다. 이때의 극적인 연출은 꼭 감상해보시라. 게임을 진행하면

로봇 애니메이션 풍 설정과 스토리를 즐기는 횡스크롤 슈팅 게임. 플레이어는 로봇 형태로 싸우는 기체 '비솔로뮤'를 조종하여 화성 개발로 인한 분쟁에 뛰어들게 된다. 슈팅 게임으로는 보기 드물게, 기본 샷 외에 검도 장비한다는 점이 독특하다.

테라포밍

SUPER CD-ROM SYSTEM　STG　라이트 스터프　1992년 5월 1일　6,800엔

▶ 한 살 비대칭과 곡선의 좌우비대칭과 곡선의 그의 장 특유의 상 슈팅 특유의 상 잘 살려냈지만, 느낌은이 없었다.

영화 '블레이드 러너'·'스타 트렉'·'에일리언 2'의 비주얼을 맡은 것으로 유명한 디자이너, 시드 미드가 참여한 횡스크롤 슈팅 게임. 신비한 분위기가 매력적인 게임으로, 스테이지 배경인 행성에 서식하는 생물들이 적이다. 기본 샷 외에, 에너지를 차지해 쏠 수도 있다.

캠페인판 대전략 II

SLG　마이크로캐빈　1992년 5월 29일　7,800엔

▶ 니트 신설과 간접 공격도 가능해 졌다. 항공기의 무장 교환, 합선 유

워 시뮬레이션 게임 「대전략」 시리즈 중 하나로, 「슈퍼 대전략」의 업그레이드 버전. 제목의 '캠페인'이란 '캠페인 시나리오'라는 의미로, 여러 맵을 하나의 스토리로 묶어 전개하며, 성장시킨 부대를 다음 맵으로 계승시킬 수 있다.

도라에몽 : 진구의 도라비안나이트

ACT　허드슨　1992년 5월 29일　4,800엔

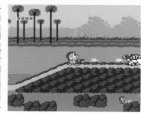

▶ 풀 보이스화와 애니메이션 장면 삽입이 효과적이고, 도라에몽 외의 캐릭터 등장도 늘어났다.

전년 발매한 HuCARD판을 업그레이드해 재발매했다. 게임 자체는 바뀐 게 없지만, 슈퍼 CD-ROM²판은 애니메이션 장면 대량 수록을 비롯해 TV판과 동일 성우를 기용해 풀 보이스화하고, 엔딩에선 극장판과 동일 주제가가 나오는 등 대용량을 활용한 연출을 선보였다.

어드벤처 퀴즈 캡콤 월드 : 하테나의 대모험

ETC　허드슨　1992년 6월 19일　6,200엔

▶ 주사위 퀴즈 게임을 탑재하여 혼자 플레이해도 즐길 수 있도록 배려했다. 정답을 알려주는 친절한 설계도 일품.

캡콤의 아케이드판 퀴즈 게임 「어드벤처 퀴즈 월드」와 「하테나?의 대모험」을 합본 이식했다. 양 작품을 모두 충실하게 이식했고, 2인 플레이도 가능하다. 일부 BGM을 CD 음원으로 수록했고 문제 수도 늘린 등, CD-ROM의 대용량을 잘 활용해서 만들어졌다.

톱을 노려라! GunBuster VOL.1

AVG　리버힐 소프트　1992년 6월 25일　6,800엔

▶ OVA의 배역대로 모든 성우가 출연한다. 그래픽 역시 새로 그린 그림을 추가 수록했다.

같은 제목의 인기 OVA를 디지털 코믹화한 작품. 논스톱 애니메이션 신을 대량 수록해 원작의 박력을 재현했다. 수록 내용은 원작의 제 1·2화에 해당하며, 주인공인 낙제 후보생 '타카야 노리코'가 코치의 힘들고 가혹한 훈련을 견뎌내고 우주로 떠나기까지를 그렸다.

드루아가의 탑

ACT　남코　1992년 6월 25일　6,800엔

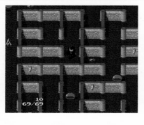

▶ 탑 안의 미로가 입체적으로 그려진데다 캐릭터도 커져서, 박력 넘치는데다 매뉴얼도 보여준다.

아케이드에서 대인기를 누린 액션 게임을, 그래픽을 강화해 리메이크한 작품. 주인공 '길'은 무녀 '카이'를 구하기 위해 60층짜리 탑을 오른다. 길은 각 스테이지의 수수께끼를 풀면 출현하는 보물상자를 열고 아이템을 획득하여 성장해, 더욱 강력한 적과 싸울 수 있게 된다.

F1 서커스 스페셜 POLE TO WIN

RCG　일본물산　1992년 6월 26일　7,900엔

▶ 용어를 쉽게 해설해주는 사전 모드를 탑재. 항목을 일본어로 순으로 찾아볼 수 있다.

대 히트 F1 게임이 슈퍼 CD-ROM²판으로 리뉴얼되었다. 음성과 영상에 신경을 많이 써, 실사 사진이 다수 수록되었다. 게임 모드는 '월드 챔피언십' 외에 최대 5명이 참가 가능한 '타임 어택'과 총 20코스를 임의로 주행하는 '테스트 드라이브'가 준비되어 있다.

HARDWARE
1987
1988
1989
1990
1991
1992
1993
1994
1995
1996
1997
1998
INDEX

제노사이드
ACT 브레인 그레이 1992년 6월 26일 6,800엔

원작은 X68000용 횡스크롤 액션 게임. 기본은 '트레이서'라는 인간형 메카닉이 검을 휘둘러 해치우는 액션으로, 게임 중간부터 '베티'라 불리는 원거리 공격기도 쓸 수 있게 된다. 스테이지 최후에는 거대한 보스 캐릭터가 기다리고 있어 박력 넘치는 전투를 즐길 수 있다.

타카하시 명인의 신 모험도
ACT 허드슨 1992년 6월 26일 6,500엔

패미컴판 「타카하시 명인의 모험도」의 정통 진화판. 총 7 스테이지 구성의 횡스크롤 액션 게임으로, 모든 스테이지를 리뉴얼했다. 알을 깨면 나오는 아이템은 패미컴의 도끼와 슈퍼 패미컴의 부메랑 외에, 새로 창과 불꽃이 추가되었다.

라이잔버 III
STG 데이터 웨스트 1992년 6월 26일 6,800엔

인기 시리즈의 3번째 작품. 시리즈가 오래 이어진 「라이잔버」의 완결편이다. 게임 모드는 전작의 난이도를 계승한 'MANIAC'과 난이도를 낮춘 'STANDARD' 두 가지를 준비했다. 아름다운 그래픽과 경쾌한 BGM은 이어나가며, 새로운 아이디어를 추가한 작품이다.

컬러 워즈
TBL 코코너츠 재팬 1992년 7월 10일 7,200엔

4색깔의 공을 사용하는 3D 오셀로. 4×4×4로 총합 64칸을 사용하는 게임이며, 자신의 공으로 가로·세로·대각선상에서 상대의 공을 앞뒤로 막으면 모두 자신의 공으로 바뀐다. 게임 모드로는 '어드벤처 모드'와 '파티 모드', '베이직 모드'까지 3개가 있다.

솔저 블레이드
STG 허드슨 1992년 7월 10일 6,500엔

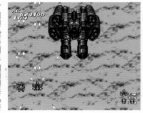

허드슨 전국 캐러밴 공식 인정 게임 제 8탄인 종스크롤 슈팅 게임. 총 7개 스테이지를 3종류의 무기를 구사하여 공략해야 한다. 기존의 「솔저」 시리즈를 답습한 시스템이면서도, 더욱 중량감 있는 메카닉 디자인과 속도감 넘치는 연출이 빛을 발한다.

서머 카니발 '92 알자딕
STG 나그자트 1992년 7월 17일 2,980엔

당시 나그자트가 개최하던 고득점 경연 전국대회 '서머 카니발' 전용 게임. PC엔진 부문 공식 타이틀로서, 다른 게임 대비로 파격적인 염가에 판매되었다. 서머 카니발의 규정에 맞춰 연습하기 위한 게임으로, 볼륨 역시 필요 최소한도로만 구성되어 있다.

소서리언

RPG 빅터음악산업 1992년 7월 17일 7,800엔

PC에서 인기였던 액션 RPG의 이식판. 종족을 골라 캐릭터를 만들고, 합성으로 제작한 120종류에 달하는 마법을 장비시켜, 독립된 10종(이중 3종은 본 작품 오리지널)의 시나리오를 골라 모험한다. 리얼한 그림풍의 오프닝 애니메이션과 호화롭게 편곡된 BGM도 추가되었다.

로도스도 전기

RPG 허드슨 1992년 7월 17일 7,200엔

미즈노 료의 인기 소설을 게임화한 판타지 RPG 게임. 원작 1권 및 OVA '영웅전쟁'을 모티브로 한 스토리다. 전투는 커맨드 선택식이 아니라 택티컬 컴뱃 시스템으로 진행된다. OVA의 오프닝을 재현한 비주얼 신을 비롯해, 스토리 곳곳에 삽입된 이벤트 신은 꼭 봐둘 만.

스트라테고

TBL 빅터음악산업 1992년 7월 24일 6,900엔

보드 위의 말을 움직이는 미국판 군인 장기. 플레이어와 컴퓨터가 청군과 적군으로 갈려 서로의 깃발을 쟁탈한다. 간결하면서도 깊이 있는 게임으로, 10×10칸짜리 장기판 위에서 아군과 적군 합쳐 88개의 말이 혼전을 벌인다. 플레이어의 통찰력과 추리력을 시험하는 게임.

TATSUJIN

STG 타이토 1992년 7월 24일 7,200엔

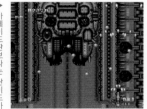

아케이드에서 히트한 토아플랜의 종스크롤 슈팅 게임 이식작. 아이템으로 파워 업하는 3종류의 샷과, 적의 탄을 일소하면서 큰 대미지를 주는 타츠진 봄(전멸폭탄)으로 총 5스테이지를 공략한다. 종횡무진 움직이며 총알을 뿌리는 거대하고 딴딴한 적이 많은 고난이도 게임.

팝'n 매직

ACT 니혼 텔레네트 1992년 7월 24일 6,980엔

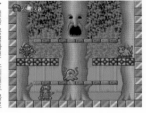

퍼즐 요소가 가미된 액션 게임. 일러스트레이터 코코마히가 디자인한 귀여운 캐릭터가 주인공이다. 견습 바람 마법사 애니스와 레스터를 조작해, 마인 가루다 이그재터에게 빼앗긴 영정석 3개를 되찾아야 한다. 고정화면 형 게임으로, 2인 동시 플레이도 가능하다.

더 킥복싱

SPT 마이크로 월드 1992년 7월 31일 6,800엔

서양 게임을 이식한 작품. 복싱이 아니라 킥복싱이 테마인 게임은 극소수이므로, 귀중한 작품이 아닐 수 없다. 사용 가능한 기술은 55종류. 플레이어가 원하는 기술을 세팅할 수도 있다. 필살기는 한 라운드 당 3회까지밖에 쓸 수 없지만, 전부 맞추면 큰 대미지가 나온다.

HARDWARE
1987
1988
1989
1990
1991
1992
1993
1994
1995
1996
1997
1998
INDEX

보난자 브라더즈

SUPER CD-ROM SYSTEM

ACT　NEC 애비뉴　1992년 7월 31일　6,800엔

▶ 2인 플레이일 때는 플레이 면을 상하 둘로 분할하되므로, 있 역면을 분담해 보물을 모을 수도 구

세가가 발매한 아케이드용 액션 게임의 이식판. 도둑 형제 보난자 브라더즈가 제한시간 내에 보물을 훔쳐 탈출한다. 악덕 회사와 사기 카지노에서 보물을 훔쳐 빈민들에게 나누어준다는 설정으로, 적조차도 죽이지 않고 기절시킬 뿐. BGM은 고급스런 재즈 편곡판이 되었다.

스내처 : 파일럿 디스크

SUPER CD-ROM SYSTEM

AVG　코나미　1992년 8월 7일　1,500엔

▶ 본편의 Act 1을 비롯해 작품 내 미니게임인 슈팅 장에서 사격 모드를 플레이할 수 있다.

PC용 어드벤처 게임 「스내처」의 PC엔진판 유료 예고편·체험판. 등장인물 소개와 전문용어 해설이 있는 자료집을 비롯해 코나미 홍보담당자 하야사카 타에코와 게임평론가 야마시타 아키라의 대담으로 「스내처」의 역사 등을 알려주는 코너, BGM 모음집이 수록되었다.

드래곤 나이트 II

SUPER CD-ROM SYSTEM

RPG　NEC 애비뉴　1992년 8월 7일　7,400엔

▶ 몬스터 형태로 등장하는 소녀. 그 녀를 물리치면 해방시킬 수 없고, 구하 려면 주문서의 해당 페이지가 필요하다.

▶ 게임 자체는 고난이도 3D RPG. 원작과는 달리 오토 매핑으로 맵이 표시되므로 플레이하기 편하다.

「위저드리」식 3D 던전형 롤플레잉 게임. 주인공은 1편과 동일한 검사 '타케루'. 덩치 큰 상인 반과의 술내기에서 패한 대가로 어느 마을에 배달을 갔는데, 그 마을의 모든 소녀들이 탑으로 납치되어 저주를 받아 몬스터가 되어 탑을 배회한다는 사실을 알게 된다. 모든 소녀들을 구출하고, 사건을 일으킨 마녀를 토벌하는 것이 이번 작품의 목적이다. 구출한 소녀로부터는 흐뭇한 보답을 받게 된다.

파워 리그 5

HuCARD 6M

SPT　허드슨　1992년 8월 7일　6,800엔

백업 메모리 対応ソフト

▶ 12개 구단에 전용 구장이 추가됐다(도쿄 돔은 예외). 오토 모드도 들어가, 초보자도 배려했다.

PC엔진을 대표하는 야구 게임 제 5탄. 전작까지와는 달리, 이번 작품부터는 등장하는 모든 구단과 선수명이 실명화되고 사용 가능한 구장도 11곳까지 늘어났다. 조작 방식은 큰 변경점이 없어, 오픈 전과 페넌트 레이스 등 시리즈 전통의 시스템으로 편하게 즐길 수 있다.

퀴즈의 별

SUPER CD-ROM SYSTEM

ETC　선 전자　1992년 8월 10일　6,800엔

▶ 퀴즈의 길과 '그람묘리의 늑대' 등을 즐기는 파티 모드도 충실하다. 퀴즈 트럼프묘리 등, 2~4명까지 즐기는 파티 모드의 늑

PC엔진 오리지널 퀴즈 게임. 특징은 막대한 문제 양으로, 이것만으로도 여타 퀴즈 게임과는 차원을 달리한다. 최대 강점은 메인 모드이기도 한 'HEART OF STONE'으로, 디지털 코믹 풍으로 스토리가 진행된다. 퀴즈를 맞히며 사로잡힌 소꿉친구를 구출해내자.

베이비 죠

ACT 마이크로 월드 1992년 8월 28일 7,200엔

개입가능.

워드가 나온다. 스테이지를 클리어하면 패스 입력하면 해당 스테이지부터 재스타트 화면에서

원작은 프랑스의 게임 제작사 로리시엘이 개발한 아미가 판. 생후 10개월 아기 '죠'를 골로 인도하는, 총 4스테이지 짜리 심플한 횡스크롤 액션 게임이다. 주인공이 아기인 점을 활용해, 대미지를 입으면 기저귀가 더러워지고 남은 시간을 우유병으로 보여주는 연출이 쓰였다.

파지아스의 사황제

RPG 휴먼 1992년 8월 29일 7,500엔

카닉병기가 등장하며

기획·검과와 마법기반으로 독자노선도 메

원작은 게임잡지 마루카츠 PC엔진에서 연재되던 메

치밀하게 구축된 세계 '파지아스'를 무대로 장대한 스토리가 전개되는 롤플레잉 게임. 플레이어는 무녀 아티마가 되살린 전사 디메올라가 되어, 파지아스를 전쟁에 몰아넣은 사악한 황제를 물리치러 여행한다. 하야미 쇼, 카와무라 마리아 등의 호화 성우진이 출연한다.

F1 팀 시뮬레이션 프로젝트 F

SLG 니혼 텔레네트 1992년 9월 4일 6,980엔

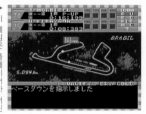

수이을 있싱운할 필요가 다. 장면은 관전모드로 실제 레이 신 감상할

이 게임은 플레이어가 머신

머신 운전이 아니라, F1 팀 운영을 체험할 수 있는 시뮬레이션 게임. 플레이어는 F1 팀의 감독이 되어, 10년 내에 컨스트럭터즈 챔피언 지위를 획득해야 한다. 팀의 경영관리는 물론 머신 개발, 레이싱 중의 작전 등을 디테일하게 지시할 필요가 있다.

TRAVEL 에플

ACT 니혼 텔레네트 1992년 9월 4일 6,980엔

드화면고정식 대전 게임으로, 필

주위 상어에 흩어진 곤봉과 쇠파이프를 두들겨 팬다.

펭귄 소녀 '에플'이 주인공인 액션 게임. 코믹한 그림체와 달리 폭력적인 내용으로 유명하다. 스토리는 살해당한 동료들의 원수를 갚기 위해 북극곰들과의 싸움에 나선다는 내용. 하지만 백곰 왕을 쓰러뜨린 후에도 스토리가 이어져, 의외의 진실이 밝혀지게 된다.

제로 윙

STG 나그자트 1992년 9월 18일 7,800엔

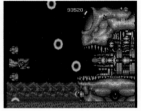

편곡해 수록했다.

했고, 토아플랜 특유의 BGM도 애니메이션 데모를 다수 삽입

토아플랜의 아케이드용 횡스크롤 슈팅 게임 이식작. 플레이어 기체는 특징적인 3종류의 샷을 장비할 수 있으며, 적을 빨아들이는 프리즈너 빔으로 플레이어 앞에 적 캐릭터를 놓아 방패삼거나, 발사해 공격도 가능하다. 또한, 폭탄 아이템을 잡아 사용할 수도 있다.

던전 마스터 : 테론즈 퀘스트

RPG 빅터음악산업 1992년 9월 18일 8,200엔

을 계승해 모험할 수 있다.

던전별로 아이템과 동료를 초기화되지만 테론만은 레벨

이 3D 던전을 탐색하는 롤플레잉 게임. 마술사의 제자가 되려는 소년 '테론'이 주인공으로, 다양한 던전을 공략한다. 시간이 리얼타임으로 경과하는 게 최대 특징으로, 짐 무게로 행동이 제한되거나 공복 개념 덕에 굶으면 죽기도 하는 등, 리얼함을 연출한 세세한 설정이 장점.

HARDWARE | 1987 | 1988 | 1989 | 1990 | 1991 | 1992 | 1993 | 1994 | 1995 | 1996 | 1997 | 1998 | INDEX

엑자일 II : 사념의 사상

SUPER CD-ROM²SYSTEM

RPG 니혼 텔레네트 1992년 9월 22일 7,200엔

▶ 이번 작품에선 주인공 새들러 외에, 루미를 포함한 다른 멤버도 조작할 수 있게 되었다.

PC판 「엑자일 II」의 이식작인 PC엔진판 「엑자일」의 오리지널 속편. 전작의 반년 뒤를 그린 스토리로, 신비한 노인의 지시를 받은 주인공 새들러가 바그다드에서 루미와 재회하는 시점부터 스토리가 시작된다. 전작만큼 던전 구조가 복잡하진 않아서, 탐색이 편해졌다.

LOOM

SUPER CD-ROM²SYSTEM

AVG 빅터음악산업 1992년 9월 25일 8,000엔

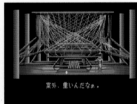

▶ 그래픽만으로는 알기 어려운 뒷설정이나 스토리 보너스조차 원래는 유명하다는 사실이라는 설정이다.

루카스필름 게임즈가 제작한 판타지 어드벤처 게임. 원작은 IBM PC판으로, 화면상의 커서를 움직여 주인공을 이동시키는 방식이다. 모든 커맨드를 '주문'으로 행하는 특이한 시스템으로, '주문'은 멜로디를 연주하여 발동한다.

위저드리 V

SUPER CD-ROM²SYSTEM

RPG 나그자트 1992년 9월 25일 7,400엔

▶ 픽셀 표시가 빠르지고 던전 탐색도 쾌적하게 진행되다.

마녀 '숀'에게 사로잡힌 게이트키퍼를 구출하기 위해 미궁에 뛰어드는 모험가들의 이야기. 3D 던전 RPG의 원조 「위저드리」 시리즈 5번째 작품이다. PC엔진판 오리지널 오프닝 등의 추가요소도 있긴 하나, 미궁을 헤매며 열심히 레벨 업하는 즐거움은 그대로다.

코즈믹 판타지 3 : 모험소년 레이

SUPER CD-ROM²SYSTEM

RPG 니혼 텔레네트 1992년 9월 25일 7,600엔

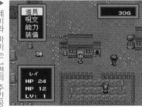

▶ 레이와 마이는 우주의 부모에게 해당되는 1편의 주인공과 직접 연결되어, 필드와 마을이 비슷하다고 한다. 오픈월드

인기 RPG 시리즈 제 3편. 스토리의 시간축이 1편의 25년 전에 해당하는 이야기로, 신 주인공 레이와 마이가 활약한다. 외형으로는 일반적인 2D 롤플레잉 게임. 필드 맵 이동과 전투 신이 개량되어 플레이가 간편해졌다. 시리즈 특징인 비주얼 신은 매우 빈번히 등장한다.

셰이프시프터 : 마계영웅전

SUPER CD-ROM²SYSTEM

ACT 빅터음악산업 1992년 9월 25일 7,400엔

▶ 산・바다・동물 등의 필드가 43종류, 플 보이스로 주인공 성우는 이케다 슈이치가 맡았다.

검과 마법의 세계가 무대인 어드벤처 게임. 서양 게임을 이식한 타이틀로, 액션 요소가 강하다. 수수께끼를 풀지 못하면 진행할 수 없는 시스템이지만 힌트는 거의 없다시피 하다. 유폐당한 마법사를 구출하면 주인공의 모습을 흑표범, 상어, 드래곤으로 바꿀 수 있다.

피구왕 통키

HuCARD 4M

SPT 허드슨 1992년 9월 25일 6,500엔

백업 메모리 대응 소프트

▶ 초상대 바스식이다. 시합 화면에서 버튼을 누르면 숫게이지가 필살기가 간다 MAX

커맨드 선택형 어드벤처 파트와 피구 게임을 접목시킨 타이틀. 같은 이름(원제는 「불꽃의 투구아 도지 단페이」)의 만화・애니메이션이 원작이며, 스토리 모드에서는 '투구선수권' 출장과 우승이 목적. 동네를 돌아다니며 멤버를 모아, 정보와 아이템을 입수해 시합에 나서자.

STG 슈팅 게임   ACT 액션 게임   PZL 퍼즐 게임   RPG 롤플레잉 게임   SLG 시뮬레이션 게임   SPT 스포츠 게임   RCG 레이싱 게임   AVG 어드벤처 게임   ETC 교육・기타 게임   TBL 테이블 게임

YAWARA!

AVG　소픽스　1992년 10월 1일　6,900엔

▶포다·로딩도 최소화하여, 진행 템포가 좋다.

▶스토리는 스포츠신문 기자 마츠다 코사쿠의 시점으로 진행된다.

같은 제목의 인기 만화·애니메이션이 원작인 디지털 코믹. TV 애니메이션을 보는 느낌으로 스토리를 읽어나갈 수 있다. 수록 내용은 원작 1권부터 6권까지. 비주얼 신은 TV 애니메이션과 동일한 크리에이터가 맡았으며, 성우 연기 역시 TV 애니메이션과 동일 캐스팅이다.

격사 보이

ACT　아이렘　1992년 10월 2일　7,000엔

▶인체니트가는 화면을 잘 보고, 어떤 게 고득점인지 간파하는 게 포인트.

▶유머러스한 캐릭터가 돌아다니는 풍경이 피사체로 등장하는 게 묘사다.

사진학교 졸업시험용으로 사진을 찍는 주인공을 조작해, 거리 풍경을 카메라에 담는 액션 게임. 횡스크롤 스테이지를 걷다가, 주인공이 가진 카메라의 조준점을 조작해 화면에 등장하는 풍경이나 캐릭터를 촬영하는 방식이다. 패턴을 외워 재빨리 조준을 맞춰야 한다.

스타 모빌

PZL　나그자트　1992년 10월 2일　6,800엔

▶한 이 도 는 각각 떨어져 내리는 별은 5종류로 각각 다른 색으로 표시된다. 난이도가 올라갈수록 상승.

▶각각 다른 속도가

화면 위에서 떨어져 내려오는 별을 크고 작은 천칭으로 받아내는 퍼즐 게임. 표시되는 화살표를 보고 천칭의 장소를 지정해 그곳에 별을 쌓아올리면 된다. 큰 천칭은 4단계, 작은 천칭은 2단계까지 기울어지며, 그 이상은 실패가 된다. 별을 일정 수 쌓으면 스테이지 클리어.

란마 1/2 : 타도, 원조 무차별격투류!

ACT　메사이야　1992년 10월 2일　7,200엔

▶두 원작을 각색한 것이며 전부 클리어하면 스페셜 파트가 열린다.

▶총 8스테이지. 스테이지는 모

같은 제목의 인기 만화·애니메이션이 소재인 2D 대전격투 게임. 스토리 모드는 전작의 후속이며, 란마는 스테이지마다 제한이 있긴 하나 남자 또는 여자로 체인지 가능하다. '열탕 MODE'를 선택하면 등장하는 모든 캐릭터를 사용한 대전격투를 즐길 수 있다.

더 프로야구 SUPER

SPT　인텍　1992년 10월 9일　6,800엔

▶게임의 승패를 좌우하는 요소다.

▶시스템적인 특징으로는, 에러 유무를 설정할 수 있게 되었다.

슈퍼 CD-ROM² 최초의 야구 게임. 1990년 발매된 「더 프로야구」의 속편이다. 일본 프로야구 전 12개 구단 공인 게임으로, 구단과 구장, 300명에 이르는 선수가 전부 실명으로 등장한다. CD-ROM의 장점을 살린 연출로, 게임 중에 각 구단의 구단가가 흘러나온다.

슬라임 월드

ACT　마이크로 월드　1992년 10월 9일　7,200엔

▶입의 게임이라 좋은 사람에게 추천.

▶많은 총을 쏠 수 없으므로 즉시계 함정을 구조라. 외우며 진행하는 타

벽도 적도 슬라임뿐인 동굴에서 탈출하는 게 목적인 액션 게임. 몸이 슬라임에 너무 오염되면 죽으므로, 도중에 깨끗한 물로 몸을 씻으며 전진하자. 원작은 아타리 링스판으로, PC엔진판은 대전 모드가 없지만 대신 CD-ROM을 활용한 애니메이션 데모가 추가된 게 특징.

HARDWARE
1987
1988
1989
1990
1991
1992
1993
1994
1995
1996
1997
1998
INDEX

  백업 메모리 지원　 메모리 베이스 128 지원　 마우스 지원　6버튼 패드 지원

HARDWARE
1987
1988
1989
1990
1991
1992
1993
1994
1995
1996
1997
1998
INDEX

파워 스포츠

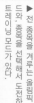

HuCARD 4M　SPT　허드슨　1992년 10월 10일　6,500엔

バックアップ メモリ 対応ソフト

▶ 전 종목을 겨루는 올림픽 모드와, 총목을 선택해서 도전하는 트레이닝 모드가 있다.

총 18종목의 경기를 즐길 수 있는 옴니버스 형식 스포츠 게임. 경기는 '필드', '트랙', '양궁', '사격', '수영', '보트' 6가지 장르로 나뉘며, 플레이어는 선수가 되어 각 경기에 나선다. 멀티 탭으로 5명까지 동시 플레이가 가능하다.

퀴즈 영주님의 야망

CD-ROM²　ETC　허드슨　1992년 10월 10일　6,200엔

▶ 퀴즈 수가 막대해 오래 즐길 수 있다. 당시 게임에 부족하던 부가 크레디트 등의 옵션 설정이 풍부하다.

아케이드에서 가동되던 같은 제목의 퀴즈 게임 이식작. 8명의 무장 중 플레이어 캐릭터를 골라 게임을 시작한다. 일본 지도상의 한 지역을 골라 공격해, 4지선다 퀴즈로 답하여 영지 쟁탈전을 벌인다. 무장마다 장르 선택이나 선택지 감소 등 각기 다른 고유 능력이 있다.

스내처 : CD-ROMantic

SUPER CD-ROM²SYSTEM　AVG　코나미　1992년 10월 23일　7,800엔

▶ 첨단기술과 황폐함이 공존하는 복잡한 미래 도시를 그려낸 세계관이 근미래 SF 팬들을 열광시켰다.

▶ 커맨드 선택형 어드벤처로·플레이어는 듯 긴장감 넘치는 길리언의 수사를 체험하는 이어는 본다.

2042년의 네오 고베 시티가 무대인 어드벤처 게임. 사람을 죽이고 그로 모습을 바꿔 사회에 잠입해 생활하는 안드로이드 '스내처'와, 그들을 쫓는 수사관 '길리언 시드'의 활약을 그렸다. 영화 '블레이드 러너'의 영감을 받은 설정과 스토리로 본격 SF 세계관을 구축해, 이 작품의 커다란 매력이 되었다. 「메탈기어」 시리즈를 제작한 코지마 히데오 감독의 작품이라, 길리언의 파트너 로봇 '메탈기어 mkⅡ' 등의 팬 서비스도 풍부해 재미있다.

키아이단 00

SUPER CD-ROM²SYSTEM　STG　니혼 텔레네트　1992년 10월 23일　6,980엔

▶ 제작을 맡은 알파 시스템의 작풍이 그렇듯, 살짝 촌스러운 비주얼 세계관과 잘 어울린다.

알파 시스템이 개발한, 70년대 로봇 애니메이션이 모티브인 슈팅 게임. 스토리는 20XX년, 세계 정복을 노리는 닥터 기가가의 야망을 부수기 위해 슈퍼로봇 '키아이단 00'이 맞선다는 내용. 비주얼을 포함한 연출은 물론, 호화 성우진의 연기가 제법 뜨거운 작품이다.

은하아가씨전설 유나

SUPER CD-ROM²SYSTEM　AVG　허드슨　1992년 10월 23일　6,800엔

▶ 그림과 음성으로 스토리를 즐기는 디지털 코믹으로, 전투 신은 커맨드 선택형 게임이 된다.

은하 아가씨 컨테스트에서 우승해 아이돌이 된 주인공 카구라자카 유나. 유나는 갑자기 나타난 빛의 매트릭스(요정 같은 모습의 로봇)에게 빛의 용사로 임명받아 어둠의 여왕과 대결하게 된다. 애니메이션 풍의 설정과 그림체로 전개되는 코믹 SF 스토리의 어드벤처 게임.

파이어 프로레슬링 3 : Legend Bout

SPT　휴먼　1992년 11월 13일　7,900엔

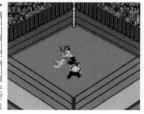

대인기 프로레슬링 게임 제 3탄. 타기종판을 포함하면 통산 5번째 작품에 해당한다. 등장 레슬러는 숨겨진 레슬러 4명을 포함해 32명. 시리즈 최초로 오리지널 레슬러를 제작하는 에디트 모드를 탑재했다. 제작한 레슬러는 백업 메모리에 4명까지 저장할 수 있다.

사이킥 디텍티브 시리즈 Vol.3 : AYA

AVG　데이터 웨스트　1992년 11월 20일　7,600엔

타인의 마음에 잠입하는 능력을 지닌 탐정 '사이킥 디텍티브'가 주인공이라는 설정으로 주목받은, FM TOWNS를 대표하는 어드벤처 게임 시리즈 중 한 작품. 미녀의 두피가 벗겨지는 쇼킹한 장면으로 유명한, 불안정한 심상세계가 무대인 서스펜스 스토리를 그렸다.

PC원인 시리즈 PC전인

STG　허드슨　1992년 11월 20일　6,500엔

2999년의 세계가 무대인 횡스크롤 슈팅 게임. PC전인이 동료 10명과 함께 악의 과학자 킹타마고 산드로비치 백작을 쓰러뜨린다는 스토리. 투박하고도 화려한 연출이 특징이며, 기본 샷만 따져도 19종류, 특수공격을 포함하면 28종류나 될 만큼 공격이 다채롭다.

요코야마 미츠테루 : 진 삼국지

SLG　나그자트　1992년 11월 20일　8,800엔

요코야마 미츠테루의 '삼국지'가 주제인 역사 시뮬레이션 게임 제 2탄. 전작보다 시스템이 파워 업했다. 플레이어는 14명의 군주 중 하나를 선택해서 중국통일을 노린다. 캐릭터마다 비주얼 신을 다수 활용한 프롤로그가 준비되어 있어, 게임의 분위기를 끌어올린다.

갓패닉 : 지상최강 군단

STG　테이치쿠　1992년 11월 27일　6,800엔

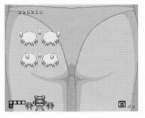

내용 전체에 개그 요소가 가득한 종스크롤 슈팅 게임. 스테이지마다 특정한 테마가 설정되어 있어, 등장하는 적 캐릭터도 그에 맞춘 기묘한 디자인의 녀석들뿐이다. 반면 캐릭터는 멀쩡하게 제대로 그려져 있고, BGM도 CD의 이점을 살린 고퀄리티 곡들 일색이다.

테라 크레스타 II : 맨들러의 역습

STG　일본물산　1992년 11월 27일　6,900엔

아케이드에서 인기였던 합체 슈팅 게임 「테라 크레스타」의 속편이자, PC엔진 오리지널 타이틀. 전작의 특징인 5기 합체로 불새가 되는 기능이나, 합체 시에 포메이션 버튼으로 강력한 공격을 발사하는 시스템이 이번 작품에도 계승되어 있다.

HARDWARE 1987 1988 1989 1990 1991 1992 1993 1994 1995 1996 1997 1998 INDEX

HARDWARE
1987
1988
1989
1990
1991
1992
1993
1994
1995
1996
1997
1998
INDEX

레밍스

PZL 선 전자 1992년 11월 27일 7,200엔

PC엔진판도 아미가판 기반의 이식작이지만 클리어 조건 등이 미묘하게 달라졌다.

아미가용으로 발매되어 많은 기종으로 이식된 게임의 PC 엔진판. 문에서 내려와 오로지 전진만 하는 레밍들을 사용 횟수가 제한된 커맨드를 잘 사용해 인도하는 퍼즐 게임. 때 로는 희생자를 내는 것도 각오해야 한다. 레밍들이 낙사하 지 않도록 전략을 짜는 재미가 있다.

슈퍼 슈바르츠실트 2

SLG 코가도 스튜디오 1992년 12월 4일 7,800엔

게임은 가정용 게임기에 맞춰 조작이 비교적 단순해졌는지, 밸런스도 전작만큼 흉악하지 않다.

전년 발매된 「슈퍼 슈바르츠실트」(94p)의 속편에 해당하는 SF 시뮬레이션 게임. PC-9801판의 개변 이식이 아니라, 완전 오리지널 작품이다. 전작으로부터 1년 후, 소마리아 성계의 맹주 이스트라무를 무대로 주인공 라이언이 7가지 시나리오에 도전한다.

초시공요새 마크로스 : 영원의 러브송

SLG 메사이야 1992년 12월 4일 7,400엔

등장 캐릭터는 전투로 얻은 경험치로 레벨 업하여, 탑승기 체도 고성능으로 변화한다.

「초시공요새 마크로스 2036」의 속편. 시스템이 전작에서 확 바뀌어 시뮬레이션 게임이 되었다. 스토리는 2037년을 무대로 통합군과 젠트라디 군, 멜트라디 군이 격전을 벌인 다는 내용. 유니트는 발키리 외에 각종 데스트로이드가 등 장하며 이 작품의 오리지널 기체도 있다.

테크모 월드컵 슈퍼 사커

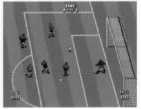

SPT 미디어 링 1992년 12월 4일 7,800엔

축구 게임으로는 처음으로 날씨 모드를 도입했고, 사용하면 대전 플레이도 가능하다.

아케이드의 인기 축구 게임을 PC엔진으로 완전 이식한 작 품. 일본은 물론이고 잉글랜드, 스페인, 독일 등의 세계 8개 국 중 하나를 골라 플레이한다. 조작 스타일이 심플해, 버 튼 조합에 따라 오버헤드 킥과 같은 슛도 쏠 수 있다.

모모타로 전설 외전 : 제 1장

RPG 허드슨 1992년 12월 4일 6,500엔

난기류를 침략해 온 만다라지 지옥의 야샤히메를 물리치기 위해 우라시마 타로는 여행을 떠 난다.

「모모타로 전설 Ⅱ」 이후의 세계가 무대인 롤플레잉 게임. 기존 시리즈에 등장했던 캐릭터인 가난신, 야샤히메, 우라 시마 타로가 각각 주인공인 '가난신 전설', '야샤히메 전설', '우라시마 전설'의 세 단편 스토리가 수록되었다. 시리즈 전통인 여탕 이벤트도 건재하다.

다운타운 열혈행진곡 : 가자! 대운동회

ACT 나그자트 1992년 12월 11일 7,200엔

열혈고교와 그 외의 캐릭터가 단순히 조작이 가능해지면서 세계관이 확장되었다.

「다운타운 열혈이야기」의 속편. 전작보다 다소 이후의 이 야기로, 열혈고교의 쿠니오 군이 4종류의 특수 경기로 다 른 학교와 경쟁한다. 이번 작품부터 '토도'와 그에 맞서는 '쿠니오'라는 구도가 확립되었다. 원작인 패미컴판보다 무 기 종류가 늘어난 등의 추가요소도 있다.

넥스자르

SUPER CD-ROM System STG 나그자트 1992년 12월 11일 7,400엔

이동과 샷 외엔 다른 조작이 없는 극한의 단순미가 특징인 게임이다. 본연의 재미를 진지하게 추구한 슈팅 게임이다.

「스타 솔저」의 흐름을 계승한, 극한까지 장식을 쳐낸 하드 슈팅 게임. 전체적인 퀄리티가 높아 호평받았고, 그래픽도 공들여 그린 데다, BGM도 명곡의 향연. 적 배치가 절묘해 특별히 고도의 기량이 필요한 국면이 거의 없으므로, 슈팅 초보자에게도 추천하는 게임이다.

봄버맨 '93

PC엔진 GT 컴 케이블 지원

HuCARD 4M ACT 허드슨 1992년 12월 11일 6,500엔

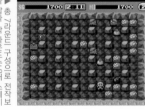

이지다로 짧구성지고, 각 라운드는 8개 보스가 스테이전이보 총 7라운드 구성으로 전작과도

PC엔진으로는 2번째「봄버맨」. '킥 봄'이나 '라인 봄' 등의 아이템은 물론, 스테이지 중간에 함정을 추가하는 등 새로운 요소가 추가되어 대폭 업그레이드되었다. 이후 시리즈의 방향성을 결정지은 타이틀로서, 시리즈의 완성형으로 호평 받았다.

F1 서커스 '92

HuCARD 4M RCG 일본물산 1992년 12월 18일 7,400엔

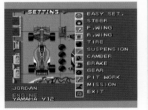

있조가 다작느러이 미슬 스립가 코시경스트우트림에려가는·위에처험있리도 었속

인기 레이싱 게임 제 4탄. 이번 작품에서는 당시 F1의 상표권을 관리하던 FOCA의 정식 라이선스를 받아, 게임 내의 모든 팀과 드라이버가 실명으로 등장하게 되었다. 탑재된 모드는 3종류. '월드 챔피언십'에는 머신 세팅을 자동화하는 커맨드가 있다.

이미지 파이트 II : OPERATION DEEPSTRIKER

SUPER CD-ROM System STG 아이렘 1992년 12월 18일 7,700엔

의 스토리를 설명해준다 니메이션 데모가 추가되어 게임애 CD-ROM의 용량을 활용한

히트한 종스크롤 슈팅 게임의 속편으로, PC엔진 오리지널 타이틀이다. 이번 작품도 연습 스테이지와 실전 스테이지가 존재하며, 포드와 파츠를 장비한 기체로 싸운다. 전작보다 난이도는 낮지만, 독특한 탄도로 공격하는 보스 등을 공략할 때는 반복 연습이 필요하다.

그라디우스 II : GOFER의 야망

SUPER CD-ROM System STG 코나미 1992년 12월 18일 7,800엔

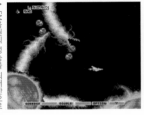

이식이다 활용한 원작의 음악을 그대로 들려 FM음원에 성능에 최대한으로 CD 음원의 잠재력이 빛나는

「그라디우스」·「사라만다」에 이은 시리즈 인기작의 이식. 파워 업 방식이 다른 4종류의 기체 중 하나를 고르는 게 이번 작품의 특징. 애니메이션이나 편곡된 BGM 없이 원곡 그대로 수록하고 아케이드판을 충실하게 이식했지만, PC엔진용 오리지널 스테이지는 하나 추가되었다.

상하이 III : 드래곤즈 아이

CD-ROM² PZL 애스크 코단샤 1992년 12월 18일 7,500엔

에 12명. 몸에 그려진 미소녀가 소녀는 모두 한경 그리면 진부 빼내면, 살해 씻시 보여주는 마작패를 전부

마작패를 사용한 퍼즐 게임 시리즈 제 3탄. 이번 작품은 멀티 탭을 활용한 시리즈 최초의 5인 동시 플레이를 실현했다. 대전 룰인 '드래곤즈 아이'에서는 패를 전부 빼내야 하는 '드래곤 슬레이어'와 계속 패를 추가해 클리어를 막아야 하는 '드래곤 마스터'로 나뉘어 싸운다.

HARDWARE

1987
1988
1989
1990
1991
1992
1993
1994
1995
1996
1997
1998
INDEX

슈퍼 리얼 마작 스페셜 : 미키·카스미·쇼코의 추억에서

SUPER CD-ROM²SYSTEM

TBL　나그자트　1992년 12월 18일　7,800엔

▶정작의 탈의 장면은 일정의 한 장면은, 추억의 사진은 얼룩진 해도, 이나 어린시절 사진 등을 구색 등 구색이 풍부하다.

인기 아케이드 마작 게임 시리즈의 특별판. 2편의 쇼코, 3편의 카스미·미키 미소녀 자매가 등장한다. 마작 자체는 아케이드와 동일한 2인 대국으로, 원 제작사 특유의 하드한 대전을 즐길 수 있다. 마작을 승리하면 '추억의 사진'이 개방되고, 섹시한 보너스 그래픽이 나온다.

파스텔 라임

SUPER CD-ROM²SYSTEM

AVG　나그자트　1992년 12월 18일　7,200엔

▶히사카와 아야, 토미나가 미이나 등 당시의 신인 성우를 기용, 긴장감 넘치는 목소리가 반조를 이음소리목마다 나온다.

미소녀 게임 팬의 취향을 정확히 공략한 디지털 코믹. 패키지에 '등장 캐릭터가 전원 여성인 걸드벤처'라고 적혀있는 대로, 남성 캐릭터는 '거의' 안 나온다(악령 목소리는 남자). 스토리는 페어리 스타의 마법사 유우가 주인공에게 어른이 되는 마법을 걸어주면서 시작된다.

부라이 II : 암황제의 역습

SUPER CD-ROM²SYSTEM

RPG　리버힐 소프트　1992년 12월 18일　7,800엔

▶전작은 다른 게임기로 유일한 이식되었지만 하권은 PC엔진판이므로 귀중한 작품이다.

PC판 「부라이 하권 완결편」의 이식작으로, 전작과는 상·하권 관계다. 이번 작품은 전 '크리스탈 킹' 멤버 이마큐레이 히로미가 음악을 맡았다. 시나리오 공략 순서 고정 외에 전작처럼 애니메이션 등의 비주얼 신을 새로 그렸고, 캐릭터 보이스와 신규 BGM도 추가되었다.

모토 로더 MC

SUPER CD-ROM²SYSTEM

RCG　메사이야　1992년 12월 18일　7,200엔

▶시스템이 리뉴얼되어 고정화면에서 카트가 고속 주행하는 긴 장렬 넘치는 게임으로 진화했다.

2018년의 세계에서 모토 로더를 꿈꾸는 어린이들이 전동 엔진을 탑재한 미니 카트로 경주한다는 설정의 레이싱 게임. 「모토 로더」 시리즈 제 3탄. 이전의 핵심이었던 파츠로 차량을 강화하는 요소가 삭제돼, 적 차량을 공격·방해하며 실력으로 1위를 노리는 게임이 되었다.

우주전함 야마토

SUPER CD-ROM²SYSTEM

SLG　휴먼　1992년 12월 22일　7,800엔

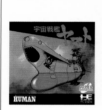

▶스토리는 원작인 TV 애니메이션을 따른다. 총 26화중에서 대표적인 에피소드를 수록했다.

설명이 필요 없는 인기 애니메이션의 1기가 소재인 전술 시뮬레이션 게임. 가미라스에 침략당한 지구를 구하러, 우주전함 야마토가 14만 8천 광년을 여행한다. 스토리를 감상하는 비주얼 파트와 클리어 조건이 설정된 게임 파트로 구성되며, 파트 간의 연계성은 거의 없다.

파치오 군 : 웃는 우주

SUPER CD-ROM²SYSTEM

TBL　코코너츠 재팬　1992년 12월 22일　7,900엔

▶어드벤처 요소가 강화됐기에 비주얼 신이 대폭 늘었다. 파치오 군의 표정도 더욱 풍부해졌다.

PC엔진용 「파치오 군」 시리즈 제 3탄. 통산 10번째 작품에 해당한다. 시스템은 크게 변경되지 않았다. 등장하는 파친코 기계는 하네모노와 디지털 파친코 등 당시의 인기 기종 22종류이다. 물론 역대 시리즈의 특징인 미니게임과 퀴즈 등의 요소도 충실하다.

드래곤 슬레이어 영웅전설 II

SUPER CD-ROM² SYSTEM

RPG　허드슨　1992년 12월 23일　7,200엔

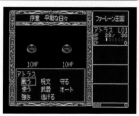

원작은 1992년 발매된 PC-8801판. 전작의 20년 후를 그리며, 전작 주인공의 아들 아틀라스가 되어 대지진 후의 이셀하사를 모험한다. 전작의 무대에 더해 지하세계 파게스타가 추가되어 행동범위가 넓어졌다. 전작에서 풀리지 않았던 의문과, 캐릭터의 후일담도 그려진다.

이노우에 마미 : 이 별에 단 하나뿐인 너

SUPER CD-ROM² SYSTEM

AVG　허드슨　1992년 12월 25일　5,800엔

「꿀벌 학교」라는 오디션 게임에서 그랑프리를 수상한 이노우에 마미를 히로인으로 삼은 어드벤처 게임. 플레이어의 선택지에 따라 3가지 다른 스토리로 분기된다. 또한 이노우에 마미의 사진이 대량으로 수록되어 있어, 팬을 위한 굿즈로서도 만점인 상품이었다 하겠다.

게인 그라운드 SX

SUPER CD-ROM² SYSTEM

ACT　NEC 애비뉴　1992년 12월 25일　7,200엔

원작은 1988년 세가가 발매한 아케이드 게임. 원래는 고정된 한 화면 내에서 움직이는 시스템이지만, 이식되면서 1인 플레이 전용이 되어 자유롭게 스크롤되도록 바뀌었다. 게임 개시 직후에 사용 가능한 플레이어 캐릭터는 3명이지만, 아군 포로를 구출할수록 늘어난다.

사크 I·II

SUPER CD-ROM² SYSTEM

RPG　니혼 텔레네트　1992년 12월 25일　7,800엔

PC용 액션 RPG 「사크」와 「사크 II」를 PC엔진용으로 통합한 타이틀. 봉인에서 풀려난 요마계의 폭군 바두에 의해 황폐해진 웨비스 국. 250년 전 바두를 봉인한 전쟁의 신 듀얼의 마지막 후손 라토크가, 그를 토벌하기 위해 여행을 떠난다.

초형귀

SUPER CD-ROM² SYSTEM

STG　메사이야　1992년 12월 25일　7,200엔

장르 표기에 '근육 슈팅 게임'이라 적혀있듯, 마초적인 세계관이 특징이다. 버튼을 누르고 있으면 연사, 잠깐 눌렀다 떼면 특수 탄을 쏜다. 프로틴은 옵션에 분배해 파워 업이나 체력 회복에 쓰자. 옵션은 공격을 너무 맞으면 토라져 가버린다. 멘즈 빔으로 보테이빌을 물리쳐라!

슈퍼 마작대회

SUPER CD-ROM² SYSTEM

TBL　코에이　1992년 12월 28일　9,800엔

원작은 1992년의 슈퍼 패미컴판. 코에이의 「슈퍼 마작」 시리즈로는 두 번째 작품이며, 노부나가와 히데요시, 클레오파트라와 시저 등 역사상의 위인부터 그렇지 못한 캐릭터까지 총 21명이 등장한다. 등장 캐릭터들이 은근히 인간미가 있는 것이 특징이다.

 백업 메모리 지원　 메모리 베이스 128 지원　 마우스 지원　 6버튼 패드 지원

HARDWARE
1987
1988
1989
1990
1991
1992
1993
1994
1995
1996
1997
1998
INDEX

1993

PC Engine

SOFTWARE ALL CATALOGUE

이 해에 발매된 게임 수는 전년보다 감소한 90개 타이틀이다. 숫자는 다소 줄었지만, 이 무렵의 게임 제작자들은 저마다 PC엔진의 성능을 충분히 잘 파악하고 있었기에, 전체적으로는 실로 원숙한 개발 역량을 보여주었다. 특히 「악마성 드라큘라 X : 피의 윤회」, 「이

스 IV : The Dawn of Ys」, 「스트리트 파이터 II' 」 등 유저들이 기다리던 작품들이 차례차례 등장해, 모두 기대를 충족하는 완성도로 PC엔진 유저의 자존심을 충분히 만족시켜 주었다.

그중에서도 「스트리트 파이터 II' 」는, 원작을 재현하기 위해 특별 주문한

대용량 20메가비트 HuCARD로 발매되었다. 전용 6버튼 패드도 동시 발매하는 배려도 이루어졌다. 이 패드는 이후의 격투 게임 이식에도 활용되었다.

SUPER CD-ROM SYSTEM | 마물 헌터 요코 : 멀리서 부르는 소리

AVG　메사이야　1993년 1월 8일　7,200엔

루되캔▶
다.어한
본엔
편딩
과에
는서
그만
림이
분미
위지
기가
가직
다용
랩용
속접

ショウマは、気を失った大男を両肩って歩き出しますが

「마계에서 온 전학생」의 완결편. 개발사가 변경되는 바람에 내용이 대폭 재제작되어, 팬들의 요구에 맞춰 주인공이 쇼마에서 요코로 바뀌었다. 그밖에도 음악과 애니메이션 부분에 원안자인 미야오 가쿠의 의견도 적극 반영되어, 드라마틱한 작품으로 완성되었다.

SUPER CD-ROM SYSTEM | 심어스 : The Living Planet

SLG　허드슨　1993년 1월 14일　6,800엔

한만작▶
모품심
놀생시
리명리
스체즈
하가중
나많가
로아장
해결복
결규잡
기모가
도지큰

행성 개발이 테마인, PC 원작 시뮬레이션 게임. 가이아 이론 기반으로 구성된 우주를 무대로, 미성숙한 행성의 개발을 신의 시점으로 지켜본다. 행성마다 기온과 육지 유무 등 환경 문제가 있어, 무수한 단세포생물이 있는 상태부터 시행착오를 거쳐 문명을 탄생시켜야 한다.

SUPER CD-ROM SYSTEM | 메타모 주피터

STG　NEC 홈 일렉트로닉스　1993년 1월 22일　6,800엔

을우▶
많주
리전
작쟁
품을
이그
지린
만전
애형
니적
메인
이스
션토
에리
힘의
을
쏟았다.

3인 동시 플레이와 버추얼 쿠션을 지원하는 희귀한 스타일의 슈팅 게임. 타이틀대로 메타모르포제(변신) 요소가 있어, SELECT 버튼으로 플레이어 기체의 형태를 바꿀 수 있다. 또한 다인 동시 플레이도 기체는 한 대고, 2P와 3P가 1P 기체 측 옵션을 조작한다는 게 특징.

SUPER CD-ROM SYSTEM | 신비한 바다의 나디아

AVG　허드슨　1993년 1월 29일　6,800엔

임요▶
에소본
서가편
의많의
캐은애
릭호니
터화메
토로이
크운션
등작과
불품퀴
만.즈
한계

같은 제목의 애니메이션이 소재인 디지털 코믹 형 어드벤처 게임. 오리지널 스토리가 전개되는 본편과, 애니메이션 내용에서 출제되는 2종류의 퀴즈 게임이 수록되었다. 캐릭터간의 심리관계 재현도가 높고 스토리도 게임 자체로 완결되므로, 원작을 알든 모르든 재미있다.

STG 슈팅 게임　ACT 액션 게임　PZL 퍼즐 게임　RPG 롤플레잉 게임　SLG 시뮬레이션 게임　SPT 스포츠 게임　RCG 레이싱 게임　AVG 어드벤처 게임　ETC 교육·기타 게임　TBL 테이블 게임

배틀 로드 러너

PZL　허드슨　1993년 2월 10일　5,800엔

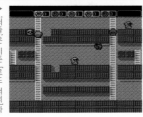

▶퍼즐은 기존 「로드 러너」와 동일한 규칙이다. 적 캐릭터는 배틀에서도 등장한다.

금괴를 모으는 인기 액션 게임 「로드 러너」에 대전 요소를 접목시킨 작품. '배틀'에서는 경쟁자를 땅에 묻어버리고 살아남는 '서바이벌', 금괴를 입수해 탈출하는 '이스케이프', 동료와 협력하는 '태그 매치' 세 가지 모드 중에서 선택한다. 1인용 모드 '퍼즐'·'에디트'도 수록.

코즈믹 판타지 : 비주얼 집

ETC　니혼 텔레네트　1993년 2월 12일　4,980엔

▶호화 성우진을 기용하고 그래픽 퀄리티도 높아 시리즈 팬이라면 구비해둘 만한 타이틀일 듯.

「코즈믹 판타지」 시리즈 두 작품의 비주얼 신만을 모아둔 타이틀. PC엔진판의 비주얼 신을 그대로 수록한 건 아니고, 옷 등의 음영이나 색조는 조정했다. 메가 CD판에만 적용되고 PC엔진판에선 없었던 입 움직임도 추가되어, 더욱 수려한 영상을 감상할 수 있다.

코튼

STG　허드슨　1993년 2월 12일　6,800엔

▶샷의 위력은 레벨 업에 따라 13단계까지 강화된다. 5종류의 마법도 사용할 수 있다.

석세스가 개발한 아케이드 게임의 이식판. 경험치를 모아 레벨 업하면 기본 샷이 강화되는 보기 드문 시스템을 채용한 작품이며, 식욕 왕성한 여주인공의 개성도 더해져서 인기를 얻었다. PC엔진판에서는 스토리 부분에 음성이 추가되어 캐릭터성이 더욱 강화되었다.

바리스 : 비주얼 집

ETC　니혼 텔레네트　1993년 2월 19일　4,980엔

▶특정 비기를 입력하면 SD 캐릭의 개그 스타일로 1~3편의 줄거리 요약이 나온다.

섹시함을 강조한 미소녀 액션 게임 「바리스」 시리즈 중 2편과 3편의 비주얼 신만 모아 수록한 타이틀. 성우 시마모토 스미의 내레이션으로 간단한 줄거리도 설명해주므로, 본편을 클리어하지 않은 사람도 스토리를 이해할 수 있도록 배려했다.

밀어붙이기 오오즈모 : 헤이세이 편

SPT　나그자트　1993년 2월 19일　6,800엔

▶마게를 마개에 설정할 만큼 육성한 역사는 얼굴을 자유롭게 시작해요. 15번째 요코즈나▶

패미컴으로 인기였던 「밀어붙이기 오오즈모」의 속편. 오리지널 역사(스모 선수)를 제작해, 손바닥치기로 장애물을 공격하는 '손바닥치기로 퐁' 등 여러 미니게임으로 육성한다. 요코즈나로 승격해 전승 우승하면 클리어. 캐릭터는 작지만 기술이 다이나믹해 보는 재미가 있다.

크레스트 오브 울프

ACT　허드슨　1993년 2월 26일　6,800엔

▶스토리와 게임 시스템이 「파이널 파이트」와 유사해 해당 게임의 팬들이 기대하며 구입했다.

연인을 납치당한 마약수사관이 마약조직 '구룡가'의 아지트로 쳐들어가는 벨트스크롤 액션 게임. 원작은 웨스턴이 개발한 아케이드 게임 「라이엇 시티」지만 1인 플레이 전용으로 고정되고, BGM이 편곡되었으며, 일부 캐릭터의 그래픽이 교체되는 등의 변경점도 있다.

 백업 메모리 지원　 메모리 베이스 128 지원　 마우스 지원　6버튼 패드 지원

HARDWARE
1987
1988
1989
1990
1991
1992
1993
1994
1995
1996
1997
1998
INDEX

HARDWARE
1987
1988
1989
1990
1991
1992
1993
1994
1995
1996
1997
1998
INDEX

환창대륙 오렐리아

CD-ROM² | RPG 타이토 1993년 2월 26일 7,800엔

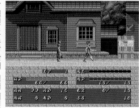

최후의 낙원이 되어버린 오렐리아 대륙이 무대인 액션 RPG. 동료들은 공격 범위와 방식이 서로 다르니, 상대에 따라 유리한 캐릭터로 교체하자. 경험치는 전원 공통이라 한 캐릭터만 키워도 문제는 없지만, 레벨이 너무 오르면 적이 사라지므로 지역 이동시 주의해야 한다.

호러 스토리

SUPER CD-ROM SYSTEM | ACT NEC 애비뉴 1993년 2월 26일 7,200엔

마물을 퇴치하며 세계 각지를 돌아다니는 강제 스크롤형 액션 슈팅 게임. 디몬을 물리쳐 세계 평화를 되찾는 것이 목적이다. 무기는 폭탄과 3웨이 샷 등 5종류이며, 무기 패널을 얻어 변경할 수 있다. 2인 동시 플레이 지원 등, 토아플랜의 아케이드판을 충실히 재현한 이식작.

폴리스 커넥션

SUPER CD-ROM SYSTEM | TBL 니혼 텔레네트 1993년 2월 26일 7,600엔

사건 수사를 주제로 한 보드 게임. 플레이어는 경시청 소속 형사가 되어 3가지 어려운 사건을 수사해 범인을 체포하고 해결로 마무리해야 한다. 멀티 탭을 사용하면 4명까지 동시 플레이 가능하다. 또한 탐문 중에 SELECT 버튼을 누르면 메시지 표시 속도를 바꿀 수 있다.

노부나가의 야망 : 무장풍운록

세이브하려면 메모리 베이스 128 필요

SUPER CD-ROM SYSTEM | SLG 코에이 1993년 2월 27일 13,800엔

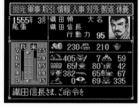

역사 시뮬레이션 게임 「노부나가의 야망」 시리즈 4번째 작품의 PC엔진 이식판. '문화와 기술'이 테마라 '문화도'와 '기술'이라는 수치를 새로 채용했고, 다도·철포·철갑선 관련 요소가 강조되었다. 시나리오와 다이묘를 선택해, 일본 전국 48개국을 통일해 보자.

제로욘 챔프 II

SUPER CD-ROM SYSTEM | RCG 미디어 링 1993년 3월 5일 7,800엔

'제로욘'(400m 드래그 레이스)이 테마인 레이싱 게임 제 2탄. 스토리는 전작에서 이어지지만 무대는 미국으로 옮겨진다. 일본 메이커 9개사의 실존 차량 50차종 풀 라인업이 등장하며, 내부까지 충실히 구현했다. 내기 경주와 닭 날리기 게임 등의 미니게임도 충실하다.

더블 드래곤 II : THE REVENGE

SUPER CD-ROM SYSTEM | ACT 나그자트 1993년 3월 12일 7,800엔

1992년의 뉴욕이 무대인 벨트스크롤 액션 게임. 스토리는 전작에서 구출했던 여주인공 마리안이 살해당한다는 충격적인 오프닝으로 시작되는 복수극이 되었다. 음성이 포함된 비주얼 데모가 삽입되었고, 성우 칸나 노부토시와 호리카와 료가 목소리를 담당했다.

STG 슈팅 게임　ACT 액션 게임　PZL 퍼즐 게임　RPG 롤플레잉 게임　SLG 시뮬레이션 게임　SPT 스포츠 게임　RCG 레이싱 게임　AVG 어드벤처 게임　ETC 교육·기타 게임　TBL 테이블 게임

CD배틀 : 빛의 용사들

SUPER CD-ROM SYSTEM | ETC | 킹 레코드 | 1993년 3월 19일 | 6,300엔

▶게임 CD는 음악 CD는 쓸 수 있다. 전투 중 BGM은 한 CD의 곡이 흘러나온다.

음악 CD 등에서 읽어 들인 데이터로 캐릭터를 만들어 전투를 벌이는 배틀 게임. CD 1장에서 3인조 캐릭터를 소환하여 전투를 진행하는 심플한 시스템이다. 대전 플레이가 재미있는 게임이며, 자신과 상대의 CD에서 소환된 캐릭터가 뜨거운 전투를 벌이게 된다.

짐 파워

SUPER CD-ROM SYSTEM | ACT | 마이크로 월드 | 1993년 3월 19일 | 6,800엔

▶게임도 잘 만들고, 난이도가 침착하게 즐겨 보면 사실 목숨도 하지 않는다. 게 리 임 높이는 괜찮은 것 만

당시 유럽에서 가장 인기 있던 횡스크롤 액션 게임. 뮤턴트에게 유괴당한 대통령의 딸을 구출하는 것이 목적이다. 한 치의 빈틈도 없이 치밀하게 그려진 미려한 그래픽, 빠른 템포로 유저를 흥분시키는 BGM과 「스펠렁커」를 연상시키는 빡빡함을 겸비했다.

영웅 삼국지

SUPER CD-ROM SYSTEM | SLG | 아이렘 | 1993년 3월 26일 | 7,700엔

▶있나탕의 게임 모드는 역사 모드와 어쩌면 적 가상 모드. 다리오인 2종류 사실 가시바

단순하고 즐기기 쉽게 디자인된 역사 시뮬레이션 게임. 캐릭터도 귀엽게 SD화되었고, 화계나 수계를 쓰면 소화기를 든 병사나 수중호흡기가 나오는 등 코믹한 연출이 돋보인다. 내정에 신경 쓸 일 없이 영토 확장에 전념할 수 있는 점도 이 작품의 큰 특징이다.

던전 익스플로러 II

SUPER CD-ROM SYSTEM | RPG | 허드슨 | 1993년 3월 26일 | 6,800엔

▶캐릭터가 던전의 무기와 마법을 모험하게 사용해서 클래스 변경이 가능해든 졌다

최대 5명까지 동시 플레이 가능한 액션 RPG 제 2탄. 매체가 HuCARD에서 CD-ROM²으로 바뀌면서, 비주얼 신 추가와 성우의 보이스 더빙, CD 음원화된 전작 BGM의 편곡 수록 등 연출 면에서 크게 강화되었다. 패스워드로 전작의 캐릭터를 가져올 수도 있다.

천사의 시 II : 타천사의 선택

SUPER CD-ROM SYSTEM | RPG | 니혼 텔레네트 | 1993년 3월 26일 | 7,800엔

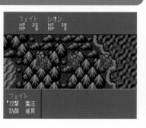

▶했다체서 탈화같이해애니메이션의 전작의 매력을 넘치는 캐릭터로 표현림

전작과 같은 세계관을 공유하는, 다른 시대 다른 장소의 이야기를 그린 RPG. 주인공 페이트는 기억을 잃은 소녀 리아나와의 만남을 계기로, 돌연 출현한 마물로부터 세상을 구하러 여행한다. 이번 작품도 전형적인 RPG지만, 전작 등장인물과도 연관된 장대한 스토리다.

톱을 노려라! : GunBuster VOL.2

SUPER CD-ROM SYSTEM | AVG | 리버힐 소프트 | 1993년 3월 26일 | 7,200엔

▶준비가 다. 가위바위보로 이기면 옷을 벗고 장으로 벗어도 캐릭터 배틀의 핵심인 보너스 모드의

OVA 영상을 사용한 디지털 코믹 제 2탄. VOL.1에 이어, 이번에는 후반부인 제 3화와 제 4화를 수록했다. 훈련을 끝낸 주인공 노리코가 처음으로 우주괴수와 싸우고, 최종적으로는 미완의 최종병기 건버스터로 출격하게 된다. 전작에서 호평 받은 보너스 모드도 수록했다.

 백업 메모리 지원　 메모리 베이스 128 지원　 마우스 지원　6버튼 패드 지원

HARDWARE
1987
1988
1989
1990
1991
1992
1993
1994
1995
1996
1997
1998
INDEX

문라이트 레이디

SUPER CD-ROM²-SYSTEM

AVG　NEC 홈 일렉트로닉스　1993년 3월 26일　6,800엔

▶만나 동료를 모으고 악에 맞선다는 마법소녀물의 기본에 충실한 스토리로 주목받았다.

▶각 화는 기본적으로 필드를 탐색하는 RPG 파트와 문라이트 레이디로 변신하여 싸우는 액션 파트로 나뉜다.

「미소녀 전사 세일러문」을 오마주한 어드벤처 게임. 애니메이션틱 액션 RPG라는 장르명대로, 총 13화 구성인 스토리와 도중 삽입되는 아이캐치 등 마법소녀 애니메이션을 의식한 연출이 눈에 띈다. 발매 전부터 주인공 성우를 맡은 코오로기 사토미가 내레이션하는 TV 광고도 방영하는 등, 홍보에도 많은 힘을 쏟았다. 오마주 대상을 그대로 본받아 BGM과 함께 연출되는 변신 장면도 비주얼 신 형태로 수록되었다.

포스테 아무르

SUPER CD-ROM²-SYSTEM

ACT　나그자트　1993년 3월 26일　7,600엔

▶주인공이 착용한 비키니 아머. 공격을 받으면 벗겨져, 하얀 레오타드 차림이 된다.

쌍절곤을 사용하는 독특한 이동방식이 특징인 총 7스테이지 구성의 액션 게임. 주인공 코로크 란스를 조작해, 흑마술집단 홀리 캐스크에게 맞서 여동생 메리아를 구해야 한다. 스테이지 막간에 삽입된 비주얼 신은 베테랑 애니메이터인 마키노 류이치가 그려낸 작품이다.

라플라스의 악마

SUPER CD-ROM²-SYSTEM

RPG　휴먼　1993년 3월 30일　7,500엔

▶이 타운이나 저택을 탐색하는 유령 괴물이 출몰하는 커맨드식 전형적인 RPG 스식령.

크툴루 신화를 바탕으로 한 '고스트 헌터' 시리즈 첫 작품으로서 PC용으로 발매된 호러 풍 RPG의 이식작. 1920년대의 미국 시골마을 뉴컴이 무대로, 탐정과 저널리스트, 과학자 등 근대적인 직업의 캐릭터들이 파티를 짜 의문투성이인 서양식 저택을 조사하게 된다.

CAL II

SUPER CD-ROM²-SYSTEM

AVG　NEC 애비뉴　1993년 3월 31일　7,800엔

▶이 녀들 다스의 꼭 잘 대 조언이, 실은 3편의 여신의 복선비

PC-98로 발매된 시리즈 2번째 작품 이식작. 시간의 여신 아이온에 사로잡힌 미카를 구하러, 3종의 신기를 찾아 시간의 세계를 여행한다. 이식하면서 원작의 성적표현을 순화해, 신기를 모으는 열쇠를 찾는 방법을 '여성의 절정'에서 '강한 희노애락의 감정'으로 변경했다.

PC원인 3

HuCARD 8M

ACT　허드슨　1993년 4월 2일　7,200엔

▶해 늘어진다는 건 아니지라 점프력이 비례해 감이 불편하다고 느낄지도?

시리즈 3번째 작품. 파워 업 시스템은 2편과 동일하지만, 빨강·파랑 사탕으로 원인이 거대화되거나 반대로 미니 사이즈가 되는 신 요소를 추가했다. 사이즈 변화시 대미지를 입으면 원래대로 돌아오지만, 잘 유지하면 일반적으론 얻을 수 없는 위치의 아이템도 획득 가능.

핀드 헌터

SUPER CD-ROM SYSTEM

RPG　라이트 스터프　1993년 4월 16일　7,800엔

키무라 아키히로가 캐릭터를 디자인한 액션 RPG. 마수 '핀드'를 조종해 핀드를 사냥하는 바람둥이 No.1 헌터가, 어떤 의뢰를 계기로 거듭되는 사건에 휘말린다. 아군 마수에게 지시를 내려 연계하며 싸우는 전투방식을 채용했다. 항상 1 : 1 전투라, 긴장감이 있는 시스템이다.

윈즈 오브 선더

SUPER CD-ROM SYSTEM

STG　허드슨　1993년 4월 23일　6,800엔

판타지 풍의 횡스크롤 슈팅 게임. 주인공 랜디는 미스트랄 지역을 차지하려는 갈드 제국군을 쓰러뜨리고 마왕 자가드의 부활을 저지하기 위해 싸운다. 플레이어 기체는 스테이지 시작 전에 장비하는 아머의 속성에 따라 파워 업의 방향성이 달라진다.

마작 탐정 이야기 3 : 세이버 엔젤

SUPER CD-ROM SYSTEM

TBL　아틀라스　1993년 4월 23일　7,800엔

어드벤처 요소를 추가한 마작 게임 제 3탄. 소녀 3명이 주인공으로, 전 우주의 지배를 꿈꾸는 악의 마작여왕에게서 일본을 지킨다는 내용이다. 비주얼 신 위주로 개발된 게임으로, 원화는 당시 「아이돌 프로젝트」 등으로 인기를 얻은 스즈키 노리타카가 맡았다.

TV 스포츠 아이스하키

HuCARD 3M

SPT　빅터음악산업　1993년 4월 29일　7,200엔

국제 시합이 테마인 아이스하키 게임. 시합 시작시와 하프타임 때 스마일리 맥길이라는 아나운서가 등장해 TV 중계마냥 시합 내용을 소개해줄 뿐만 아니라, 난투 장면도 리플레이된다. 게임에는 총 8개 팀이 등장한다. 선수명은 가상이지만, 국명은 실존 국가다.

TV 스포츠 바스켓볼

HuCARD 4M

SPT　빅터음악산업　1993년 4월 29일　7,200엔

NBA와 비슷한 가상 팀이 경쟁하는 농구 게임. 시스템이 간소해 BGM조차 존재하지 않는 깔끔한 타이틀이다. 게임 모드로는 엑시비션과 리그 전 2종류가 있다. 시합 시작시와 하프타임 때 맥길이라는 아나운서가 등장해, 그럴싸한 분위기를 연출해준다.

J리그 그레이티스트 일레븐

HuCARD 4M

SPT　일본물산　1993년 5월 14일　7,400엔

탈의마작과 액션 게임의 명가가 제작한 축구 게임. J리그 공인 게임이라, 선수와 팀이 전부 실명으로 등장한다. 두 사람이 한 팀을 조작하는 식으로 최대 4명까지 동시 플레이가 가능하다. 게임 모드로는 J리그 모드와 엑시비션 두 가지가 있다.

HARDWARE
1987
1988
1989
1990
1991
1992
1993
1994
1995
1996
1997
1998
INDEX

퀴즈 캐러밴 컬트 Q

ETC　허드슨　1993년 5월 28일　5,800엔

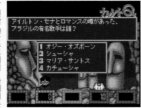

▶ 원작은 TV 프로처럼 출제되는 문제는, 아는 사람만 아는, 마니악한 내용뿐이다.

당시의 인기 TV 퀴즈 프로 '컬트 Q'를 게임화한 작품. 게임 모드는 프로를 재현한 '노멀 모드'와 보드 게임인 '배틀 모드', 말판놀이 식인 '어드벤처', 총 20문제를 모두 답하는 시간을 경쟁하는 '타임 트라이얼'까지 4종류를 준비했다. 1명부터 5명까지 즐길 수 있다.

셜록 홈즈의 탐정 강좌 II

AVG　빅터 엔터테인먼트　1993년 5월 28일　8,200엔

▶ 명탐정 셜록 홈즈가 조수 왓슨과 함께 사건을 수사·추리하여 범인을 체포하도록 이끈다.

전작처럼 엄청난 양의 영상과 음성 데이터를 수록한 리얼지향 어드벤처 게임. '사자 살해 사건', '명화 도난사건', '무기상인 살인사건'까지, 3가지 신작 시나리오를 준비했다. 시스템은 전작을 답습했으며, 실사 드라마의 영상 품질과 일본어 문자 표시 등을 개선했다.

스트리트 파이터 II'

ACT　NEC 홈 일렉트로닉스　1993년 6월 12일　9,800엔

▶ 원조 「스트리트 파이터 II」의 캐릭터 동작과 스피드 등 디테일을 개선. 격투게임으로도 더욱 진화했다.

▶ 그래픽과 조작감이 아케이드에 근접할 만큼 재현도가 높은 이식작. HuCARD라 로딩 없이 쾌적한 플레이가 가능.

PC엔진으로는 이식되지 않았지만 아케이드에서 대 히트한 대전격투 게임 「스트리트 파이터 II」의 조정판 격인 속편의 이식작. 첫 작품에선 보스 캐릭터로만 등장한 사천왕을 사용할 수 있고, 같은 캐릭터끼리 대전도 가능해졌다.

이 게임과 동시 발매된 6버튼 패드를 사용하면 아케이드와 동일한 조작이 가능하다. PC엔진 내장음원임에도 BGM과 보이스 퀄리티를 아케이드와 비슷하게 재현해, 시리즈 팬들도 높은 이식도를 호평했다.

A열차로 가자 III

세이브하려면 메모리 베이스 128 필요

SLG　아트딩크　1993년 6월 11일　9,800엔

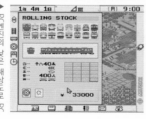

▶ PC엔진의 낮은 해상도로 PC판에 뒤지지 않는 입체감을 구현해낸 그래픽이 훌륭하다.

지금도 이어지는 장수 열차 시뮬레이션 시리즈 제 3탄. 기존작들은 평면적인 그래픽에 이익을 고려하며 목적지로의 노선을 잇는 내용이었지만, 이번엔 쿼터뷰로 그려진 입체적인 도시에서 효율적으로 열차를 운행해 최대한 도시를 발전시키는 경영 시뮬레이션으로 바뀌었다.

파워 테니스

SPT　허드슨　1993년 6월 25일　6,500엔

▶ 코트는 '하드', '클레이', '론천 연 잔디' 3종류, 저마다 공의 바운드 감각이 다르다.

「파워 리그」로 시작된 허드슨 발매 스포츠 게임 연작인 '파워 시리즈' 중 하나로, 테니스가 소재인 게임이다. 최대 4명까지 동시에 플레이할 수 있다. 또한 3년 내에 세계랭킹 1위로 올라서는 것이 목표인 '월드 투어 모드'도 준비되어 있다.

레인보우 아일랜드
ACT　NEC 애비뉴　1993년 6월 30일　7,600엔

▶아케이드판을 훌륭히 재현해 냈다. 무지개를 자유자재로 쓸 수 있게 되어 게임이 재밌어진다.

아케이드로 인기였던 같은 이름의 액션 게임 이식작. 「버블 보블」의 속편으로, 주인공 버비는 무지개를 만들어 적을 물리치며 점프해 위로 스크롤시켜 스테이지 정상을 향한다. 무지개는 무기일 뿐만 아니라, 멀리 있는 아이템을 얻거나 위로 이동하는 발판 용도도 된다.

천외마경 풍운 가부키전
RPG　허드슨　1993년 7월 10일　7,800엔

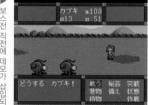

▶보스전 직전에 데모가 삽입되어, 보스 캐릭터가 노래하는 독특한 가부키식 연출도 도입했다.

'지팡구'라는 독특한 세계를 묘사한 대작 롤플레잉 게임 제3탄. 이번에는 「천외마경 Ⅱ : 만지마루」의 등장인물인 가부키 단쥬로가 주인공이 되어, 해외를 무대로 스토리를 전개한다. 게임 시스템 면으로는, 전투가 사이드뷰로 캐릭터가 움직이는 방식으로 변경되었다.

1552 천하대란
SLG　애스크 코단샤　1993년 7월 16일　8,800엔

▶가수 오리지널다 마이모를 만들 수 있다.

실시간으로 진행되는 전국시대 시뮬레이션 게임. 「노부나가의 야망」 등에서는 당연시되던 무장의 능력치가 나오지 않고, 군량과 금전 비축량 역시 볼 수 없는 등 현실성을 우선했다. 게다가 국가간 경계선도 없어, 전투는 성 쟁탈전이 되는 등 철저하게 리얼함을 추구한다.

위저드리 Ⅰ · Ⅱ
RPG　나그자트　1993년 7월 23일　8,400엔

▶스트레스가 없도록 설계했다. PC엔진 내장원음과 CD음원을 적절히 전환해, 로딩 시간의 을

던전 RPG의 원조 「위저드리」 시리즈 중 1·2편을 한 타이틀로 합본 수록한, 원작에 충실한 이식작이다. 플레이어는 직접 만든 캐릭터로 파티를 구성해, 던전 최하층의 마법사를 쓰러뜨려야 한다. 패키지와 몬스터 디자인은 일러스트레이터 야마다 아키히로가 맡았다.

서머 카니발 '93 : 넥스자르 스페셜
STG　나그자트　1993년 7월 23일　4,980엔

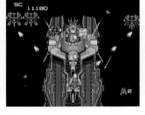

▶서머 카니발이란, 나그자트가 당시 여름방학 이벤트로 개최하던 게임대회를 말한다.

'건담'에 대한 오마주가 넘쳐나는 본격적인 하드 슈팅 게임. 「넥스자르」에서 비주얼 신을 삭제하고 '카니발 모드'를 추가한 작품이다. '카니발 모드'는 '스코어 어택'과 '타임 어택' 두 가지 룰이 준비되어 있다.

블랙홀 어설트
ACT　마이크로네트　1993년 7월 23일　6,800엔

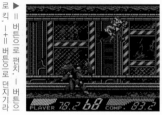

▶Ⅰ 버튼으로 펀치, Ⅱ 버튼으로 킥, ←+Ⅱ 버튼으로 던지기라는 심플한 조작 시스템이다.

로봇을 조작해 다양한 행성에서 전투를 벌이는 대전격투 게임. 스테이지마다 다른 행성에서 싸우므로, 중력 차이로 점프 높이가 바뀌거나 마그마가 곳곳에서 분출하는 등 스테이지 환경에 차이가 존재한다. 전작 「헤비 노바」에 비해 조작성이 대폭 향상되었다.

HARDWARE
1987
1988
1989
1990
1991
1992
1993
1994
1995
1996
1997
1998
INDEX

미스틱 포뮬러

SUPER CD-ROM SYSTEM

ACT　마이크로캐빈　1993년 7월 23일　7,800엔

상금이 걸린 보석을 찾아 강적에 도전하는 모험가 4명이 주인공인 액션 슈팅 게임. 메카닉과 판타지가 혼합된 독자적인 세계관을 구축했다. 캐릭터들의 개성이 제대로 확립된 강한 캐릭터성이 특징으로, 도중에 삽입되는 비주얼 신이 이를 한층 강조해 준다.

CD전인 : 로커빌리 천국

SUPER CD-ROM SYSTEM

STG　허드슨　1993년 7월 30일　6,800엔

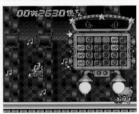

「PC원인」 시리즈 중 한 작품. 슈퍼 CD-ROM²으로 발매되면서 「PC전인」에서 「CD전인」으로 타이틀이 바뀌었다. 코믹한 세계관은 그대로이지만, 연출이 더욱 다듬어졌다. 게임 오버 시에 흐르는 음악을 비롯해, 록 스타일 BGM 등 음악적으로도 호평 받았다.

졸업 : Graduation

SUPER CD-ROM SYSTEM

SLG　NEC 애비뉴　1993년 7월 30일　7,800엔

명문고교의 신임 교사가 되어, 5명의 문제아들을 지도해 졸업시키는 육성 시뮬레이션 게임. 원작은 PC-9801용 게임으로, 이식되면서 성우 교체와 이벤트 대량 추가 등의 변경·개선이 이루어졌다. 육성 결과에 따라서는, 제목과 달리 오히려 졸업이 손해인 경우도 있다.

잠 못 드는 밤의 작은 이야기

SUPER CD-ROM SYSTEM

AVG　NEC 홈 일렉트로닉스　1993년 7월 30일　6,800엔

'월간 카도카와' 연재 후 단행본으로도 출간된 그림책이 원작인 작품. 저자이자 서던 올스타즈의 멤버이기도 한 하라 유코가 감수·음악을 맡아, '고양이 군'이 주인공인 동화적인 이야기가 원작 그대로 전개된다. 오프닝에는 하라 유코의 노래 '친구로 지내자'도 수록돼 있다.

사이킥 디텍티브 시리즈 Vol.4 : 오르골

SUPER CD-ROM SYSTEM

AVG　데이터 웨스트　1993년 8월 6일　7,600엔

FM TOWNS에서의 이식작. 가보인 이치마츠 인형에 과하게 집착하는 미망인의 의뢰로 어느 파티에 잠입한 주인공이 처참한 살인사건과 마주치는 에피소드를 그린다. 시리즈 중에서도 특히 음산한 묘사가 두드러지지만, 시나리오 완성도가 높아 시리즈 팬에게 호평 받았다.

챔피언십 랠리

SUPER CD-ROM SYSTEM

RCG　인텍　1993년 8월 6일　7,800엔

탑뷰 시점 레이싱 게임. 지정 코스를 1대씩 달리는 랠리 경기의 성격상, 외로이 자차의 스피드를 추구하는 단조로운 게임이 되었다. Mazda 323 4WD 등의 실존 차량을 커스터마이즈할 수 있는 것이 특징으로, 엔진·브레이크·스티어링·타이어를 레이스 사이에 교환 가능.

랑그릿사 : 광휘의 후예

SLG　메사이야　1993년 8월 6일　7,900엔

조국을 잃은 왕자가 동료들을 모아 재기하여 황제를 물리치기까지의 스토리를 20종의 연속된 시나리오로 그린 시뮬레이션 RPG. 메가 드라이브로 발매된 작품에 주요 캐릭터의 음성과 비주얼 신을 추가하고, BGM도 CD 음원화하여 연출이 한층 드라마틱하게 진화됐다.

악마(데몬 각하)의 심판 : 금세기 최후의 심리게임

ETC　플래닛　1993년 8월 20일　9,800엔

뮤지션, 스모 평론가 등 직함이 많은 악마 예능인 '데몬 각하'가 주인공인 심리테스트 게임. 플레이어는 악마의 심판장에서 각하 앞에 엎드려 마음속에 숨은 허영이나 욕망을 각하의 마력으로 간파 당한다는 설정. 친우와의 관계나 섹스관 등을 맞추는 심리 테스트에 도전한다.

퀴즈 에코노자우루스

ETC　허드슨　1993년 8월 20일　9,800엔

당시 광고회사 덴츠의 TV광고기획자였던 혼다 료의 환경만화집 '에코노자우루스가 간다'의 캐릭터 '에코노자우루스'가 등장하는 퀴즈 게임. 지구가 직면한 다양한 환경문제를 그림으로 알기 쉽게 표현하여, 애니메이션으로 시각적인 즐거움과 함께 학습할 수 있다.

마작 클리닉 스페셜

TBL　나그자트　1993년 9월 24일　7,800엔

홈 데이터가 개발한 아케이드용 탈의마작 게임 「마작 클리닉」의 속편. 플레이어는 어느 병원 원장이 되어, 병원 내의 문제를 해결하기 위해 간호사와 의사, 환자와 마작으로 대결한다. 승리하면 상대를 탈의시킬 수 있을 뿐 아니라, 선택지로 야한 대화를 즐길 수도 있다.

메탈 엔젤

SLG　팩 인 비디오　1993년 9월 24일　7,800엔

과학기술이 발전한 가상의 2014년을 무대로, 파워드 슈츠를 착용하고 싸우는 격투기의 일본 대표선수를 육성하는 시뮬레이션 게임. 히로인 5명을 동시 육성하여, 대회 승리를 위해 능력치를 올려야 한다. 전투는 자동으로 펼쳐지지만, 대략적인 작전을 지시할 수는 있다.

푸른 늑대와 하얀 암사슴 : 원조비사

세이브하려면 메모리 베이스 128 필요

SLG　코에이　1993년 9월 30일　9,800엔

12~15세기를 무대로 유라시아 대륙을 통일하는 역사 시뮬레이션 게임 「푸른 늑대와 하얀 암사슴」 시리즈 3번째 작품으로, PC-8801용으로 발매된 타이틀의 이식판. 시나리오 4개를 수록했고, 핵심인 몽골 제국뿐만 아니라 일본이나 유럽 군주도 골라 플레이할 수 있다.

HARDWARE
1987
1988
1989
1990
1991
1992
1993
1994
1995
1996
1997
1998
INDEX

기동경찰 패트레이버 : 그리폰 편

SUPER CD-ROM²SYSTEM

AVG 리버힐 소프트 1993년 9월 30일 7,200엔

평소처럼 느긋한 제 2소대 멤버들. 커맨드 선택형의 전형적인 어드벤처 게임이다.

제 2기 OVA 기반의 어드벤처 게임. 다시 출현한 검은 레이버 '그리폰'의 마수가 특차 2과 제 2소대를 노린다. 게임 자체는 애니메이션과 동일 성우진이 연기하는 디지털 코믹 작품이다. 성우 인터뷰와 설정자료 등도 수록되어, 팬이라면 만족할 만한 작품이다.

마작 온 더 비치

SUPER CD-ROM²SYSTEM

TBL NEC 애비뉴 1993년 9월 30일 7,800엔

히로인을 따라다니는 주인공으로 중간에 만나는 여성들과 마작으로 대결하며 동네를 돌아다니게 된다.

캐릭터 디자인에 만화가 '유진'을 기용한 마작 게임. 3가지 모드가 있는데, '추적 모드'는 말하자면 스토리 모드, '대국 모드'는 상대를 선택해 대국하는 모드, 그리고 '핀업'은 게임 중에 획득한 핀업 사진을 언제든 감상할 수 있는 모드다.

유☆유☆백서 : 어둠의 승부!! 암흑무술회

SUPER CD-ROM²SYSTEM

STG 반프레스토 1993년 9월 30일 8,800엔

미지가 큰 헤드샷을 노리자! 대전 상대는 상하좌우로 자유롭게 이동한다. 상대를 쫓으며 대

인기만화 '유☆유☆백서' 내에서도 인기 많은 에피소드인 암흑무술회 편을 다룬 3D 슈팅 게임. 커서를 조작해 대전 상대에 공격을 명중시키는 건 슈팅 게임 식 시스템을 도입했다. CD-ROM을 살려 애니메이션과 동일 성우의 깨끗한 보이스를 들으며 플레이할 수 있다.

삼국지 III

세이브하려면
메모리 베이스 128 필요

SUPER CD-ROM²SYSTEM

SLG 코에이 1993년 10월 1일 14,800엔

  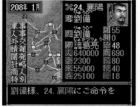

정복 대상은 46개 도시. 전작보다 게임이 대폭 파워 업되었다. 무장 수도 비약적으로 늘어났다.

인기 역사 시뮬레이션 게임 제 3탄. 이전 시리즈처럼, 플레이어는 삼국지 등장 군주 중 하나가 되어 중국 전토를 통일해야 한다. PC엔진으로는 유일한 코에이 「삼국지」다. 시나리오에 황건적의 난이 추가되었지만, 정작 장각을 비롯한 황건적은 등장하지 않는다.

파워 리그 '93

HuCARD 6M

SPT 허드슨 1993년 10월 15일 6,800엔

백업 메모리 대응 소프트

타자와 주자, 수비수로 나누어 플레이하게 된다. 4인 플레이 시에는 공격 측이 타자와 주자, 수비 측이 투수와 수비로 나누어 플레이하게 된다.

팀과 선수가 전부 실명으로 등장하는 프로야구 무대의 야구 게임. '오픈', '페넌트 레이스', '올스타', '워치', '홈런 레이스'까지 5개 모드가 준비되어 있다. 또한 멀티 탭을 사용하면 4명까지 참여하는 멀티 모드를 플레이할 수 있다.

실피아

SUPER CD-ROM²SYSTEM

STG 톤킨 하우스 1993년 10월 22일 7,800엔

  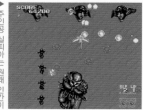

주인공 실피아는 원래 인간이었으나, 하데스 군에 일체화되어 실피아로 부활. 정과 하데스를 쓰러뜨려야 한 것.

그리스 신화의 세계가 무대인 종스크롤 슈팅 게임. 주인공 실피아는 사람들을 지키기 위해 하데스의 군대를 물리치고 하데스를 쓰러뜨려야 한다. 슈퍼 CD-ROM² 게임인데도 비주얼 신이 적은 정통 슈팅으로, 아이템 획득에 따라 속성이 바뀌는 마법공격이 특징적이다.

스타틀링 오디세이

SUPER CD-ROM SYSTEM

RPG　레이포스　1993년 10월 22일　8,200엔

▶이번 작품에서 물리지 않은 리퀄을 플레이하이면 밝혀진다. 문은, 시리즈 속편시대상으로 롤프

부활한 마왕의 부하에 납치당한 어머니를 구하기 위해, 주인공 레온이 여행을 떠나는 왕도 판타지 롤플레잉 게임. 여행하는 동안 실은 부모가 세계를 구해낸 대영웅과 대마법사임을 알고, 자신의 숙명을 깨닫게 된다. 인카운트율이 높은 것 외에는 전형적인 RPG다.

바쥬라

LD ROM²

STG　데이터 웨스트　1993년 10월 25일　9,800엔

▶게임은 보스와의 5연전으로 구성된다. 적 기체의 이름은 장기 말 이름에서 따왔다.

조종석 시점의 3D 슈팅 게임. '바쥬라'란 밀교와 티베트 불교에서 쓰이는 법구 이름. 플레이어는 등장하는 적 기체에 조준을 맞추고 트리거를 당기는 포격수 역할을 맡게 된다. 적기뿐만 아니라 날아오는 적의 공격도 조준해 맞춰야만 게임 오버를 피할 수 있다.

엔젤 메이트 by 야마모토 신야

LD ROM²

ETC　플래닛　1993년 10월 25일　9,800엔

▶보승리하면 보너스 영상도 못보던 모습도 생각지도 AV 여배우 3명이다. 당시 인기가 많았던 청순파 포커에서 보여준다.

아사오카 미레이, 코바야시 아이미, 아이모토 미호가 등장하며, 포커 게임에서 승리하면 보너스 영상을 볼 수 있는 엔터테인먼트 소프트. 포커는 '엔젤 포커'와 '노멀 포커' 2종류가 있다. 야한 영상을 보고 싶다면 '엔젤 포커'로만 가면 된다.

맨해튼 레퀴엠

LD ROM²

AVG　리버힐 소프트　1993년 10월 25일　9,800엔

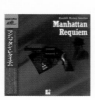

▶마천루의 도시에 잇따르는 젊은 여성 투신자살의 의문으로 밝힌 잘 다은. 어두운 분위기와 실사영상이 어울린다.

본격 어드벤처 게임 'J.B.해럴드' 시리즈 2번째 작품. 미국 맨해튼을 무대로, 전작의 등장인물이기도 했던 피아니스트 '사라 셸즈'의 의문의 추락사를 조사하던 와중 연쇄 살인사건에 휘말리게 된다. LD-ROM²판에서는 동영상에 실사영상이 사용되었다.

악마성 드라큘라 X : 피의 윤회

SUPER CD-ROM SYSTEM

ACT　코나미　1993년 10월 29일　7,800엔

▶새로운 스타일의 여성 캐릭터 마리아를 사용하려면 어떤 스테이지에 붙잡혀 있는 그녀를 구출해야 한다.

▶'악마성 드라큘라'의 세계에 스토리성을 가미한 데모 신을 삽입해 더욱 감정이입도가 높은 게임이 되었다.

패미컴으로 발매된 후 수많은 기종으로 이식된 「악마성 드라큘라」 시리즈가 PC엔진으로도 등장했다. 애니메이션과 성우의 보이스를 사용한 데모 신과 과거 명곡의 편곡을 포함하여 CD 음원으로 재생되는 BGM 등의 호화로운 연출이 도입되었다. 스테이지 클리어형 액션 게임으로, 도중에 루트 분기점이 있다. 무기로 채찍을 쓰는 리히터와 비둘기 등의 동물을 부리는 마리아 두 캐릭터를 사용할 수 있고, 데모 신도 두 캐릭터가 별도 준비돼 있다.

HARDWARE
1987
1988
1989
1990
1991
1992
1993
1994
1995
1996
1997
1998
INDEX

SUPER CD-ROM² SYSTEM

GALAXY 형사 GAYVAN
ACT 인텍 1993년 10월 29일 7,800엔

▶ 주인공의 공격은 때리기와 차기가 있으며, 커맨드 입력으로 필살기를 쓸 수 있는 것도 특징.

변신 히어로가 주인공인 횡스크롤 액션 게임. 은하경찰로부터 파견된 형사 GAYVAN(가이반)을 조작해 비밀결사 바라스와 싸우는 스토리다. 플레이 도중 SELECT 버튼을 누르면 '소착(燒着)'이라는 이름의 변신을 한다. 화면 하단의 '이거다 게이지'가 제로가 되면 변신이 풀린다.

마이트 & 매직 III
RPG 허드슨 1993년 10월 29일 6,800엔

▶ 타 기종판에는 없는 오리지널 소로, 성우를 기용한 이벤트 신이 존재한다.

'Terra'라 불리는 새로운 세계를 무대로 새로운 파티가 모험을 펼치는 롤플레잉 게임. 그래픽 기술이 발전하여 1편에 비해 그래픽이 차원이 다르게 진보했으며, 애니메이션도 다수 수록했다. PC판과 달리, 조건을 충족하면 적이 부활하므로 레벨을 올리기가 쉽다.

매지쿨
ACT NEC 홈 일렉트로닉스 1993년 10월 29일 6,800엔

▶ 2인 동시 플레이도 지원한다. 하지만 이때는 서로의 마법에도 피탄 판정이 걸리니 주의해야 한다.

두 마법사, 룬과 메르비가 주인공인 액션 RPG. 플레이어 캐릭터로 주인공 둘 중 하나를 선택하면 나머지 하나는 CPU가 조작한다. 이벤트 시에는 비주얼 신이 나오며, 야마구치 캇페이와 호리에 미츠코, 긴가 반죠 등의 실력파 성우들이 이야기 분위기를 한껏 살려준다.

소드 마스터
SLG 라이트 스터프 1993년 11월 19일 8,300엔

▶ 전형적인 시스템이지만 전투에서 죽은 캐릭터는 정말로 사망해 버려려 부활이 불가능하다.

검과 마법의 세계가 무대인 시뮬레이션 RPG. 동료가 될 수 있는 캐릭터는 주인공을 포함해 26명(1회차는 동료가 24명으로 제한)이다. 전투 장면에서 표시되는 다채로운 애니메이션이 특징이며, 등장하는 아군 캐릭터는 경험치가 쌓이면 더욱 상위인 직업으로 전직할 수 있다.

루인 : 신의 유산
RPG 빅터 엔터테인먼트 1993년 11월 19일 8,800엔

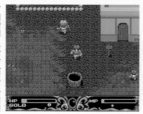

▶ 시작 시 노파가 "시들이 별치과 과학기를 가진 인간들 사이에서 싸움 …: 라고 말하는 암울한 전쟁 이란

과학이 사라진 세계에서 펼쳐지는 액션 롤플레잉 게임. 최대 4명으로 파티를 편성해 시나리오를 진행한다. 플레이어가 조작 가능한 것은 주인공뿐이며, 다른 멤버는 CPU가 담당한다. 필드 맵이 없기 때문에, 지역을 이동할 때는 맵상에 표시되는 장소를 선택하게 된다.

퀴즈 DE 학교축제
ETC 나그자트 1993년 11월 26일 8,800엔

▶ 1인 플레이 전용 퀴즈 게임. 문제는 대중적인 것부터 마니악한 것까지 준비되어 있다.

여고가 무대인 퀴즈 게임. 플레이어는 신임 체육교사가 되어, 학교축제 당일에 미아가 돼버린 이사장의 손녀딸을 찾아야 한다. 단서는 학교 내에서 만나는 여학생들이 내는 퀴즈에서 승리해야 얻을 수 있다. 캐릭터 목소리는 아오니 프로덕션 소속 성우들을 캐스팅했다.

현재 용사 모집중

TBL 휴먼 1993년 11월 26일 7,900엔

롤플레잉 게임 요소를 도입한 보드 게임. 화면 구성은 필드형 RPG와 비슷하지만, 주사위를 던져 전진하는 말판놀이식 게임이다. 스토리는 어느 국왕이 용사를 모집했더니 4명이나 응모하는 바람에, 가장 크게 활약한 용사를 다음 왕으로 삼는다는 내용이다.

페이스볼

ACT 리버힐 소프트 1993년 11월 26일 7,200엔

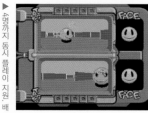

캐나다에서 개발하고 미국에서 발매된 액션 게임. 공이나 별, 버섯 모양인 '페이스볼'을 조종해 유사 3D 미로를 탐색, 적을 발견하면 일단 쓰러뜨린다는 심플한 룰이다. 총격전을 벌이는 배틀 모드와, 제한시간 내에 구출한 동료 수를 겨루는 레이스 모드가 준비되어 있다.

기장 루가

SLG 코가도 스튜디오 1993년 12월 3일 8,800엔

SF와 판타지가 혼합된 세계관에서 펼쳐지는 시뮬레이션 RPG. 주인공 바이스는 쿠메스 족의 가디언으로, 기계갑옷 '루가'를 착용하고 인공생명체 미소녀 엘레나 및 다른 동료들과 함께 하이에른 제국과 맞서 싸운다는 내용이다. 스테이지는 총 7장 구성이다.

이가닌전 가오

ACT 일본물산 1993년 12월 10일 7,900엔

SF 풍을 가미한 닌자 액션 게임. 무대는 1993년 일본으로, 에도 시대의 쇄국정책이 지속중이라는 독자적 세계관이다. 시스템은 전형적인 횡스크롤 액션. '폭닌 코가'의 지고 장군 히데요시 암살임무를 받은 '전자 이가'의 가오가, 습격해오는 적들을 검과 수리검으로 물리친다.

오로라 퀘스트 : 귀하의 별자리 IN ANOTHER WORLD

RPG 팩 인 비디오 1993년 12월 10일 8,800엔

모토미야 히로시가 스토리를, 에구치 히사시가 비주얼을 담당한 롤플레잉 게임. 원작은 1991년 발매된 패미컴판으로, 시나리오가 수정되고 비주얼 신이 추가되었다. 세계관이 독특해, 유전자가 조작된 인간인 '파라노이아'가 게임의 적이다.

비밀의 화원

AVG 토쿠마쇼텐 인터미디어 1993년 12월 10일 7,800엔

1992년 발매된 PC-9801용 미소녀 게임의 이식판. 캐릭터와 원화에 우루시하라 사토시를 기용했다. 하나노엔 고교에서 발생한 살인사건을 수사하는 스토리이며, 파트너로 히로인 3명 중 하나를 고른다. 어떤 파트너를 선택하느냐에 따라 이야기가 달라지는 것이 특징이다.

HARDWARE
1987
1988
1989
1990
1991
1992
1993
1994
1995
1996
1997
1998
INDEX

봄버맨 '94

HuCARD 8M ACT 허드슨 1993년 12월 10일 6,800엔

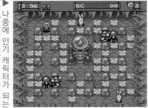

▶나중에 인기 캐릭터가 되는 루이가 처음 등장. 봄버맨과는 색깔별로 특기 가 미묘하게 다르다는 설정으로, 색깔별로 특기 동물이란 설정으로,

PC엔진으로 발매된 「봄버맨」 시리즈 마지막 작품. 스토리 가 있는 노멀 게임과 최대 5명이 싸우는 배틀 게임이 준비 되었다. 노멀 게임은 총 5스테이지+보너스 게임. 배틀 게 임은 노멀과 태그를 선택 가능하며, 이번 작품에 처음 등장 한 동물 캐릭터 '루이'에 탈 수 있다.

노부나가의 야망 : 전국판

세이브하려면 메모리 베이스 128 필요

SUPER CD-ROM² SYSTEM SLG 코에이 1993년 12월 11일 8,800엔

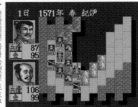

▶전국에선 불가능 했던 철포함 전국의 다이묘를 골라 선택 할 수 있다. 각 지방의 사투리 모드도 고를 수 있다.

역사 시뮬레이션 「노부나가의 야망」 시리즈 2번째 작품의 이식판. 17개국이던 첫 작품에서 이름 그대로 '전국판'이 되어, 거의 일본 전토 50개국 중 다이묘를 골라 전국 통일 을 노린다. 개간과 치수 등으로 자국을 발전시켜 전력을 갖춰, 인접국을 공격해 영토를 확대하자.

슈퍼 리얼 마작 PIV 커스텀

SUPER CD-ROM² SYSTEM TBL 나그자트 1993년 12월 17일 9,800엔

▶히로인 3명을 이기면 보너 스 씬이 나온 다. 스미 · 미키 와 대결할 수 요소에서 미즈키, 미키, 유미의 쇼코, 유미의 카

부드러운 애니메이션이 인기였던 탈의마작 시리즈 제 4탄. 플레이어는 3자매가 운영하는 마작장의 아르바이트에 응 모한다는 설정으로 마작 실력을 평가받는다. 원작에 충실 한 이식이지만, 히로인의 탈의 이유가 '에어컨 고장으로 방 이 더워'로 바뀌어 자체 규제로 브래지어를 착용한다.

마셜 챔피언

SUPER CD-ROM² SYSTEM ACT 코나미 1993년 12월 17일 7,800엔

6버튼 대응

▶조작은 8방향 레버와 3버튼 을 사용. 버튼은 약 · 중 · 강이 아니 라 상단 · 중단 · 하단에 할당되어 있다.

1993년 코나미가 가동한 아케이드 게임의 이식작. 코나미 게임 중에선 8년 만에 나온 대전격투 게임으로, 아케이드 판에는 없던 오프닝 무비와 체력이 감소된 상태여야 사용 할 수 있는 필살기가 추가되었다. 등장 캐릭터는 10명. 토 너먼트 우승 전까지는 5명과 대결한다.

어둠의 혈족 : 머나먼 기억

SUPER CD-ROM² SYSTEM AVG 나그자트 1993년 12월 17일 9,800엔

▶PC판에서 캐릭터 디자인을 변 경해, 인기 애니메이터 이노마타 무츠미를 기용했다.

원작은 1990년 발매된 X68000용 노벨웨어로, 텍스트와 애니메이션을 동기화한 연출이 특징. 원작은 둘로 분할됐 지만 이를 통합, 패션업계에 발생한 연쇄살인사건 이야기 를 알기 쉽게 각색했다. 이노우에 키쿠코, 시오자와 카네토 등 호화 성우진을 기용해 접근성을 높였다.

플래시 하이더스

SUPER CD-ROM² SYSTEM ACT 라이트 스터프 1993년 12월 19일 7,800엔

6버튼 대응

▶6버튼 패드도 지원. 2버튼 패 드를 사용할 때는 버튼을 길게 눌 러 공격의 강약을 조절한다.

비주얼 쪽에 공을 들인 대전격투 게임. 미려한 그래픽이 이 어지는 시나리오 모드와 캐릭터를 성장시키는 어드밴스드 모드, 대전 플레이가 가능한 VS 모드까지 총 3개 모드가 준비되었다. 미도리카와 히카루와 하야시바라 메구미 등의 인기 성우가 캐스팅되었다.

이스 IV : The Dawn of Ys

SUPER CD-ROM² SYSTEM

RPG　허드슨　1993년 12월 22일　7,800엔

▶ 설정과 등장인물, 음악 등에서 전 「이스」 시리즈의 분위기를 이으면서도 풍성한 볼륨의 대작 게임이 되었다.

▶ 스토리 곳곳에 PC엔진판 「이스 I·II」의 설정을 적용해, 팬이라면 연관성을 찾아보는 것도 재미있다.

「이스 I·II」, 「이스 III」에 이은 PC엔진판 「이스」 3번째 작품. 게임 시스템은 I·II처럼 탑뷰 화면에서 몸통박치기나 마법으로 공격하는 형식으로 회귀했으며, 스토리도 I·II에 등장한 여신의 존재에 관련된 내용이지만, 눈도 깜빡이고 입도 움직이는 등 그래픽 면에서 크게 발전했다. 「이스 IV」는 같은 시기에 슈퍼 패미컴판도 발매되었지만, 다른 제작사에서 별도로 개발한 작품이라 같은 설정을 바탕으로 만들어졌을 뿐 게임 내용은 다르다.

슈퍼 다라이어스 II

SUPER CD-ROM² SYSTEM

STG　NEC 애비뉴　1993년 12월 24일　7,800엔

▶ 있과도 임팩트가 대담하게 편곡해 원곡의 차이를 즐기며, 플레이할 수 있는 아케이드 BGM판도 있다.

2화면 캐비닛을 쓴 아케이드용 횡스크롤 슈팅 게임 「다라이어스 II」의 PC엔진판. 아케이드보다 좁은 화면임에도 원작의 분위기를 유지하며 개변을 가한 이식작이다. 원작에서는 등장하지 않았던 그레이트 싱이 나오는 등, 거대한 캐릭터와 새로운 보스로 인해 신선한 기분으로 즐길 수 있다.

섹시 아이돌 마작

ARCADE CD-ROM² 지원

TBL　일본물산　1993년 12월 24일　8,500엔

▶ 마작게임 명가 일본물산 작품이라 심플하고 조작성도 좋다. 하지만 사기기술이 있어 고난이도.

총 18명의 섹시 아이돌이 등장하는 탈의마작 게임. 섹시 아이돌의 사진은 전부 실사를 디지털 스캔했다. 스토리 모드에서는 플레이어가 용사로서 악마성에 있는 퀸을 쓰러뜨리기 위해 성을 향해 모험을 떠난다. 섹시 아이돌은 악마의 화신으로 등장한다.

다운타운 열혈이야기

SUPER CD-ROM² SYSTEM

ACT　나그자트　1993년 12월 24일　8,800엔

▶ 가전작까지는 적 캐릭터였던 쿠니오와 함께 싸우며, 처음으로 운다.

「쿠니오 군」 시리즈 3번째 작품. 격투 게임과 RPG 요소를 가미한 액션 게임이며, 단순한 조작으로 통쾌감을 만끽할 수 있다. 열혈고교와 화원고교 외의 학교도 등장하고, 캐릭터도 늘어나는 등 세계관도 두터워졌다. 코믹한 분위기지만 뜨거운 격투를 즐길 수 있는 작품.

진 여신전생

SUPER CD-ROM² SYSTEM

RPG　아틀라스　1993년 12월 25일　8,800엔

▶ 던전을 적절하게 매핑 기능이 추가되었다. 2D로 표시되는 필드 맵과 3D로 매핑 3D

인기 시리즈 제 3탄. 원작은 1992년 발매된 슈퍼 패미컴판으로, '악마 합체'와 '적과의 교섭' 등 독자적인 요소가 있다. 캐릭터 디자인은 '악마 화가' 카네코 카즈마. '로우'와 '카오스' 성향이 등장하고, 전작에서도 등장했던 종교도 재등장해 내용이 제법 복잡해졌다.

HARDWARE
1987
1988
1989
1990
1991
1992
1993
1994
1995
1996
1997
1998
INDEX

1994

PC Engine SOFTWARE ALL CATALOGUE

1994년의 발매 게임 수는 83개 타이틀. 결과적으로는 전년에 비해 다소 줄어들었다. 플레이스테이션과 세가새턴이란 32비트 차세대 게임기가 발표된 해이기도 하므로, 게이머들이 새 게임기 구매를 대비하는 시기였음을 고려해보면 오히려 충분히 건투한 성적이라고도 할 수 있겠다.

이 해의 중요 이슈를 꼽자면, 슈퍼 CD-ROM²에 이은 새로운 규격 '아케이드 카드'의 발매를 들 수 있다. 원래 1993년 연말 발매 예정이었지만, 생산에 필요한 만큼의 SRAM을 확보하지 못했기에 발매 연기를 결단한 것이

다. 동시발매 예정이었던 「아랑전설 2 : 새로운 싸움」 역시 함께 연기되는 비운을 맞았다.

또한 「두근두근 메모리얼」이 발매된 해이기도 하므로, PC엔진 후기를 화려하게 장식한 해였다고 평할 수 있으리라.

폭소 요시모토 신희극 : 오늘은 이쯤 해두마!

SUPER CD-ROM² SYSTEM ACT 허드슨 1994년 1월 3일 6,800엔

▶ 부제는 이케노 메다카의 유행어로 자기가 싸움을 걸어놓고 어 맞추 도망갈 때 내뱉는 대사다.

일본의 연예기획사 '요시모토 흥업'의 신희극이 소재인 첫 게임. 기본은 액션 게임이지만 보스 전은 미니게임으로 전환된다. 명확한 스토리가 없고 난이도도 꽤 낮지만, 당시의 신희극 소속 코미디언이 22명이나 등장한다. 각자의 유행어와 개그를 본인 목소리로 수록한 호화로운 작품.

솔 : 모나쥬

SUPER CD-ROM² SYSTEM RPG 아이렘 1994년 1월 7일 7,700엔

▶ 전투시 선택한 커맨드에 따라 캐릭터의 특성이 바뀌는 인스 시스템을 채용했다.

일반 게이머로부터 모집한 아이디어를 토대로 개발한 롤플레잉 게임. 직업을 캐릭터의 특성이 아니라 경험으로 결정하는 등, 기존 작품에 없던 아이디어가 다수 반영되어 있다. 아이렘이 게임 사업에서 철수한 시기와 발매가 겹쳐, 시장 발매량이 적다.

포메이션 사커 온 J리그

HuCARD 4M SPT 휴먼 1994년 1월 15일 6,500엔

백업 메모리 대응 소프트

▶ 전술의 핵심인 포메이션을 시했으고, 당시 J리그의 특징이었던 골제 도제도 반영했다.

휴먼의 종스크롤 축구 게임 제 3탄. J리그 공인 게임으로, 팀명과 선수명이 실명으로 등장한다. 수록된 데이터는 93년도 기준이며, 선수 각각의 고유한 개성까지 재현했다. 프리시즌 매치와 리그 전, 올스타까지 실제 J리그와 동일한 3개 모드를 준비했다.

에메랄드 드래곤

데이터 이동 유틸리티 내장

SUPER CD-ROM² SYSTEM RPG NEC 홈 일렉트로닉스 1994년 1월 28일 7,800엔

메모리 베이스 128   6버튼 대응

▶ 옵션의 데모 신 연기를 시킬 수가 장면에는 삽입되어 있 스토리에 몰

드래곤의 나라에서 자란 소녀 탐린이 소꿉친구인 어린 용 아틀샨과 함께 마왕 가르시아의 군대와 싸우는 이야기를 그린 RPG. 스토리에 중점을 둔 작품이며, 명확한 개성이 부여된 캐릭터들이 이야기의 몰입도를 끌어올린다. 필드형 맵과 AI 자동전투를 채택했다.

STG 슈팅 게임　ACT 액션 게임　PZL 퍼즐 게임　RPG 롤플레잉 게임　SLG 시뮬레이션 게임　SPT 스포츠 게임　RCG 레이싱 게임　AVG 어드벤처 게임　ETC 교육·기타 게임　TBL 테이블 게임

격투패왕전설 알가노스

ACT　인텍　1994년 1월 28일　7,800엔

제다. 6버튼 패드를 지원한다.
규칙은 전형적인 3판 2선승
▶

PC엔진 오리지널 격투 액션 게임. 판타지와 SF가 혼합된 10명의 캐릭터 중 1명을 선택할 수 있다. 스토리 모드는 캐릭터마다 개별적인 이야기가 전개되며, 선택하지 않은 9명의 캐릭터는 적으로 등장한다. 배틀 모드에서는 2인 대전 플레이가 가능하다.

스타 브레이커

RPG　레이포스　1994년 2월 10일　8,800엔

감은 물론 역효과가 나기도 한다.
라 무기를 잘못 선택하면 효
속성을 중시한 전투 시스템이
▶

우주력 2550년의 우주가 무대인 SF 롤플레잉 게임. 전투는 지상전과 우주공간 2종류를 준비했다. 스토리는 주인공 해리가 신형 전투기 페가수스와 함께 우주 지진에 휩쓸려, 다른 차원에서 행성 간 분쟁에 휘말린다는 내용. 전 우주의 존망을 건 장대한 스토리다.

바람의 전설 재너두

RPG　NEC 홈 일렉트로닉스　1994년 2월 18일　7,800엔

보인다.
의 진화지만 레벨 등엔 초대의 영향도
성장하는 시스템 등엔 초대의
「먼발 초대 『재너두』 대비 격세지감
▶

했다.
션을 취하면서도, 도전의욕을 자극하는 액
도입과 두 마리 토끼를 잡으려
입문하기 쉬운 필드형 RPG 형식을
▶

PC용 게임으로 대히트한 액션 RPG 「재너두」의 이름을 이어받은 PC엔진 오리지널 액션 RPG. 니혼팔콤 최초의 가정용 게임기 전용 작품이기도 하다. 용사의 자손 아리오스가 드래곤 슬레이어를 입수해 사악한 용을 쓰러뜨리기까지의 이야기가 그려진다. 게임은 탑뷰 형 필드를 도보로 이동하면서 적에게 몸을 부딪쳐 물리치는 시스템이다. 스테이지 마지막에 기다리는 보스 캐릭터와의 전투 신은 사이드뷰 점프 액션으로 바뀌어, 거대한 적과 싸운다.

팔라디온 : AUTO CRUSHER PALLADIUM

SLG　팩 인 비디오　1994년 2월 25일　8,800엔

우는 VS 리그 모드도 준비돼 있다.
제작할 수 있으며, 최대 5명까지 싸
전투 프로그램도 독자적으로
▶

'팔라디온'이라 불리는 무인 로봇을 조립해, 완성된 기체를 리그 전에 출장시켜 우승을 노리는 시뮬레이션 게임. 바디·컴퓨터·무기 등 각부 부품의 조합에 따라 성능이 변화한다. 전투는 오토 배틀이므로 플레이어는 대략적인 지시만 내릴 수 있다.

마작 레몬 엔젤

TBL　나그자트　1994년 2월 25일　8,800엔

고를 수 있다. 대전 상대를 이길 때마다 탈의 장면이 나온다.
첫 번째 대전 상대는 마을마다
▶

1987년 방영된 심야 애니메이션 '레몬 엔젤'의 캐릭터를 사용한 탈의마작 게임. 판권 보유사인 페어리 더스트의 허가를 받은 작품이지만, 이미 애니메이션에 출연했던 성우들의 아이돌 그룹이 해체되었기에, 게임판의 목소리는 모두 다른 성우로 교체되었다.

 백업 메모리 지원　 메모리 베이스 128 지원　 마우스 지원　 6버튼 패드 지원

HARDWARE
1987
1988
1989
1990
1991
1992
1993
1994
1995
1996
1997
1998
INDEX

고질라 폭투열전

ACT　토호　1994년 2월 26일　8,200엔

▶ 등장 괴수는 17종류. 고질라는 물론이고 킹기도라와 메카고질라도 3종류씩 준비돼 있다.

고질라 시리즈에 등장한 괴수로 싸우는 대전격투 게임. 이 작품 이전에도 이미 많은 고질라 게임이 제작되었지만, 괴수끼리 육탄전이 가능한 게임으로는 최초. 대신 스토리성은 거의 없고, 스테이지에 등장하는 괴수도 고정이다. 대전 상대에 따라 고질라의 모습이 변화한다.

THE ATLAS : 르네상스 보이저

세이브하려면 메모리 베이스 128 필요

SLG　아트딩크　1994년 3월 4일　9,800엔

▶ 모험가들이 많은 오지만 사실과는 약간 정보를 믿을지 말지는 플레이어의 자유.

대항해시대가 테마인 시뮬레이션 게임. PC-9801을 시작으로, 수많은 기종으로 발매되었다. 목적은 세계에 관한 정보를 모아 세계지도를 만드는 것이다. 단 플레이어는 직접 탐험하지 않으며, 모험자를 고용해 그들이 갖고 돌아온 정보를 바탕으로 지도를 제작하게 된다.

위저드리 III · IV

RPG　나그자트　1994년 3월 4일　8,400엔

▶ 직접적인 관련이 없는 두 작품의 합본이지만, 기존 「위저드리 I · II」와 함께 즐겨볼 만하다.

3D 던전 RPG의 원조 「위저드리」 시리즈 3번째·4번째 작품의 합본 이식판. 3편은 이전의 1·2편에서 이어지는 시나리오로, 시스템도 전작을 답습했다. 4편에서는 1편의 악역이었던 마법사 워드나를 조작해, 몬스터를 동료로 삼아 지상으로 올라가야 한다.

파워 골프 2 : 골퍼

SPT　허드슨　1994년 3월 4일　6,800엔

▶ 플레이 화면은 3D로 묘사된다. 코스별로 실사영상 비주얼 신이 다수 준비되어 분위기를 돋군다.

허드슨의 파워 스포츠 시리즈로 발매된 작품. 일본 내의 실존 코스 10곳을 플레이할 수 있다. 평범하게 코스를 도는 노멀 모드와, 프로 1위를 노리는 토너먼트 모드를 수록했다. 조작 자체는 단순하지만, 바람 방향이나 잔디 상태를 읽는 등 머리를 써야 하는 게임.

아랑전설 2 : 새로운 싸움

ACT　허드슨　1994년 3월 12일　6,900엔

▶ 이 작품을 이식하려고 일부러 아케이드 카드를 개발한 만큼, 최고 레벨의 이식도를 자랑한다.

PC엔진판의 유일한 결점은 CD-ROM 로딩에 시간이 걸린다는 것뿐. 그 외엔 딱히 결점이랄 게 없다.

대용량 RAM을 추가한 파워 업 아이템 '아케이드 카드' 발매의 계기가 된 게임. '100메가 쇼크'를 강조하던 네오지오의 대전격투 게임이다 보니 이식은 어려우리라 여겨졌지만, '아케이드 카드' 덕분에 대량의 캐릭터 패턴을 재현하는 데 성공해, 다른 기종의 동일 작품 이식판 대비로 외견과 조작성 모두 차원이 다른 이식도를 자랑한다. 또한 이 작품의 첫 CD-ROM판이기도 해, 편곡된 BGM이 CD에서 직접 재생되는 구성이 되었다.

CAL III : 완결편

AVG　NEC 애비뉴　1994년 3월 25일　7,800엔

원작은 PC-9801판 성인용 게임. 전작의 핵심 개발진이 이탈했기에, 그림체가 크게 바뀌었다. 스토리는 전작의 2년 후, 애인이자 비너스의 환생인 미카를 구하기 위해 주인공 와타루가 다양한 세계를 여행한다는 내용이다. 전형적인 스타일의 어드벤처 게임.

도라도라 파라다이스

ETC　플래닛　1994년 3월 25일　9,800엔

여배우 아키노 사쿠라코가 메인 히로인인, PC엔진 LD-ROM² 전용 성인용 마작 게임. 주인공은 아키노 사쿠라코가 연기한 '카시마 레이코'를 차지하기 위해 마작 승부에 도전한다. 이 게임의 대단한 점은 히로인만 사기 기술 허용이라는 것. 덕분에 시합 전개가 엉망진창이다.

프린세스 미네르바

RPG　리버힐 소프트　1994년 3월 25일　7,800엔

원작은 1992년 발매된 PC-9801용 롤플레잉 게임이다. 등장 캐릭터 대부분이 소녀인 작품으로, 목소리도 이토 미키를 비롯한 인기 성우들을 기용했다. 스토리는 주인공인 윌러 왕국의 왕녀 미네르바가 8명의 친위대와 모험을 펼치는 내용이다.

용호의 권

ACT　허드슨　1994년 3월 26일　6,900엔

SNK를 대표하는 대전격투 액션 게임 중 하나. 여러 요소가 이후의 대전격투 게임에 큰 영향을 끼쳤고, 특히 초필살기가 등장한 첫 게임으로도 유명하다. 대전 모드는 캐릭터 10명 중에서 선택 가능하다. 주인공 료와 로버트를 비롯해, 개성 넘치는 캐릭터가 포진한다.

프레이 CD : 사크 외전

ACT　마이크로캐빈　1994년 3월 30일　6,800엔

「사크」 시리즈의 외전 격 작품으로, PC에서 이식된 액션 슈팅 게임. 본편에서 주인공 라토크의 도움을 받았던 소녀 프레이가, 마법학교 졸업식에서 라토크에 관한 불길한 소문을 듣고 그를 찾아 여행을 떠난다. 시기상으로는 「사크 II」와 병행으로 전개되는 스토리다.

몬스터 메이커 : 어둠의 용기사

RPG　NEC 애비뉴　1994년 3월 30일　7,800엔

TRPG를 중심으로, 만화와 소설로 멀티미디어 전개된 타이틀을 PC엔진으로 이식. 스토리는 마음 착한 소녀 라이아가 여러 부조리한 재난에 휘말린다는 것. 발매 당시 호화 성우에 미려한 그래픽과 다양한 연출을 시도한 대작으로 주목받았지만, 버그가 많아 문제가 되었다.

 백업 메모리 지원　 메모리 베이스 128 지원　 마우스 지원　6버튼 패드 지원

HARDWARE
1987
1988
1989
1990
1991
1992
1993
1994
1995
1996
1997
1998
INDEX

파치오 군 3 : 파치슬로 & 파친코
TBL 코코너츠 재팬 1994년 4월 15일 8,800엔

CD-ROM² 최초의 파치슬로/파친코 게임. PC엔진용 「파치오 군」 시리즈 제 4탄이며, 타 기종을 포함하면 14번째 작품이다. 전작에서는 우주를 무대로 삼았지만, 이번에는 환상의 파친코 가게 '도원향'을 찾기 위해 시공을 초월한 모험에 나선다. 총 8스테이지 구성.

폭전 언밸런스 존
AVG 소니 뮤직 엔터테인먼트 1994년 4월 22일 7,800엔

록밴드 '폭풍 슬럼프'가 감수를, 만화가 아카츠카 후지오가 캐릭터 디자인을 맡은 어드벤처 게임. 내레이션이 있는 디지털 코믹 풍으로, 이벤트가 발생하면 아이콘이 표시되어 액션을 선택하는 시스템이다. 아이콘은 5개 나오며, 정답을 골라야만 다음으로 진행된다.

뿌요뿌요 CD
PZL NEC 애비뉴 1994년 4월 22일 5,600엔

초 유명 낙하게 퍼즐 게임 이식판. 원작은 1992년 가동된 아케이드 게임. 만담 데모에 보이스가 있는 유일한 이식작으로, 적 캐릭터의 연쇄 보이스도 유명 성우가 연기했다. '둘이서 뿌요뿌요'와 '끝없이 뿌요뿌요'도 있지만, 코끼리 마왕 전의 화면 흔들림은 재현하지 않았다.

카제키리
ACT 나그자트 1994년 4월 28일 8,600엔

비주얼에 중점을 둔 횡스크롤 액션 게임. 도주닌자가 된 카제키리를 조작해, 납치당한 시즈카 공주를 구출하는 것이 목적. 카제키리의 다채로운 액션이 볼거리로, 코다 마리코를 비롯한 호화 성우진이 연기한다. 본편을 1회 클리어하면 여닌자 '스즈'도 사용할 수 있다.

첫사랑 이야기
SLG 토쿠마쇼텐 인터미디어 1994년 4월 28일 7,800엔

원작은 1992년 발매된 PC-9801용 연애 시뮬레이션 게임. 1개월이라는 한정된 기간 내에 첫사랑을 이루는 것이 목적이며, 시기는 초등학생·중학생·고등학생 중에서 고를 수 있다. 플레이어의 행동에 따라 스테이터스가 변화해 결과에 영향을 미치는 멀티 엔딩을 채용했다.

초영웅전설 다이너스틱 히어로
RPG 허드슨 1994년 5월 20일 6,800엔

장수풍뎅이 족의 용사 다이너스가 숲의 요정 리리파를 구하기 위해 도마뱀 족과 싸우는 이야기. 원작은 1991년 메가 드라이브로 발매된 액션 RPG 「원더 보이 인 몬스터 월드」로, 이식되면서 제목과 캐릭터는 물론 스토리도 교체되었다.

HARDWARE
1987
1988
1989
1990
1991
1992
1993
1994
1995
1996
1997
1998
INDEX

두근두근 메모리얼

SLG　코나미　1994년 5월 27일　8,800엔

PC엔진 이후로도 굳건한 인기 시리즈가 되어, 다양한 기종으로 이식되었고 속편이 발매되기도 했다.

대부분의 화면에 선택지가 나오는 인터페이스이지만, 마우스 지원도 조작성이 좋아 쾌적한 플레이가 가능.

연애 시뮬레이션이라는 신 장르를 개척한 기념비적인 게임. 플레이어는 사립고교에 입학한 남학생이 되어, 학교생활 도중 다양한 행동을 선택하면서 개인으로서의 능력치를 올려, 졸업식 날에 마음에 둔 여학생의 고백을 받는 것이 목표다. 공략 대상 여학생은 총 16명이나 되므로, 어떤 캐릭터를 공략할 때는 어떤 능력치가 필요한지, 특정 이벤트가 발생하는 조건이 무엇인지를 찾아내는 등 게임으로서 파고드는 재미도 충분하다.

월드 히어로즈 2

ACT　허드슨　1994년 6월 4일　6,900엔

정예신으로 예식 재현율이 매우 높다. 로딩 시간이 상당히 길고, 진척도가 수치로 나와 대기 시간이 지루하지 않다.

원작은 1993년 알파 전자가 네오지오용으로 개발한 대전 격투 게임. 등장하는 캐릭터가 격투가가 아니라, 핫토리 한조나 잔 다르크 등의 역사적인 인물과 많이 닮은 캐릭터뿐인 게 특징. '잡기 반격'과 '원거리 공격 튕기기'가 추가되고, CPU의 난이도가 훨씬 올라갔다.

코즈믹 판타지 4 : 은하소년전설 돌입편

RPG　니혼 텔레네트　1994년 6월 10일　7,600엔

어드벤처 파트 도입과 전투 시스템의 AI 활용 등, 몇 가지의 의욕적인 시도가 엿보인다.

시리즈 최초로 전·후편으로 분할된 타이틀. 이 작품은 전편에 해당한다. 주인공은 유우·사야·몬모의 '아르쟈논 팀'. 시리즈 최대량의 서비스 신이 들어간 작품으로, 라이아 씨의 수영복과 속옷차림도 볼 수 있다. 전연령 게임이라는 게 믿기지 않을 만큼 선정적인 장면이다.

재핑 「살의」

AVG　베타 필름　1994년 6월 10일　9,800엔

는 의미다. 재핑이란 채널을 차례로 돌려보는 행위다. 이를 이용해서 다양한 시점에서 쫓아 돌아다니는 드라마를 바꾸면서 즐긴다.

독일의 공영 TV 방송국이 제작한 재핑 실험작을 LD화한 작품. 일본에서는 TBS와 후지 TV가 방영해, 시청자는 채널을 바꾸면서 재핑을 즐긴다는 형식이었다. 내용은 서스펜스 드라마로, 주연 남녀 시점의 드라마를 상호 전환하면서 수수께끼를 쫓는 구조다.

KO세기 비스트 삼수사 : 가이아 부활 완결편

RPG　팩 인 비디오　1994년 6월 17일　8,800엔

PC엔진으로 이식되면서 성우에 OVA와 동일 배역을 기용하고, 전투 시스템도 대폭 변경했다.

원작은 아카호리 사토루와 네기시 히로시 두 사람이 제작한 OVA이다. 원래는 TV 애니메이션용 기획이었지만, 결국 당초 목적을 이루지 못해 OVA로 발매했다. 게임 자체는 전형적인 롤플레잉 게임이며, PC-9801판의 이식작이다. 다만 맵은 새로 다시 그렸다.

 백업 메모리 지원　 메모리 베이스 128 지원　 마우스 지원　 6버튼 패드 지원

더 프로야구 SUPER '94

SPT 인텍 1994년 6월 17일 7,200엔

당시의 최신 데이터를 반영한 프로야구 게임. 센트럴·퍼시픽 리그 12구단 공인 게임으로, 등장 구단과 선수가 전부 실명으로 표시된다. 페넌트 레이스와 대전 등 야구 게임에 필요한 요소를 망라했고, 심지어 플레이어가 감독이 되어 팀을 지휘할 수도 있다.

천지를 먹다

ACT NEC 애비뉴 1994년 6월 17일 7,800엔

모토미야 히로시의 역사만화가 원작인 벨트스크롤 액션 게임. 원작은 1989년 캡콤이 가동시킨 아케이드 게임으로, 이식되면서 1인 플레이 전용으로 변경되었고 체력 제와 목숨 제를 병용해 난이도가 내려갔다. 또한 캐릭터 음성도 프로 성우로 변경되었다.

브랜디시

RPG NEC 홈 일렉트로닉스 1994년 6월 17일 7,800엔

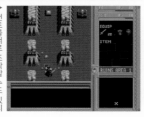

같은 제목의 PC용 게임 이식작. 지하로 낙하한 검사 아레스가 지상에 도달하기 위해 지하세계에 세워진 탑 정상을 향하는 액션 RPG다. 아레스는 탑뷰 화면에서 항상 앞쪽만 바라보며, 방향을 전환하면 맵 전체가 90도 단위로 회전한다는 독특한 표시방법을 채용했다.

3D 뮤지엄

ETC 파이오니어 1994년 6월 25일 13,000엔

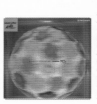
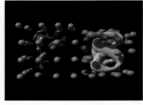

레이저액티브 최초의 양면 디스크로 발매된 타이틀. 3D 영상 감상을 목적으로 제작된 타이틀로, 레이저액티브 전용 주변기기 '3D 고글'을 사용하면 입체영상을 즐길 수 있다. A면에는 CG를 사용한 입체영상을, B면에는 실사를 사용한 입체영상을 수록했다.

3×3EYES : 삼지안변성

AVG NEC 홈 일렉트로닉스 1994년 7월 8일 8,800엔

타카다 유조의 인기 만화를 게임화했다. 원작은 PC-9801용 어드벤처 게임으로, CD-ROM의 대용량을 활용해 그래픽과 음성 등을 대폭 추가했다. 오프닝부터 애니메이션 데모가 연속으로 나온다. 부록으로 5분 이상의 프로모션 비디오를 수록한 VHS 테이프를 동봉했다.

바스틸 2

데이터 이동 유틸리티 내장

SLG 휴먼 1994년 7월 8일 8,400엔

항성 바스틸 성역이 무대인 SF 시뮬레이션 게임 제 2탄. 전작에서 시스템과 그래픽이 대폭 발전되었다. 스토리는 주인공 보이스가 이끄는 레지스탕스와 독재자 아가레스 간의 싸움을 그렸다. 인간형 병기 문 크래셔를 어떻게 커스터마이즈하느냐가 공략의 키포인트다.

영관은 그대에게 : 고교야구 전국대회

세이브하려면
메모리 베이스 128 필요

SLG　아트딩크　1994년 7월 15일　9,800엔

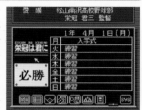

고교야구가 주제인 시뮬레이션 게임. 플레이어는 고교 야구팀의 감독이 되어, 선수들의 특징을 파악하고 단련시켜 고시엔 단골 출전교로 키워내야 한다. 제한시간은 20년. PC-9801판 3편 기반으로, 선수들의 능력치가 12개 항목으로 세분화되어 설정돼 있다.

치키치키 보이즈

ACT　NEC 애비뉴　1994년 7월 15일　4,800엔

원작은 1990년 캡콤이 발매한 아케이드 게임. 판타지 세계를 무대로, 검이 특기인 형과 마법이 특기인 동생을 조작해 로에삐 대왕을 토벌한다. 총 9스테이지 구성이지만, 초반 3스테이지는 자유롭게 고를 수 있다. 전체적으로 코믹한 분위기라, 여성도 쉽게 즐길 수 있다.

어드밴스드 배리어블 지오

ACT　TGL 판매　1994년 7월 22일　8,800엔

아케이드가 「스트리트 파이터 II」 전성기였을 무렵 PC-9801 성인용 게임으로 발매되어 유저들을 놀라게 한, 등장인물이 전원 여성인 대전격투 게임 「배리어블 지오」. 그 게임의 PC엔진판이 바로 이 작품이다. 이식되면서 성인용 요소를 뺀 대신 스토리를 강화해, 각 캐릭터 성우로 유카나, 테즈카 치하루, 시이나 헤쿠루 등을 기용했다. 또한 캐릭터 디자인·원화를 애니메이터 키무라 타카히로가 담당해, 그가 인기를 얻은 계기가 된 작품이기도 하다.

드래곤 나이트 III

RPG　NEC 애비뉴　1994년 7월 22일　7,800엔

인기 시리즈 제 3탄. PC-9801판을 이식한 타이틀로, 2편까지의 3D 던전에서 필드 맵 방식으로 시스템을 변경해 더욱 넓은 범위의 모험이 가능해졌다. 플레이어는 주인공 '야마토 타케루'가 되어, 자신의 출생과 관련된 비밀과 마주해야만 한다.

고스트 스위퍼

AVG　반프레스토　1994년 7월 29일　8,800엔

전투 신에 카드 배틀을 도입한 어드벤처 게임. 원작은 시이나 타카시 만화의 애니메이션판으로, CD-ROM의 대용량을 활용해 애니메이션과 동일한 성우진이 연기한다. 3가지 시나리오가 준비되었고, 어느 쪽을 고르든 마지막은 카드 배틀로 보스와 싸우게 된다.

HARDWARE
1987
1988
1989
1990
1991
1992
1993
1994
1995
1996
1997
1998
INDEX

HARDWARE
1987
1988
1989
1990
1991
1992
1993
1994
1995
1996
1997
1998
INDEX

네오 넥타리스

SLG 허드슨 1994년 7월 29일 6,800엔

월면에서의 전쟁이 테마인 SF 시뮬레이션 게임 「넥타리스」의 속편. 퍼즐처럼 유저의 사고력을 시험하는 전략성은 이번 작품도 여전하며, 전작보다 고난이도인 스테이지도 등장한다. 전투 화면과 호화로운 BGM 등의 변경점은 있지만, 게임의 본질은 그대로다.

성전사 전승 : 작탁의 기사

TBL 일본물산 1994년 8월 5일 8,500엔

판타지 세계가 무대인 어드벤처 게임에 마작을 접목시킨 타이틀. 주인공 성우로 '성전사 던바인'의 주인공 '쇼우 자마'를 연기한 나카하라 시게루를 기용했다. 마작이 스토리 곳곳에 연계되어 있으며, 대국을 이기면 이야기가 진행된다.

슈퍼 리얼 마작 PⅡ·Ⅲ 커스텀

TBL 나그자트 1994년 8월 5일 9,800엔

마작 게임에 미소녀 캐릭터의 탈의 장면을 결합시킨 기념비적인 게임. 원작은 아케이드 기판이며, 이식되면서 탈의 장면이 '옷 갈아입기'로 바뀌었다. 클리어하면 보너스 그래픽 화면이 표시되며, 보너스 요소로 엔딩 스태프 롤 이후에는 4편의 히로인과도 대전할 수 있다.

미소녀 전사 세일러문

AVG 반프레스토 1994년 8월 5일 8,800엔

'세일러문 R' 기반의 어드벤처 게임 풍 디지털 코믹. 에일·앤 편과 블랙 문 편 사이를 그린 오리지널 스토리로, 시작 시에 5명의 세일러 전사 중 자유롭게 캐릭터 하나를 선택해, 그 캐릭터를 중심으로 한 스토리를 즐길 수 있다.

파플 메일

RPG NEC 홈 일렉트로닉스 1994년 8월 12일 7,800엔

원작은 PC-8801용으로 발매된 액션 RPG. 이식되면서 비주얼을 다시 그리고 시나리오도 추가했으며, 검과 방패를 능동적으로 사용할 수 있게 되었다. 스토리는 실패만 거듭하는 엘프 현상금 사냥꾼 '메일'이 마지막으로 한 탕 벌이기 위해 여행을 떠난다는 내용이다.

알샤크

RPG 빅터 엔터테인먼트 1994년 8월 26일 8,800엔

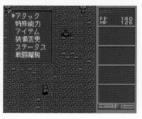

「에메랄드 드래곤」의 개발진이 독립하여 제작한 SF 롤플레잉 게임으로, 미려한 비주얼 신이 풍부하게 들어가 있다. 플레이어는 주인공 시온을 조작해 우주선으로 이동하여, 20곳 이상의 행성을 돌아다니며 무익한 전투에 종지부를 찍어야 한다.

매드 스토커 : 풀 메탈 포스

ACT　NEC 홈 일렉트로닉스　1994년 9월 15일　5,800엔

▶ 전형적인 인 시스템에 여러 요소를 가미한 의욕적인 작품으로서 여러 조작 자체는 단순해 상쾌하게 즐길 수 있다.

▶ 보스 전은 일대일 대전격투 게임에 가까운 스타일로 싸운다. 1인용 기본 모드 외에 2인용 VS 모드도 있다.

원작은 1994년 1월 발매된 X68000판. 2142년의 미래를 무대로, 거대한 로봇을 조작해 싸우는 횡스크롤 액션 게임으로, 커맨드 입력 기술과 콤보 기술 등 당시의 유행을 적극 반영한 게임이다. 로봇은 3종류가 있으며, 각각 독자적인 필살기를 사용할 수 있다. PC엔진으로의 이식 작업은 코가도 스튜디오가 담당했다. 이식하면서 BGM이 CD-DA로 수록되었고, 새로운 캐릭터와 신규 애니메이션도 추가되었다.

섹시 아이돌 마작 패션 이야기

TBL　일본물산　1994년 9월 16일　8,500엔

▶ 등장 아이돌은 15명. 사진은 그라비아 SHOP에서 보너스 사진일수록 구도가 대담하다. 비싼 사진일수록 구도가 대담하다.

당시 인기였던 섹시 아이돌이 등장하는 마작 게임. 등장 아이돌의 사진은 전부 실사 스캔이다. 말판놀이 형 맵을 진행하는 스토리 모드와, 대전 상대를 선택하는 대전 모드를 고를 수 있다. 대결에서 승리하면 포인트를 받으며, 그라비아 SHOP에서 사진을 살 수 있다.

스트라이더 비룡

ACT　NEC 애비뉴　1994년 9월 22일　6,000엔

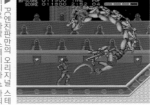

▶ PC엔진판만의 오리지널 스테이지가 추가되어 플레이할 수 있다. 이로써 신선한 느낌으로 플레이할 수 있다.

아케이드에서 가동되던 액션 게임의 이식작. 큼직한 캐릭터가 점프와 슬라이딩을 구사하며 빛의 검 '사이퍼'로 적을 베어버리는 호쾌한 게임성이 매력이다. PC엔진판은 중간 보스와 스테이지 보스에 대사가 추가되어 스토리성을 강조했다.

탄생 : 데뷔

SLG　NEC 애비뉴　1994년 9월 22일　7,800엔

▶ 주인공이 담당하는 아이돌 연습생은 3명, 그녀들의 능력치에 달린 엔딩으로의 연출이 올 클리어 요소. 담당하는 아이돌은 12종류에 달린다.

원작은 PC-9801용 육성 시뮬레이션 게임. 「졸업 ~Graduation~」의 자매작에 해당한다. 주인공은 약소 프로덕션의 신인 매니저가 되어, 2년 동안의 레슨과 활동으로 아이돌 연습생을 육성해 아이돌 대상 그랑프리를 수상해야 한다.

YAWARA! 2

AVG　소픽스　1994년 9월 23일　7,900엔

▶ 디지털 코믹이라 스토리와 오프닝만을 보는 게임이지만 애니메이션의 분위기만를 재현해냈다.

전작에 이은 디지털 코믹. 서브 캐릭터인 이토 후지코 시점으로 진행되는 게 특징으로, 원작에서 서울올림픽 후 전문대 재학과 아지사이 컵 우승까지를 그린다. '대전형 액션 게임'과 '퀴즈', '캐릭터 데이터베이스' 등의 보너스 요소도 충실. 주제가는 TV 애니메이션 기준.

HARDWARE | 1987 | 1988 | 1989 | 1990 | 1991 | 1992 | 1993 | 1994 | 1995 | 1996 | 1997 | 1998 | INDEX

HARDWARE
1987
1988
1989
1990
1991
1992
1993
1994
1995
1996
1997
1998
INDEX

사크 Ⅲ : The eternal recurrence
RPG　NEC 홈 일렉트로닉스　1994년 9월 30일　7,800엔

▶ 이번에도 전작들처럼 점프가 필수인 장소가 있어, 절벽이나 성벽을 뛰어넘어야만 한다.

전작으로부터 2년 뒤, 요마 3장군의 마지막 생존자 '좀 디자에'를 쓰러뜨리기 위해 전쟁의 신 듀얼의 후예이자 최강의 검 사크 소드의 소유자 라토크 카트가 나선다. 「사크」 시리즈 마지막 작품. 비스듬한 탑뷰로 표시되는 'VR 시스템'으로 깊이감 있게 세계를 표현해냈다.

드래곤 하프
TBL　마이크로캐빈　1994년 9월 30일　7,800엔

▶ 보드 위에서 발생하는 이벤트는 대부분 원작의 분위기를 살린 코믹한 내용이다.

미타 류스케의 만화 원작의 보드 게임. PC-9801판도 발매되었지만 내용이 다르며, PC엔진판은 전년 발매된 OVA의 성우진이 목소리를 연기했다. 경로 상에 있는 마을과 도시를 방문해 3종의 신기를 모아, 마왕 아자토데스를 물리치는 것이 목적. 4인 동시 플레이 가능하다.

여신천국
RPG　NEC 홈 일렉트로닉스　1994년 9월 30일　7,800엔

▶ 여신마다 설정되어 특정한 옷을 입으면 이게 딱 이지 그래픽이 장 1장짜리 란 사진이 나온다.

잡지 '전격 PC엔진'의 독자참여 기획을 롤플레잉 게임화했다. 이 작품 전용으로 디자인된 오리지널 캐릭터 '링링'이 주인공으로, 세계에 흩어진 여신 수정구를 회수하러 4명의 여신과 함께 여행을 떠난다. 특징은 옷을 갈아입히면 캐릭터의 모습과 능력치가 변화한다는 점.

스타틀링 오디세이 Ⅱ : 마룡전쟁
RPG　레이포스　1994년 10월 21일　9,600엔

▶ 미츠이시 코토노와 이노우에 카즈히코 등 퀄리티 비주얼과 호화 성우진이 출연, 연고한 신을 화려하게 연출한다.

왕도적인 내용으로 유명한 롤플레잉 게임 제 2탄. 하이넬드 왕국의 젊은 왕자 로빈 솔포드가, 동료들과 함께 8마리 마룡을 봉인하기 위한 여행을 떠난다. 비주얼과 시스템 등 다양한 부분이 업그레이드되어, 개성적이고 드라마틱한 스토리가 전개된다.

바스테드
RPG　NEC 애비뉴　1994년 10월 21일　7,800엔

▶ 플레이어로서 꼐끼나 공략이 당황할 남김없이, 매끄럽게 진행할 수가 전혀 없어, 수가 있다.

스토리와 비주얼에 중점을 둔 액션 롤플레잉 게임. 태고의 비보 '바스테드'를 얻은 기사 라이자와 마법사 애니타가 마슬린 왕국의 내분에 휘말린다. 비주얼 데모 대부분이 개그성 장면 위주이며, 에로한 장면 중엔 유두가 보이는 그래픽도 들어가있다.

비류전 컬렉션 : 와타나베 미나요
ETC　플래닛　1994년 10월 25일　5,800엔

▶ 전 오냥코클럽 회원번호 29번. 풀 누드일 때도 탑과 언더를 가리는 스타일로 인기를 얻었다.

사진집 'Trap 함정에 빠뜨려주지!'의 디지털 판이라 할 타이틀. 와타나베 미나요의 내레이션 및 BGM과 함께 이미지 비주얼을 즐길 수 있고, 포토 신에서는 선호하는 사진을 저장할 수 있다. 게다가 포토 신에서 숨겨진 영상을 발견하면 화면 가득 박력 있는 사진이 표시된다.

졸업사진 / 미키

SUPER CD-ROM² SYSTEM

AVG　코코너츠 재팬　1994년 10월 28일　8,980엔

고전적인 마구잡이 찍기식 커맨드 선택형 어드벤처 게임. 이식되면서 멀티 엔딩을 채용했다.

원작은 PC-9801용으로 발매된 미소녀 어드벤처 게임. 끝나버린 사랑을 마무리짓는 「졸업사진」과, 타임 슬립으로 과거로 돌아가 미래를 바꾸는 「미키」를 합본 이식한 작품. 「졸업사진」은 PC판과 달리 주인공을 고를 수 있고, 일부 장면에 성우 연기가 들어갔다.

블러드 기어

SUPER CD-ROM² SYSTEM

ACT　허드슨　1994년 10월 28일　6,800엔

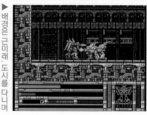

배경은 근미래 도시를 다루며 횡스크롤 화면으로 높이 지적이지 않다. 무장을 갖춰 물러치친다. 날뛰어도는 그림도

파워드 기어라 불리는 로봇 병기를 조종해 적과 싸우는 액션 롤플레잉 게임. 맵 화면에서 이동할 곳을 결정한 후 횡스크롤 화면으로 이동한다. 도시에서는 정보 수집 외에 파워 업 파츠를 구입할 수 있다. 스토리 도처에 삽입돼 있는 비주얼 신이 상당히 멋지다.

바쥬라 2

LD-ROM²

STG　데이터 웨스트　1994년 10월 31일　9,800엔

수하르면 패스워드가 SIDE 2에서 입력되어 있었다. SIDE 1을 클리어하면 SIDE 2에서 표시되어 3D 고글용 영상으로 즐길

전작과 동일한 조종석 시점의 3D 슈팅 게임. 전작에서 쓰러뜨렸던 적이 힘을 길러 플레이어가 조종하는 '바쥬라'를 기다린다. 이번 게임의 목표는 6마리의 보스(괴뢰귀)를 격파하고 적 기지를 파괴하는 것이다. 전작과는 달리, 보스뿐만 아니라 조무래기 적도 등장한다.

하이퍼 워즈

SUPER CD-ROM² SYSTEM

SLG　허드슨　1994년 11월 5일　6,800엔

토너먼트 위주의 게임이지 플레이어가 제작의 비스트 비트 돼를만 있다. 사용하는 유저 배틀도 준비

원작은 미디어웍스의 잡지 '전격왕' 및 '전격 PC엔진'에 연재되던 독자참가형 게임. 플레이어는 비스트라 불리는 로봇을 제작해 토너먼트를 제패해야 한다. 격투 게임이 아니므로, 게임 내에 액션 요소는 전혀 없다.

드래곤볼 Z : 위대한 손오공 전설

SUPER CD-ROM² SYSTEM

ACT　반다이　1994년 11월 11일　8,800엔

있다. 최종의 총 7스테이지 구성. 클리어하면 다까 프리로 셀편을 즐길 스테이지인 수 있는

세계적인 지명도의 유명 만화·애니메이션이 PC엔진으로도 등장. 스토리는 천하제일무도회 전날, 아버지를 잘 모르는 오천을 위해 오반이 과거의 싸움을 회상하며 오공이 어떤 인물인지 알려준다는 내용이다. 오공이나 오반을 조작해 세미 오토로 싸우는 플레잉 애니메이션.

전뇌천사 : 디지털 앙쥬

SUPER CD-ROM² SYSTEM

AVG　토쿠마쇼텐 인터미디어　1994년 11월 16일　7,800엔

마우스 대응

도적인 전개. 다만 메시지를 스킵하면 그림과 목소리가 어긋납니다. 미소녀와 메카닉을 조합한 왕

PC-9801에서 이식된 어드벤처 게임. 원작은 토쿠마쇼텐의 잡지 '테크노폴리스'에 연재되던 만화로, '길에서 주운 플로피디스크를 실행시키자 PC에서 여자아이가 나타났다'라는 내용으로 시작된다. 히로인 '폴'을 비롯해 동거하는 여성들이 7명까지 늘어난다.

 백업 메모리 지원　 메모리 베이스 128 지원　 마우스 지원　 6버튼 패드 지원

HARDWARE
1987
1988
1989
1990
1991
1992
1993
1994
1995
1996
1997
1998
INDEX

퀴즈 애비뉴 III

SUPER CD-ROM²-SYSTEM

ETC　NEC 애비뉴　1994년 11월 25일　6,800엔

▶이 작품의 매력은 퀘스트 모드. 판타지 RPG 풍의 전개로, 전투성만이 퀴즈 형식이다.

스타일에 얽매이지 않는 파격적인 퀴즈 게임 시리즈 제 3탄. 플레이어는 노출도 높은 여성 캐릭터를 조작해 고난이도 투성이 퀴즈에 도전한다. 준비된 문제는 7000종 이상. 선착순 대결인 '배틀 모드'와 공주를 구하러 가는 롤플레잉 게임 형식의 '퀘스트 모드'를 즐긴다.

겟첸디나

SUPER CD-ROM²-SYSTEM

ACT　NEC 홈 일렉트로닉스　1994년 11월 25일　7,800엔

▶미려한 비주얼 신이 다수 있지만 스토리를 친절히 설명해주진 않아, 나름대로 상상하는 재미가 있다.

마왕에게 산 제물로 바쳐진 공주가, 유폐당한 성에서 탈출하기 위해 스스로 싸우는 액션 게임. 쿼터뷰로 묘사된 성 안은 미로와도 같은 구조. 어디까지나 탈출이 목적이므로 몬스터와 싸우는 장면은 적은 편이며, 성 안의 장치들을 어떻게 돌파하느냐가 중요한 게임이다.

코즈믹 판타지 4 : 은하소년전설 격투편

SUPER CD-ROM²-SYSTEM

RPG　니혼 텔레네트　1994년 11월 25일　7,600엔

▶시리즈 중 가장 비주얼에 주력하여, 이벤트 신은 고품질의 애니메이션으로 표현한다.

인기 시리즈 제 4탄에 해당하는 작품으로, 스토리를 완결하진 않았지만 현재로서는 최후의 작품. 스토리는 2편의 주인공 팀인 반·리무·피크의 '리틀 포스' 중심으로, 사실상 2편의 속편이나 다름없다. 전투 신에 AI를 도입해 오토 배틀이 편해지는 등 시스템이 개량되었다.

신일본 프로레슬링 '94 : 배틀필드 in 도쿄 돔

ARCADE CD-ROM²

SPT　후지컴　1994년 11월 25일　9,800엔

▶등장 선수는 20명. 다만 판권 문제로 안토니오 이노키 등 몇 명은 나오지 않는다. 겐몬 체권이치로 등 노기텐류는 있지 않다.

신일본 프로레슬링 공인 프로레슬링 게임. 1994년 1월 4일 개최된 도쿄 돔 대회가 모티브다. 원작은 같은 해 8월 발매된 슈퍼 패미컴판으로, 링 입장 시에는 아나운서 다나카 케로가 호명해준다. 토너먼트와 대전 등, 게임 모드는 총 3가지다.

미소녀 전사 세일러문 Collection

SUPER CD-ROM²-SYSTEM

ETC　반프레스토　1994년 11월 25일　8,800엔

▶미니게임을 제외한 캐릭터들의 개인 치비 비주얼을 100점 이상 모을 수 있다.

'세일러문 R' 기반의 미소녀 전사 5명이 등장하는 미니게임 모음집. 수록된 게임은 각 캐릭터가 주인공인 '우사기의 깃발 올리기 게임', '아미의 퀴즈 게임', '레이의 옷 갈아입히기 게임', '마코의 엉덩이 씨름 게임', '미나코의 대결 가위바위보 게임'까지 총 5종류다.

비류전 컬렉션 Vol.2 사카키 유코

LD-ROM²

ETC　플래닛　1994년 11월 25일　5,800엔

▶주간 플레이보이로 데뷔한 그라비아 아이돌로, 90년대 초반의 글래머 그라비아 붐을 견인했다.

사진집 'TAKE OFF'의 디지털 판. 사카키 유코의 내레이션과 이미지 비주얼을 즐길 수 있다. 블라인드 비주얼이라는 숨겨진 사진도 준비돼 있으며, 전작과 마찬가지로 스토리 모드에서 마음에 든 사진을 앨범에 저장해두어 오리지널 사진집을 만들 수도 있다.

아랑전설 SPECIAL

ACT　허드슨　1994년 12월 2일　6,900엔

아케이드로 인기를 끈 대전격투 게임 「아랑전설」 시리즈 3 번째 작품의 이식작. 사용 가능 캐릭터가 많고, 빈사상태에서 커맨드 입력으로 사용하는 초필살기를 탑재하는 등 획기적인 게임 시스템을 채용했다. 아케이드판에 충실한 이식으로, 로딩도 단축해 플레이가 쾌적하다.

카드 엔젤스

TBL　후지컴　1994년 12월 9일　8,800엔

포커·도둑잡기·스피드·블랙잭 4종의 카드 게임을 즐길 수 있는 미니게임 모음집. 스토리를 따라가는 일반 모드 외에 '프리 플레이'도 준비돼 있어, 일반 모드에서 클리어한 여성을 선택해 선호하는 게임으로 대전할 수 있다.

아키야마 진의 수학 미스터리 : 비보 '인도의 불꽃'을 사수하라!

AVG　NHK 소프트웨어　1994년 12월 10일　8,000엔

수학자 겸 탤런트 아키야마 진이 주인공인 어드벤처 게임. 타이틀의 '인도의 불꽃'이란 작중 등장하는 보석 이름으로, 이를 노리는 도적 일당과 탐정 역인 아키야마의 공방전이 그려진다. 게임 내에선 배우가 본업이 아닌 아키야마 대신 성우 사카 오사무가 목소리를 맡았다.

멜론 브레인

ETC　파이오니어　1994년 12월 15일　13,000엔

레이저액티브로 발매된, 인간과 돌고래의 관계를 탐구하는 것이 주제인 교육용 영상 소프트. 다큐멘터리 영상과 해양 포유류 전문가의 인터뷰 영상을 모았다. 돌고래의 생태, 신체구조, 신화 등 다양한 정보를 한 장에 집약한 비디오 컬렉션이다.

후지코·F·후지오의 21에몽 : 될 수 있다! 호텔왕

TBL　NEC 홈 일렉트로닉스　1994년 12월 16일　6,800엔

근미래가 주제인 후지코·F·후지오의 작품 '21에몽'의 세계가 모티브인 보드 게임. 「모모타로 전철」처럼, 주사위를 던져 필드를 진행해 공터를 사거나 호텔을 건설한다. 단순한 말판놀이뿐만 아니라 액션 요소가 강한 미니게임을 다수 연계해, 쉽게 질리지 않도록 배려했다.

로도스도 전기 II

RPG　허드슨　1994년 12월 16일　7,800엔

인기 판타지 소설의 게임화 제 2탄. PC-9801로 발매된 같은 제목의 타이틀 이식판이지만, 설정은 OVA판을 따르고 있다. 스토리는 전작의 몇 년 후, 원작 2권부터 7권까지에 해당하며, 주인공은 스파크로 바뀌었다. 전투 신은 시뮬레이션 요소가 강하다.

블루 시카고 블루스

AVG　리버힐 소프트　1994년 12월 20일　9,800엔

▶ 등장 배우들이 이전 작품의 CG 캐릭터와 꽤 닮아, 시리즈 팬이라면 위화감 없이 플레이할 수 있다.

실사영상을 사용하여 제작된, '형사 J.B.해럴드' 시리즈 4번째 작품. 레이저액티브로 발매된 이 작품은 커맨드 선택형 어드벤처 게임이다. 사망한 과거의 동료 캐서린이 억울하게 뒤집어쓴 오명을 풀어주기 위해 수사에 나서는 J.B.해럴드가 그려진다.

아르남의 이빨 : 수인족 12신도 전설

RPG　라이트 스터프　1994년 12월 22일　8,300엔

▶ 모리키와 토시유키, 토마유미 등의 호화 성우진을 기용한, CD를 깨끗한 음성이 이야기의 몰입감을 활성시킨다.

일러스트레이터 키무라 아키히로가 제작총지휘를 맡은 롤플레잉 게임. 인종차별이 주제로, 12부족의 수인 대표가 인간사회에서 배척당하면서도 인간들을 지키는 싸움에 몸을 던지는 이야기가 그려진다. 전투는 턴제 커맨드 선택식 진행으로, RPG로서는 전형적인 타입이다.

봄버맨 패닉 봄버

PZL　허드슨　1994년 12월 22일　6,800엔

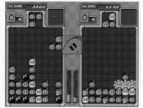

▶ ㄴ자 형으로 떨어지는 봄버맨을 가로·세로·대각선 어느 쪽으로든 맞춰 없애는 심플한 게임이다.

「봄버맨」 시리즈의 캐릭터를 사용한 낙하 계 퍼즐 게임. 원작은 같은 제목의 아케이드 게임으로, 여러 기종으로 이식되었다. PC엔진판은 5명까지 동시 대전을 지원하며, 메인 모드인 'STORY 모드' 외에 '다함께 봄버하자!', '봄버 사로 가는 길' 3가지 모드를 탑재했다.

J리그 트리멘더스 사커 '94

SPT　NEC 홈 일렉트로닉스　1994년 12월 23일　7,800엔

▶ 종스크롤 축구 게임. 게임 속 돈은 물론, 컴퓨터의 난이도도 5단계로 조절할 수 있다.

휴먼이 개발한 「포메이션 사커」 시리즈 중 한 작품. J리그 공인 게임으로, 당시 리그에 소속된 총 12개 팀의 클럽명과 선수명이 전부 실명으로 수록되었다. 리그 전과 컵 전, 올스타 등 축구 게임에 필요한 요소는 전부 들어 있다.

졸업 II : Neo Generation

SLG　리버힐 소프트　1994년 12월 23일　8,800엔

▶ 나하지메와 크레이지 캣츠의 멤버들이 원래 모티브다. 학생들의 성이 재즈 밴드 혹은

졸업이 테마인 육성 시뮬레이션 게임. 전작과 마찬가지로 문제아 5명을 지도해, 무사히 졸업도 시키고 일류대학 합격도 노린다. 캐릭터 디자인은 만화가 코바야시 히요코가 담당했다. 여러 플랫폼으로 이식되어 인기를 얻은, 미소녀 게임의 역사에서 빼놓을 수 없는 작품.

트래블러즈! 전설을 날려버려라

RPG　빅터 엔터테인먼트　1994년 12월 29일　8,800엔

▶ 이 작품은 트래블러즈(모험가)인 검사 우르가 펼치는 코믹터치 스토리를 그리고 있다.

'본격 인형극 RPG'를 표방한 롤플레잉 게임. 애니메이션 풍 비주얼 신이 전혀 없는 대신, 이벤트 신과 전투 신에서 캐릭터가 활발하게 움직이는 것이 특징이다. 내키는 대로 일을 맡던 모험가가 싸움에 휘말려 세계를 구하게 되는 스토리가 총 3장으로 전개된다.

1995

PC Engine SOFTWARE ALL CATALOGUE

1995년의 발매 타이틀은 36종으로, PC-FX도 출시된 뒤인지라 PC엔진이 누가 봐도 쇠퇴기로 접어들고 있던 시기다. 「애·초형귀」와 「아네상[姐]」 등 일부 이색적인 노선의 작품을 제외하면, 출시된 타이틀들이 미소녀 캐릭터가 세일즈 포인트였던 미소녀 게임 노선 일색으로서 고정수요층에 확실하게 어필하는 발매 라인업을 지향했음을 쉽게 알 수 있다. 그중에는 「마작소드 : 프린세스 퀘스트 외전」이나 「은하여경전설 사파이어」처럼 훗날 고가의 프리미엄이 붙는 타이틀도 포함돼 있어, 지금 플레이하기에는 이 프리미엄이 큰 장애물이기도 하다. 또한 PC엔진 최후의 대작이라고도 하는 「린다큐브」도 이 해에 발매되었는데, 꼭 PC엔진 실기로 플레이해보길 바라는 타이틀 중 하나다.

프린세스 메이커 1

SLG　NEC 홈 일렉트로닉스　1995년 1월 3일　8,800엔

PC에서 히트한 게임을 이식한 타이틀로, 마왕에게서 왕국을 구해낸 용사가 고아 소녀를 입양해 아버지로서 키워나가는 육성 시뮬레이션 게임. 가이낙스와 아카이 타카미의 대표작 중 하나다. 10살 소녀를 교육하여 공부와 학습, 무사수행, 아르바이트 등의 다양한 경험을 통해 소녀의 성격과 매력 등의 각 능력치를 성장시켜, 직업이 결정되는 18세 때 공주가 되는 것을 목표로 노력한다. PC엔진판에는 공식 가이드북과 드라마 싱글 CD가 동봉되었다.

메탈 엔젤 2

SLG　팩 인 비디오　1995년 1월 20일　8,900엔

2019년이 무대인 SF 설정의 격투 육성 시뮬레이션 게임. 플레이어는 스미비시 풀 메탈 배틀 팀의 감독이 되어 챔피언을 키워내야 한다. 후보생은 미소녀 3명. 그들 중 한 명을 골라, 한정된 시간 내에서 최대한 훈련시키자.

섹시 아이돌 마작 : 야구권의 시

TBL　일본물산　1995년 1월 31일　8,500엔

탈의마작과 야구권을 접목시킨 18세 이상 권장 게임. 당시 인기 있던 섹시 아이돌이 16명 등장한다. 마작의 경우 컴퓨터의 사고시간이 빨라, 본격적인 4인 대국을 즐길 수 있다. 감상 모드가 따로 없으므로, 보너스 그래픽을 보려면 매번 마작대회에서 우승해야만 한다.

 백업 메모리 지원　 메모리 베이스 128 지원　 마우스 지원　 6버튼 패드 지원

파이프로 여자 돔 초녀대전 : 전녀 VS JWP

데이터 이동 유틸리티 내장

SPT　휴먼　1995년 2월 3일　9,800엔

▶ 등장하는 레슬러는 양 단체를 합쳐서 24명. 물론 전부 실명이며, 각자의 고유 기술도 전부 수록했다.

전일본 여자 프로레슬링·JWP 2개 단체 공인 프로레슬링 게임. 시스템은 역대 시리즈를 답습했으며, 실사 사진은 물론 기합소리도 본인 목소리를 수록하는 등 CD-ROM이기에 가능한 시도를 집어넣었다. 서바이벌 전, 리그 전, 토너먼트 등 게임 모드는 총 4개이다.

애·초형귀

STG　메사이야　1995년 2월 24일　8,900엔

▶ 마든 아름답게 묘사되는 포징의 기술을 쓸 때면 디테일하게 움직인다. 일하게 움직인다.

명작이면서 병맛인 전설의 슈팅 게임 「초형귀」의 속편. 전작과는 시스템이 달라져, '타임 오버'에 걸리지만 않으면 게임 오버되지 않는다. 반대로 컨티뉴 역시 없으므로, 화면 상단의 모래시계를 계속 주목할 필요가 있다. 총 4개 스테이지로, 볼륨이 적다는 것이 단점.

아네상[姐]

ACT　NEC 애비뉴　1995년 2월 24일　7,800엔

▶ 스테이지는 3개 라인으로, 적을 일정 수 쓰러뜨리면 진가능. 도중에는 회복 물리치 아이템도 전 나 뒤며 떨어져있다.

여성 폭주족(레이디즈)가 주인공인 벨트스크롤 액션 게임. 「초형귀」의 여성판 격 작품으로, 플레이어 캐릭터로 주인공 '아이'와 그 친구 중 하나를 고른다. 스테이지 끝에 있는 보스 전을 돌파하면 쓰러뜨린 보스는 동료가 된다. 최종보스 '총장'을 쓰러뜨리면 엔딩이다.

가부키 일도량담

ACT　허드슨　1995년 2월 24일　7,800엔

▶ 2버튼 패드를 사용할 때로 전환 가능하는 개발에 관여하지 않는 SELECT 버튼으로 전환하는 것은 앉았다.

「천외마경」 시리즈의 캐릭터를 활용한 대전격투 게임. 주인공은 「천외마경 Ⅱ」의 조연이면서도 주인공을 넘는 인기를 누린 가부키 단쥬로로, 「천외마경 풍운 가부키전」에 이어 주인공에 발탁되었다. 조작은 「스트리트 파이터」 시리즈처럼 펀치·킥에 각 3버튼을 사용.

작신전설 : QUEST OF JONGMASTER

TBL　NEC 홈 일렉트로닉스　1995년 2월 24일　6,900엔

▶ 가정용 게임기인 만큼 필드 화면에서도 임의로 조작 가능해 세이브 할 수 있고 여관에서도 있었다.

원작은 아케이드와 네오지오 CD로 발매된 탈의마작 게임이다. 1991년 타이토가 발매한 「마작 퀘스트」와 세계관이 동일해, 해당 게임의 캐릭터도 등장한다. 시스템은 판타지 세계를 무대로 한 RPG 풍이며, 적과의 전투를 마작으로 대체했다.

슈퍼 리얼 마작 P·Ⅴ 커스텀

데이터 이동 유틸리티 내장

TBL　나그자트　1995년 3월 3일　9,800엔

▶ 전작처럼 탈의 장면은 자체 규제 하긴 했지만, 히로인에 따라 유 두까지는 보여주기도 한다.

전년에 아케이드로 가동된 게임의 이식판으로, 부드러운 움직임의 탈의 장면이 특징인 마작 게임. 스토리는 아케이드판과 다르며, 플레이어는 사진부 부장이 되어 3명의 미소녀에게 모델을 부탁하게 된다. 해상도는 원작 대비로 떨어졌지만, 화면은 깔끔하게 나온다.

솔리드 포스
SLG NEC 홈 일렉트로닉스 1995년 3월 17일 7,800엔

▶ 플레이어는 특수부대 마즈의 대원 쇼우를 조작해, 국가 기밀급 의뢰를 하나씩 해결해야 한다.

「슈바르츠실트」를 개발한 코가도의 SF 전략 시뮬레이션 게임. 국가기관의 지시를 받아, 한정된 수의 유니트와 탄수 제한이 있는 병기로 임무를 달성한다. 미션 수는 적지만 초 반부터 빡빡하기 이를 데 없는 하드코어 게임. 오프닝 등의 비주얼 신도 코가도답게 멋이 있다.

드래곤 나이트 & 그래피티
RPG NEC 애비뉴 1995년 3월 31일 7,800엔

▶ 이 작품도 시리즈의 타 작품처 럼 그래피를 PC엔진용으로 새로 그리고 호화 성우진을 기용했다.

PC로 대히트를 기록한 성인용 게임을 이식한 작품. 「위저 드리」 스타일의 3D 던전 형 RPG로, 사로잡힌 미소녀들을 구출하는 것이 목적이다. 이 타이틀에는 '그래피티 모드'가 탑재되어, 「드래곤 나이트」 1~3편에 등장했던 모든 캐릭 터의 그래픽을 감상할 수 있다.

포메이션 사커 95 : 델라 세리에 A
SPT 휴먼 1995년 4월 7일 9,800엔

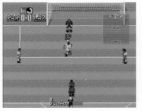

▶ 당시 세리에 A에 소속된 모든 팀의 선수가 실명으로 등장. 대신 국가별 팀은 사용불가.

원작은 같은 해 3월 발매된 슈퍼 패미컴판. 전년도까지는 J 리그가 테마였지만, 제노아 CFC에 미우라 카즈요시가 입 단하면서 무대를 세리에 A로 바꾸었다. UCC의 스포츠음 료 'XAQUA(자쿠아)'와 제휴한 XAQUA 버전도 존재한다.

슬롯 승부사
TBL 일본물산 1995년 4월 28일 8,500엔

▶ 무대는 꿈속에 있는 9개의 섬. 섬 내의 아이돌이 가게에 목표 코인수를 알면 섹시 아이돌 목록 준비된

당시 인기를 누린 섹시 아이돌이 등장하는 작품. 플레이어 는 파치슬로로 생계를 유지하는 자칭 프로가 되어, 준비된 파치슬로와 나인릴을 공략하여 섹시 아이돌의 보스를 노 려야 한다. 섬을 돌아다니며 지정된 숫자의 코인을 지불하 면 섹시한 사진을 볼 수 있다.

레슬 엔젤스 더블 임팩트 : 단체 경영편 & 신인 데뷔편
SPT NEC 홈 일렉트로닉스 1995년 5월 19일 7,800엔

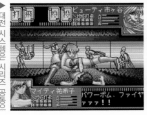

▶ 대전 시스템은 시리즈 공통으 로 카드 5장 중 하나를 내서 서 로 먹는 방식. 상대의 카드보다 강하면 기술이 먹힌다.

PC-9801용으로 발매된 인기 시리즈의 이식판. 2편 '신인 데뷔편'과 3편 '단체 경영편'을 조합해 한 작품으로 만들었 다. 신인 데뷔편은 선택한 신인 레슬러를 세계챔피언으로 육성하는 내용이고, 단체 경영편은 신생 단체를 발전시키 는 것이 목적이다.

기장 루가 II : The Ends of Shangrila
SLG NEC 홈 일렉트로닉스 1995년 5월 26일 8,800엔

▶ 웨이트 카운트는 K=0무게혹은 고 화력일 수록 늘어난다. 빨리 진행하려면 민첩성도 중요하다.

시리즈 제 2탄으로서, 전작의 4년 후 세계를 그린 시뮬레 이션 게임이다. 침략을 지속하는 국가 '그로스베일'을 타도 하기 위한 싸움에 휘말려들게 된다. 이 작품은 턴 제가 아 니라 '웨이트 카운트'라는 속도 개념의 수치가 설정되어, 이것이 0이 되어야 행동할 수 있도록 했다.

  백업 메모리 지원   메모리 베이스 128 지원   마우스 지원   6버튼 패드 지원

151

HARDWARE
1987
1988
1989
1990
1991
1992
1993
1994
1995
1996
1997
1998
INDEX

공상과학세계 걸리버 보이

RPG 허드슨 1995년 5월 26일 7,800엔

▶원안에 히로이 오지·아시다 토요오·토쿄 코헤이 등 호화 스탭이 제작했다. 디자인에 아시다 토요오·캐릭터

과학과 마법이 공존하는 유럽을 무대로 모험을 펼치는 왕도 롤플레잉 게임. HuVIDEO라는 시스템을 사용해, 처음으로 PC엔진에서 애니메이션 동영상 재생을 구현했다. 동영상에 사용된 장면 중 일부는 게임과 같은 시기 방영된 TV 애니메이션에도 쓰였다.

천지무용! : 양황귀

AVG NEC 애비뉴 1995년 5월 26일 8,200엔

▶특히 오리지널 캐릭터로 갤럭시 폴리스의 2급형사도 등장한다. 주요 인물이 전원

같은 제목으로 발매된 PC-9801용 어드벤처 게임의 이식판. OVA 제 1기와 제 2기 사이에 위치하는 에피소드로, 전반과 후반 두 부분으로 내용이 나뉜다. 전반부의 일상 파트에서 어떻게 진행하느냐에 따라 3가지 엔딩 중 하나로 분기되는 시스템이다.

은하아가씨전설 유나 (재발매판)

AVG 허드슨 1995년 6월 16일 6,800엔

▶짧지만 보너스 디스크의 내용은 애니메이션과 일러스트집. 팬에게는 소중한 추가요소. 소지하고 있다면

여고생 아이돌이 빛의 용사가 되어 싸우는 SF 스토리 어드벤처 게임의 재발매판. 내용은 초판과 동일하지만, 본편을 수록한 디스크 외에 'HuVIDEO 시스템 + 일러스트집 CD'라는 명칭의 보너스 디스크가 추가되어, 셀 애니메이션 동영상과 캐릭터 일러스트를 감상 가능.

열혈 레전드 베이스볼러

RPG 팩 인 비디오 1995년 6월 16일 8,800엔

▶건 조무래기와 전투하게 된다. 플레이어는 적이 수비, 수비지향이면 공격지향이면 야구라기와 전투할때는 무조를 향하

'야구'라는 행성을 무대로 펼쳐지는 롤플레잉 게임. 사악한 신이 이끄는 다크 베이스볼러에게서 '야구' 행성을 지키기 위해 성스러운 선수가 된 텐도 쇼마가 동료를 모아 여행하게 된다. 전투는 전부 야구로 구성되는 등, 독특한 게임 시스템을 탑재한 이색적인 작품이다.

프린세스 메이커 2

SLG NEC 홈 일렉트로닉스 1995년 6월 16일 9,800엔

▶지고 마우스를 지원해 조작성을 높였다. 딸의 성장 바리에이션 넣어

용사가 하늘에서 내려온 소녀를 맡아 아버지로서 키워나가는 육성 시뮬레이션의 속편. 게임은 전작을 답습한 시스템이며, 플레이어는 딸의 아버지로서 교육·아르바이트 등의 스케줄을 짜게 된다. 행동에 따라 딸의 능력치가 상승하여, 다양한 모습으로 성장한다.

레니 블래스터

ACT NEC 애비뉴 1995년 6월 23일 7,800엔

▶비주얼 신과 캐릭터끼리의 대화 등은 유명 성우를 기용하여 풀보이스로 펼쳐진다.

캐릭터 디자인·원안으로 일러스트레이터 스에미 준을 기용해 제작된 횡스크롤 액션 게임. '사마엘의 심장'이라는 특별한 보석을 찾아, 니벨룽겐 기사단과 싸운다는 스토리다. 오프닝, 스테이지 막간, 엔딩에는 스에미 준이 그린 미려한 그래픽이 표시된다.

바람의 전설 재너두 II

| RPG | 니혼팔콤 | 1995년 6월 30일 | 9,800엔 |

래
답 자
픽 다.
스 .
현 정
도 캐
선 릭
명 터
해 가
졌 크
다 고
· 도
빛 트
과 해
그 지
림 고
자 ·
의 그
아 래
름 픽
다 표
움 현

용사와 드래곤 슬레이어의 이야기를 다룬 롤플레잉 게임의 속편. 전작과 동일한 탑뷰 형 맵 위에서 사람들과 대화하고 적에게 직접 부딪쳐 물리치는 시스템을 채용했다. 보스 전도 전작과 동일한 사이드뷰 점프 액션이지만, 보스 전 직전의 횡스크롤 스테이지는 폐지되었다.

은하아가씨전설 유나 2 : 영원의 프린세스

| AVG | 허드슨 | 1995년 6월 30일 | 7,800엔 |

라 ▶
카 전
드 작
가 보
파 다
워 일
업 러
되 스
어 트
즐 와
겁 스
다 토
· 리
전 도
투 바
도 뀌
가 어
장 난
올 다
라 ·
갔 도
다 .

귀여운 캐릭터와 호쾌한 SF 스토리를 애니메이션 스타일의 비주얼로 즐기는 디지털 코믹의 속편. 은하 아가씨 콘테스트에서 우승한 유나를 곱게 보지 않는 코사카 에리카가 부하들을 데리고 유나 앞을 막아서면서 또 다시 파란만장한 이야기의 막이 오른다.

아스카 120% 맥시마 버닝 페스트

| ACT | NEC 애비뉴 | 1995년 7월 28일 | 9,800엔 |

많 ▶
다 이
. 작
라 품
각 은
캐 게
릭 임
터 자
의 체
테 뿐
마 만
곡 이
도 아
인 니
기 라
가

지급된 부활동비를 둘러싸고 여고생들끼리 싸우는 대전격투 게임. 주인공은 과학부 소속인 '혼다 아스카'지만, 게임에서는 각 부활동 소속 멤버를 선택할 수 있다. 캐릭터 개개인의 특성을 파악해 경쟁자를 쓰러뜨리자. 이식판인 이작품에는 신 캐릭터 4명이 추가되었다.

스페이스 인베이더 : 디 오리지널 게임

| STG | NEC 애비뉴 | 1995년 7월 28일 | 6,800엔 |

노 ▶
래 옵
가 션
흘 에
러 서
나 사
온 운
다 드
! 를
로 'SONG'으
바 로
꾸 바
면 꾸
, 면
코 ,
즈 '코
믹 즈
VS 믹
모 VS
드 모
'에 드
서 '에서

아케이드용 슈팅 게임 「스페이스 인베이더 DX」를 이식한 타이틀. '오리지널 모드'는 업라이트, T.T(테이블 타입) 흑백, T.T 셀로판, T.T 컬러와 캐비닛을 재현해 수록했다. 또한 PC엔진판 오리지널 모드로, 배경에 소녀가 나오는 '코즈믹 VS 모드'와 '보너스'가 추가됐다.

백 가지 이야기 : 정말로 있었던 무서운 이야기

| ETC | 허드슨 | 1995년 8월 4일 | 6,800엔 |

개 ▶
뿐 대
. 학
이 교
야 의
기 '7
가 대
사 불
의 가
라 사
면 의
서 ,
나 라
오 는
는 실
건 화
6 괴
담
을
수
록
했
다
. 그
런
데

공포소설 '정말로 있었던 무서운 이야기'(아사히 소노라마 출간)의 일반인 투고 실화괴담에 기반한 사운드 노벨. 괴담을 보고 촛불 100개를 전부 끄는 것이 목적이다. 탤런트 이나가와 준지가 감수로 참가, '스페셜 스토리'에서는 이나가와 육성으로 공포 체험을 낭독해준다.

마작 소드 : 프린세스 퀘스트 외전

데이터 이동
유틸리티내장

| TBL | 나그자트 | 1995년 8월 11일 | 8,800엔 |

가 ▶
배 판
울 타
수 지
있 세
다 계
· 이
를
무
대
로
상
대
의
패
를
전
부
보
이
는
등
의
특
수
패

캐릭터 디자인에 애니메이터 마키노 류이치를 기용해 제작한 18세 이상 권장 탈의마작 게임. 어떤 소원이든 딱 하나 이뤄준다는 전설의 검 '마작 소드'를 찾아내기 위해 여행에 나서게 된다. 경쟁자 프린세스들과 마작으로 대결해, 승리하면 야한 애니메이션을 볼 수 있다.

HARDWARE
1987
1988
1989
1990
1991
1992
1993
1994
1995
1996
1997
1998
INDEX

프라이빗 아이 돌

AVG　NEC 홈 일렉트로닉스　1995년 8월 11일　7,800엔

월간 '아니메쥬'에 연재되었던 추리소설을 원작 삼아 게임화한 작품. 원작 스토리에 신규 시나리오 2개를 더해 총 3화로 구성했다. 주인공인 미소녀 '메이 스타'는 인기 상승 중인 아이돌이자 탐정. 파트너인 입체영상 인공지능체 '내비'와 힘을 합쳐, 촬영현장이나 여행지에서 벌어지는 사건을 해결하게 된다. 일반적인 어드벤처 게임과 달리 지도를 만들거나 퍼즐을 푸는 등 행동의 다양성이 풍부해, 플레이어가 싫증을 내지 않도록 했다.

진 원령전기

AVG　후지컴　1995년 9월 22일　8,500엔

PC-9801용 게임이었던 「원령전기」를 이식한 어드벤처 게임. 플레이어는 영능력을 지닌 프로그래머 키타하라 히로유키가 되어, 30일 내에 원령에게서 도시를 구해내야만 한다. 그래픽을 리뉴얼하고 샘플링된 효과음을 넣는 등, 원작에 비해 연출이 대폭 발전했다.

더 티비 쇼

ACT　라이트 스태프　1995년 9월 29일　6,800엔

최대 4명까지 대전할 수 있는 퍼즐 액션 게임. 스토리 모드와 대전 모드가 있고, 각각 규칙이 다르다. 스토리 모드에서는 스테이지에 존재하는 보물선을 폭탄으로 파괴하여 출현하는 아이템을 모두 회수하면 클리어. 대전 모드는 발판을 파괴해 상대를 떨어뜨리면 승리한다.

린다큐브

RPG　NEC 홈 일렉트로닉스　1995년 10월 13일　7,800엔

「천외마경」을 제작했고 후일 「건퍼레이드 마치」로 이름을 떨치는 알파 시스템이 제작한 SF 롤플레잉 게임. 엽기적이면서도 중독성 있는 게임으로 유명한 작품이다. 플레이어는 주인공 켄을 조작해, 파트너 린다와 함께 종말의 날이 닥쳐오기 전까지 행성 네오케니아에 사는 120종류의 동물을 암수 한 쌍씩 확보해야만 한다. 준비된 시나리오는 3종류. 같은 세계와 캐릭터로 구성했으면서도 완전히 다르고도 쇼킹한 세 가지 이야기가 전개된다.

GOKU

ETC 파이오니어 1995년 10월 20일 13,000엔

LD-ROM²용으로는 마지막 작품. 에듀테인먼트라 불리는 교육용 소프트다. 신화학자 아라마타 히로시의 새 해석에 의한 해설로 고대 7대 불가사의를 소개한다. 기자의 대 피라미드와 바빌론의 공중정원 등, 고전·고대 세계의 7대 불가사의를 고품질 CG 영상으로 재현했다.

쇼기 데이터베이스 : 기우(棋友)

TBL 세타 1995년 10월 27일 6,900엔

프로 쇼기 기사의 과거 명 대국이 약 1만 국이나 수록된 데이터베이스 소프트. 소프트 발매 당시 활약하던 프로 기사 168명의 개인 데이터도 검색해볼 수 있다. 물론 컴퓨터와의 대국 모드도 탑재했고, 3단계 난이도로 나뉜 박보장기 250문제도 준비되어 있다.

은하여경전설 사파이어

STG 허드슨 1995년 11월 24일 6,800엔

「은하아가씨전설 유나」의 아키타카 미카를 캐릭터 디자인에 기용해 제작한 슈팅 게임. 원래 「게이트 오브 선더」와 「윈즈 오브 선더」에 이은 3연작으로 개발중이었지만, 당시 시장상황에 맞춰 서둘러 「유나」의 흐름을 잇는 작품으로 바꿔버려, 제목도 「은하여경전설 사파이어」가 되었다. 급하게 변경된 탓에 히로인의 등장장면이 적기는 하나, 반대로 생각해 보면 슈팅 게임으로서는 제대로 완성돼 있는 코어한 작품이라는 얘기도 된다.

동급생

AVG NEC 애비뉴 1995년 11월 23일 8,800엔

PC로 인기를 끈 연애 어드벤처 게임. 동급생 소녀들과 어떤 관계가 되느냐에 따라 주인공의 연애에 변화가 생겨나는 멀티 스토리 시나리오 시스템이다. 성인용 게임이었던 PC판의 과격한 묘사는, PC엔진판에서는 소프트한 방향으로 각색되었다.

성야 이야기 : ANEARTH FANTASY STORIES

RPG 허드슨 1995년 12월 22일 7,800엔

허드슨 최후의 PC엔진용 게임으로, 멀티 시나리오 RPG를 표방하고 등장했다. 주인공은 버림받은 아이로, 시작할 때 누가 발견해 거두느냐에 따라 직업과 스토리가 4종류로 변화한다. 레벨 개념이 없고, 전투 중의 행동으로 성장이 결정되는 등 독특한 시스템을 채용했다.

HARDWARE
1987
1988
1989
1990
1991
1992
1993
1994
1995
1996
1997
1998
INDEX

1996

PC Engine
SOFTWARE ALL CATALOGUE

이 해에 발매된 게임은 7종. 이미 타사 32비트 게임기들도 소프트 라인업이 충실해진 시기였기에, 굳이 낡은 세대의 기종으로 게임을 즐기는 유저는 상당히 줄었으리라 여겨진다. PC엔진으로 게임을 발매한 제작사도 TGL 판매와 토쿠마쇼텐 인터미디어

를 제외하면 NEC 애비뉴, NEC 홈 일렉트로닉스, NEC 인터채널 등 완전히 NEC 그룹 계열 위주로 기울어, 이미 서드파티는 거의 철수한 상황이나 다름없었다.

다만, 이후 페이지로 소개하는 게임들은 하나같이 기종 말기 소프트답게

PC엔진이라는 하드웨어를 안정되게 활용해낸 작품들뿐이라 게임 자체로도 평가가 높다. 하이스펙 게임기로는 맛볼 수 없는 소박하고 안정된 느낌을 꼭 맛보도록 하자.

SUPER CD-ROM SYSTEM   스팀 하츠

STG   TGL 판매   1996년 3월 22일   8,800엔

▶ PC판과 동일한 종스크롤 슈팅이지만, 등장하는 캐릭터와 스테이지 구성은 원작과는 완전히 다르다.

▶ 바이러스 치료를 위해 항체를 주입하는 장면, 원작과는 달리 에로한 짓은 하지 않는다.

PC-98용으로 발매되었던 종스크롤 슈팅 게임의 이식작. 행성을 관리하는 지적생명체 엠브리오가 바이러스 감염으로 폭주를 일으키자 항체 이식에 성공한 남녀가 그들을 치료하기 위해 공중전에 뛰어든다는 설정이므로, 스테이지를 클리어하면 보스에게 항체를 주입하는 보너스 CG가 나온다. 게임은 라이프 제를 채용했고, 2인 동시 플레이도 가능. 초보자도 쉽게 즐길 수 있는 게임 밸런스지만, 보스와 대화하는 중에도 공격이 계속되므로 방심할 수 없다.

SUPER CD-ROM SYSTEM   뿌요뿌요 CD 투[通]

PZL   NEC 인터채널   1996년 3월 29일   7,800엔

▶ 아케이드로 친숙한 귀여운 캐릭터는 유지하면서, CD의 특성을 활용해 음성을 추가했다.

아케이드판이 원작인, 컬러풀한 낙하 계 퍼즐 게임의 이식작. 같은 색의 '뿌요'를 붙여서 없애 연쇄시켜, 대전 상대에게 폭발적인 수의 '방해뿌요'를 몰아 보내는 재미가 있다. 전작보다 연쇄의 위력이 강력해진데다, 연쇄를 상쇄할 수도 있게 되어 더욱 대전이 뜨거워졌다.

SUPER CD-ROM SYSTEM   버진 드림

SLG   토쿠마쇼텐 인터미디어   1996년 5월 31일   8,800엔

▶ 바이트로 직접 벌어야 한다. 주의의 육성에 필요한 자금은 아르바이트로 직접 벌어야 한다· 아르바이트로 능력치는 변동하니 주의.

캐릭터 디자인을 만화가 유즈키 히카루가 맡은, 「프린세스 메이커」 타입의 육성 게임. 처음에 여배우나 아이돌 등 목표로 삼을 직업을 결정하고, 그에 맞춰 연습생을 육성해간다. 미츠이시 코토노와 하야시바라 메구미 등, 등장하는 히로인 역에 호화 성우진을 기용했다.

STG 슈팅 게임   ACT 액션 게임   PZL 퍼즐 게임   RPG 롤플레잉 게임   SLG 시뮬레이션 게임   SPT 스포츠 게임   RCG 레이싱 게임   AVG 어드벤처 게임   ETC 교육·기타 게임   TBL 테이블 게임

GO! GO! 버디 찬스

SPT　NEC 홈 일렉트로닉스　1996년 6월 28일　7,800엔

부상으로 프로의 꿈을 접은 주인공이, 골프 명문학교인 성 마스터즈 여학교에서 학생 3명 중 하나를 골라 프로골퍼로 길러내는 육성 시뮬레이션 게임. 시합에서 패배해도 이를 반영하여 스토리가 진행되므로, 결과에 연연하지 않고 시나리오 전개를 즐길 수 있다.

DE·JA

AVG　NEC 인터채널　1996년 7월 12일　7,800엔

원작은 PC-88용으로 발매된 성인용 어드벤처 게임. 물론 18세 이상 권장 게임이다. 주인공은 고고학자로, 갖고 있으면 금발 미녀의 꿈을 꾼다는 신비한 지팡이의 비밀을 풀어달라는 의뢰를 받는다. 이식되면서 모든 그래픽을 새로 그렸고, 텍스트도 그래픽에 맞춰 수정했다.

바자루 데 고자루의 게임이올시다

PZL　NEC 홈 일렉트로닉스　1996년 7월 26일　7,800엔

NEC의 마스코트 캐릭터인 원숭이 '바자루 데 고자루'가 주인공인 액션 퍼즐 게임으로, 「포켓몬스터」로 유명한 게임 프리크 사의 개발로 탄생한 작품. 스테이지 안을 돌아다니는 '바자루 데 고자루'는 플레이어가 직접 조작할 수 없으므로, 미리 정해진 액션 중에서 필요한 것을 선택하고, 이를 조합해 결승점까지 인도해야 한다. 실패하면 리액션과 함께 바자루 데 고자루의 광고 효과음이 흘러나온다.

마도 이야기 I : 불꽃의 졸업 원아

RPG　NEC 애비뉴　1996년 12월 13일　7,800엔

과거 발매된 「마도 이야기 1·2·3」 중 에피소드 1을 이식한 타이틀. 발매시기가 PC엔진 말기였기에, 후속작인 에피소드 2·3도 발매 예정이었지만 결국 취소되었다. 전체적인 구성은 게임 기어판에 가깝다. 이 작품에는 오리지널 마물과 아이템이 다수 등장하는데, 당시 토쿠마쇼텐이 출간하던 잡지 'PC Engine FAN'의 기획을 통해 독자의 아이디어를 모집하여 반영한 것이다. 과거 발매된 「뿌요뿌요」·「뿌요뿌요 투」와 동일한 성우들이 연기했다.

HARDWARE
1987
1988
1989
1990
1991
1992
1993
1994
1995
1996
1997
1998
INDEX

1997~

PC Engine
SOFTWARE ALL CATALOGUE

HARDWARE
1987
1988
1989
1990
1991
1992
1993
1994
1995
1996
1997
1999
INDEX

이 페이지에서 소개할 두 타이틀은 같은 해 발매된 것이 아니라, 발매일 간격이 무려 2년에 달하는 게임이다. 각각 1997년, 1999년에 발매된 타이틀이지만, 지면의 한계로 같은 페이지에 수록하였다.

「척척 워킹♡러브」와 「데드 오브 더 브레인」 모두, 개발기간이 계속 늘어진 탓에 PC엔진 시장이 이미 막을 내린 상황에서 세상에 나온 작품이다. 특히 「데드 오브 더 브레인」 때는 게임 판매점에 PC엔진 코너가 없는 것을 넘어, PC엔진을 취급하는 판매점도 거의 없었을 정도였다. 그래서 소프맵과 멧세산오 단 두 매장에서만 판매했었지만, 그나마 무사히 발매라도 했으니 그야말로 집념의 결실이라 아니할 수 없다. 아마 NEC조차 예상치 못했을 이 상황을 어떻게든 돌파한 점에, 진심어린 박수를 보낸다.

일하는☆소녀 척척 워킹♡러브
SLG　NEC 홈 일렉트로닉스　1997년 3월 28일　7,800엔

▶ 상사인 토프 주임에게서 온 의뢰에 맞춰 적절한 소녀를 파견하며, 표시되는 선택지별로 지시를 내려야 한다.

▶ 육성 파트와 어드벤처 파트로 나뉘며, 비서의 도움을 받아 3명의 능력치를 올려간다.

메가 드라이브로 발매된 「유미미 믹스」에 뒤이어 발매될 예정이었던 육성 어드벤처 게임. 원작·각본·콘티 등은 마찬가지로 만화가 타케모토 이즈미가 맡았으며, 제작 지연으로 발매가 대폭 늦어진 것으로도 유명하다. 무대는 2216년의 미래로, 플레이어는 시민의 의뢰라면 뭐든지 하는 '뭐든지 부' 소속 공무원이 되어 부하인 히카루·나오미·에델트 3명에게 지시를 내려 의뢰를 수행해야 한다. 엔딩은 의뢰 달성상황에 따라 바뀌게 된다.

데드 오브 더 브레인 1&2
AVG　NEC 홈 일렉트로닉스　1999년 6월 3일　7,800엔

▶ 윈도우 내 임의의 장소를 찍어 시나리오를 진행하는 화면 내 클릭 시스템을 도입했다.

▶ 화면 좌상단의 커맨드들을 선택하고,

コール：‥‥しかし、いつ見てもすごい研究室だなぁ。誰が見たってここが大学教授の家とは信じないぜ？

▶ 원작의 시스템을 개량했으며, 커맨드는 'MOVE'와 'SYSTEM'만 남겨 정리했다.

MOVE　SYSTEM

【コール】悪いな、後片付けなんかさせちゃって‥‥。

원작은 PC-9801용 게임으로, 시리즈 1·2편을 합본한 타이틀이다. '사오리 사건'으로 유명한 유한회사 아이데스가 성적 묘사에 의존하지 않는 성인용 게임을 목표로 제작한 어드벤처 게임으로, '시체들의 새벽'과 '터미네이터' 등 인기 영화의 소재를 대량으로 인용했다. 상당히 이른 단계에 제작이 완료되었다고 하나 정작 발매는 본체 유통이 끝난 2년 후에나 이루어졌으며, 그것도 소프맵과 멧세산오에서만 판매되었기에 구입경로가 극히 한정되었다.

Chapter 3
PC-FX
하드웨어 대연구

PC-FX HARDWARE ALL CATALOGUE

HARDWARE

1987
1988
1989
1990
1991
1992
1993
1994
1995
1996
1997
1998
INDEX

해설 **32비트 게임기 전쟁에 참전한 NEC의 히든카드**
COMMENTARY OF PC-FX #1

PC-FX는 정말로 PC엔진의 후계기였던 것일까

PC-FX가 발매된 1994년이 일본 가정용 게임기 역사에서 가장 주목할 만한 해였음에 이의를 제기할 사람은 없을 터이다. 3월에 발매된 3DO REAL을 시작으로 11월에 세가새턴, 12월에 플레이스테이션과 PC-FX가 발매됨으로써 가장 후발주자인 닌텐도 64를 제외한 4개 회사의 게임기가 일제히 발매되어, 차세대 게임기 전쟁이 발발한 해였기 때문이다.

이전까지는 슈퍼 패미컴의 절대적인 지배 하에 있던 게임업계의 세력구도가 종말을 고했으며, 바로 그 닌텐도의 후계기가 개발에 난항을 겪어 시장에 강자가 없는 상황이었기에, 게임업계의 패권을 쥘 절호의 기회를 각 회사들이 넘길 리 만무했다. 각 회사들은 각자의 설계이념에 기반한 개성적인 하드웨어를 무기삼아, 전례 없는 판매 전쟁에 돌입했다.

PC-FX는 같은 세대의 여타 경쟁 게임기와 달리, 3D 표현능력이 전혀 없고 2D와 동영상 표현에 특화되었다는 점이 큰 특징이다. 전세대기인 PC엔진과의 소프트 호환성은 없다. 또한 가정용 게임기로는 최초로 세로로만 놓을 수 있는 디자인을 채용했다. 게임기라기보다는 PC를 연상케 하며 미니

타워 형 PC를 좀 더 축소시킨 듯한 디자인으로, 1994년 굿 디자인상을 수상했다.

PC-FX는 뛰어난 동영상 재생 능력을 활용해, 애니메이션 데모를 다수 사용한 게임 라인업으로 '애니메이션을 좋아하는 게임 팬'들을 어느 정도 끌어들이는 데는 성공했으나, 결국 틈새시장을 노린 전략일 뿐이었다. 또한 급속하게 3D 폴리곤으로 기울어져가는 시장 동향을 예측하지 못했던 치명적인 마케팅 실패로 인해, 단 한 순간도 같은 세대의 경쟁기종을 이겨보지 못하고 총 62종의 게임을 출시하고는 1997년 판매를 종료했으며, NEC 스스로도 가정용 게임기 사업에서 철수했다.

NEC 측은 '3D나 2D나, 최종적으로 화면에 표시될 때는 결국 평면이다'라는 논리로 3D 폴리곤에 성능을 주력한 타 기종을 부정하고 PC-FX의 뛰어난 동영상 재생능력을 강조하곤 했으나, 사실 본질적인 동영상 재생 성능 면에서는 플레이스테이션과 그렇게까지 큰 차이가 없었고, 상대적으로 동영상이 깨끗했던 것도 PC-FX 자체의 성능보다는 NEC 자사의 동영상 인코딩(압축기술)이 뛰어났기 때문이었다. 이

러한 압축기술 노하우는 경쟁사들도 후일 독자적으로 도입했기에, PC-FX의 유일한 매력 포인트였던 동영상 재생의 우위성마저 잃는 결과로 끝났다.

몇 가지 세부적인 차이는 있으나, PC-FX의 본질은 '32비트 CPU를 탑재하고 동영상 기능을 추가한 PC엔진(정확히는 PC엔진 슈퍼 그래픽스)'이며, 차세대기로 부르기에는 성능이 단순히 PC엔진의 파생형 기기 중 하나 정도에 지나지 않았다. PC-FX로 발매된 게임들은 모두, 동영상 부분만 들어내면 PC엔진에서도 구현 가능한 정도의 품질(딱 잘라 말해, 그래픽과 사운드 성능은 PC엔진이나 마찬가지)이며, 진정한 의미로 PC-FX라는 기계의 성능을 제대로 살린 게임 소프트는 거의 존재하지 않았다. 그럼에도 PC엔진과는 호환성이 없고, 가격은 49,800엔이라는 고가로 책정한 탓에, 극히 일부의 열렬한 팬들만이 지지하는 데 그쳤다.

여기서부터는 추측이지만, 원래는 PC엔진에 동영상 기능을 강화시킨 신 모델을 개발한다는 방향성이었으나, 타 회사들이 잇달아 차세대 게임기를 발표하던 시기라 황급히 사양을 변경해 별개 기종으로 발표한 게 진상이 아니었을까? 만약 그렇다면, 확고

▲ PC-FX 발매 전의 팸플릿에서 발췌. 타이틀 미정이라고 되어 있지만, 「배틀 히트」와 「팀 이노센트」로 추측되는 게임 화면이 보인다.

한 이유도 없이 CPU를 완전히 다른 아키텍처의 칩으로 교체하느라 이미 개발 노하우가 풍부했던 6502 기반의 HuC6280을 버리고 말았고, 잠재력을 끌어내기 어려운 RISC 칩을 사용할 수밖에 없게 되었을 뿐만 아니라, PC엔진과의 호환성조차도 스스로 끊어버린 셈이니, 어느 면으로든 실로 바람직하지 못한 선택이었다 하겠다.

PC-FX의 애니메이션 전략

마스코트 캐릭터
롤피

PC-FX 소프트 라인업의 최대 특징이 이 애니메이션 전략이다. PC-FX는 CD-ROM을 매체로 삼은 애니메이션 정보 디스크 잡지 「애니메 프리크 FX」나 애니메이션 팬클럽 운영 등, 철저하게 틈새 유저에 맞춘 홍보 전략을 유지했다. 또한, 이 당시만 해도 드물었던 기업 차원에서의 코믹 마켓 부스 출전을 통해, 현장에서 굿즈를 판매하거나 PC-FX 본체를 직판하기도 했다.

PC-FX 애니메이션 전략의 기둥이라 할 만한 마스코트 캐릭터. PC-FX의 광고에는 매달 새로 그린 롤피의 일러스트를 장식하여 팬들을 기쁘게 했다. 다만 그 일러스트들이 공중전화 카드나 「애니메 프리크 FX」로 지나치게 남용된 점은 좀 실망스럽기도 했다.

PC-FX
애니메이션 팬클럽

'애니메이션 팬클럽' 이라고 이름붙이기는 했으나, 기본적으로는 PC-FX 게임의 신작 정보가 중심이었다. 이따금 게임 체험판이나 통신판매 안내 책자를 보내주기도 했다.

애니메 프리크 FX

PC-FX라고 하면 역시 이것부터 떠올리는 분도 많으리라. 6,800~7,200엔이라는 꽤나 고가의 디스크 잡지지만, 제법 인기가 있었는지 당초엔 3호로 끝낼 예정이었던 게 6호까지 이어졌다. 실제 개발은 「퍼스트 Kiss☆이야기」의 휴넥스가 담당했다.

◀ 어떻게든 내용이 풍성하다는 느낌을 연출하기 위해 컨텐츠를 이것저것 담아냈다. 이제 와서 FX를 구입할 사람은 꼭 입수해볼 것.

HARDWARE

1987
1988
1989
1990
1991
1992
1993
1994
1995
1996
1997
1998
INDEX

NEC가 내놓은, 동영상 재생 능력이 장점인 32비트 게임기

PC-FX

PC-FX

NEC 홈 일렉트로닉스　　1994년 12월 23일　　49,800엔

▲ 본체 사이즈부터가 큰 탓에, 패키지도 상당히 크다.

세로로만 놓을 수 있는 유일한 게임기

PC-FX는 NEC 홈 일렉트로닉스와 허드슨이 PC엔진에 이어 공동 개발한 32비트 차세대 게임기다. 이 기기가 발매된 1994년은 플레이스테이션, 세가 새턴, 3DO 등 32비트 CPU를 탑재한 게임기가 차례차례 등장한 해로, 이들의 경쟁을 이른바 '차세대 가정용 게임기 전쟁'이라고 불렀다. PC-FX는 이런 게임기 전쟁 한복판에, NEC 진영의 간판을 짊어진 채 투입된 하드웨어라 할 수 있다.

PC-FX의 사양

형식번호	PC-FX
CPU	32비트 RISC 프로세서 V810 (21.5MHz)
메모리	RAM : 2MB (메인), 1.25MB (VRAM), 256KB (CD-ROM 캐시), 32KB (백업) ROM : 1MB
그래픽	화면 해상도 : 256×224 ~ 320×240, 최대 1677만 색 발색 가능 스프라이트 : 16×16픽셀 ~ 32×64픽셀 16색 스프라이트 128개 (가로 방향으로는 16개까지) 표시 화면 수 : 최대 9화면 이펙트 : 회전·확대·축소·셀로판·페이드·프라이오리티 동영상 재생 : 30프레임/초 (JPEG, Run-Length) 풀 컬러, 풀 스크린
사운드	ADPCM 2음, 파형 메모리 음원 6음 또는 파형 메모리 음원 4음+노이즈 2음, 스테레오 출력
액세스 속도	300KB/sec. (2배속)
대응 CD 포맷	12cm 및 8cm PC-FX용 CD-ROM, 음악 CD, CD-G, 포토 CD
인터페이스	패드 단자×2, RCA 핀잭×3 (오디오 L/R, 컴포지트 비디오), S단자
슬롯	3개 (백업 메모리 증설용, 메인 메모리 증설용, 기능 확장용)
전원 / 소비전력	AC 100V±10% 50/60Hz / 16W
외형 치수	132(가로) × 267(세로) × 244(높이) mm
부속품	PC-FX 전용 패드, AV 케이블, 취급설명서, 보증서

HARDWARE

1987
1988
1989
1990
1991
1992
1993
1994
1995
1996
1997
1998
INDEX

FRONT VIEW

REAR VIEW

LEFT SIDE VIEW

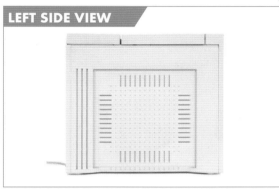

RIGHT SIDE VIEW

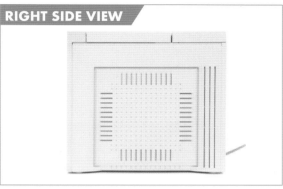

TOP VIEW

BOTTOM VIEW

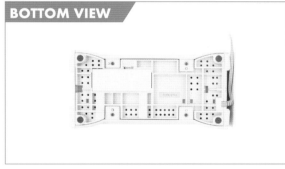

PC-FX의 외관상 특징으로 제일 먼저 눈에 띄는 점은, 타워 형 데스크탑 PC를 연상케 하는 하얀 본체다. 플레이스테이션 4를 비롯해 가로로도 세로로도 놓을 수 있는 게임기는 과거에도 몇몇 존재했지만, 세로로만 놓을 것을 전제로 설계된 가정용 게임기는 이 기기뿐이다.

PC와 유사한 디자인을 선택한 이유 중 하나로, 'PC와의 연동'이라는 컨셉이 꼽힌다. NEC가 PC-FX 보드, PC-FX SCSI 어댑터, PC-FXGA 등, 자사의 컴퓨터인 PC-9801과 연동할 수 있는 주변기기를 여럿 발매하여 다양한 이용

법을 제안했기 때문이다. 유감스럽게도 이런 연동 시도는 '어쨌든 연결해보는' 정도로 끝나 버리고, 그 이후의 활용법을 유저에게 명확히 제시하지 못했다. 그 바람에 수많은 주변기기 기획이 어느 것 하나 성공하지 못한 채 끝나 버려, PC-FX의 판매에도 도움이 되지 않았다.

본체 자체에는 장래의 확장성을 고려하여 다양한 확장 포트를 마련해 뒀지만, 그것이 오히려 단가상승의 요인 중 하나가 되기도 해 판매가격도 49,800엔이라는 고가로 설정되고 말았다. 결국, PC-FX는 PC엔진만큼의 지지

조차 얻지 못한 채 후속기종도 없이 단한 세대로 시장에서 철수하는 결과에 이른다.

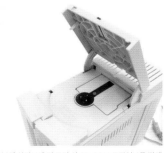

▲ 본체 상단부에 탑 로딩 식 CD-ROM 드라이브를 탑재했다. 같은 NEC의 PC 중에선 PC-8801MC와 유사한 형태다.

HARDWARE

1987
1988
1989
1990
1991
1992
1993
1994
1995
1996
1997
1998
INDEX

커스텀 칩으로 가득한 기판

PC-FX는 하드웨어 구조가 복잡해진 만큼 커스텀 칩이 다수 도입되었다. 또한 커스텀 칩이 늘어난 덕에 기판 자체도 대형이 된데다, 마더보드와 도터보드의 2중 기판 구조가 되었다. 본체의 조립공정도 늘어났고, 다음 페이지에서 서술하겠지만 확장 슬롯도 다수 설치되었으니, 생산단가 면에서는 불리한 설계라 할 수 있다. 이런 요소들을 감안하면, 49,800엔이라는 권장소비자가격도 회사 입장에선 나름 낮추느라고 낮춘 것 아니었을까 싶다.

참고로 마더보드 상에는 1MB의 BIOS ROM이 탑재돼 있는데, 이 칩엔 PC-FX용 소프트 기동은 물론 음악 CD나 포토 CD의 재생, 백업 메모리 관리 등이 가능한 메인 메뉴 프로그램 및 한자 ROM이 패키징돼 있다.

▲ PC-FX의 메인 메뉴 화면. 음악 CD와 포토 CD도 사용할 수 있다.

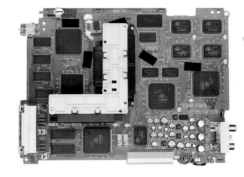

▲▲ PC-FX는 기판 2장으로 구성되어 있다. 왼쪽이 마더보드이고, 오른쪽이 도터보드다.

CPU

PC-FX는 CPU로, NEC가 제조한 V810이라는 32비트 RISC 프로세서를 채용했다. RISC란 '축소 명령어 집합 컴퓨터'의 약자로, 사용 가능한 명령어 수를 줄여 고속 처리를 가능케 한 CPU를 말한다. V810을 비롯한 NEC의 V 시리즈는 원래 소규모 임베디드 시스템에 넣을 용도로 개발된 칩으로, 소형에 낮은 소비전력, 저렴한 가격이 장점이다. 이러한 특징을 살려 가전제품과 팩스, 자동차 등 일반 사용자가 신경 쓸 일이 없는 제어 용도로 사용되는 경우가 많은 CPU다. PC-FX 이외에는, 닌텐도의 버추얼 보이가 채용한 예가 있다.

HuC6280과는 호환성이 전혀 없고, 실제 소프트 개발 시엔 대부분 C 언어를 이용했는데, 이것이 PC-FX가 PC엔진과의 호환성을 갖추지 못한 가장 커다란 이유였다.

▲ 실크 인쇄로는 거의 판독이 안 되지만, PC-FX에 채용된 CPU인 V810이다.

사운드

PC-FX의 사운드 기능은 PC엔진의 CPU인 HuC6280에 탑재되어 있던 사운드 기능을 별개로 독립시킨 커스텀 칩 HuC6230이 담당하며, 성능은 PC엔진의 그것과 동일한 파형 메모리 음원이다.

또한 이 칩과는 별도로 오키 전기의 음원 MSM6258을 탑재하여, 2채널의 ADPCM을 발생시킬 수 있다. 대부분의 게임에서는 이 칩을 이용해 보이스를 재생한다.

사운드 면에서 보면 CD-ROM²을 장착한 PC엔진에 비해 ADPCM이 1채널 늘어난 정도라, 일반적인 BGM은 PC엔진과 다를 바 없어 다소 빈약했다.

▲ 다른 커스텀 칩에 비해 작아 보이는 HuC6230. 나오는 사운드는 PC엔진과 동일하다.

그래픽

PC-FX의 그래픽 기능은 PC엔진에 탑재되었던 HuC6270(VDC : 비디오 디스플레이 컨트롤러)를 2개로 늘리고, 회전·확대·축소 가능한 프레임 버퍼 화면을 구현하는 HuC6271, 동영상 재생을 위한 화면처리를 맡는 HuC6272, 여기에 이들 모두를 한 화면에 통합시켜 화면 출력을 제어하는 HuC6261(VCE : 비디오 컬러 인코더) 등의 여러 커스텀 칩을 추가해 표현한다. 여기서는 PC-FX에서 추가된 기능을 중심으로 해설한다.

HuC6270 (VDC)

PC엔진에 탑재된 칩과 마찬가지로, BG 화면 1장과 최대 64개의 스프라이트 표시가 가능하다. PC-FX는 이 칩을 2개 내장하고 있으므로, BG 2장과 스프라이트 128개를 다룰 수 있다.

HuC6271 (KING)

개발현장에선 'KING 면'이라 불리는 비트맵 정지영상 4장을 다룰 수 있다. 발색 수는 최대 1677만 색. 각 장의 표시 우선순위를 교체하거나, 회전·확대·축소시킬 수 있다.

HuC6272 (RAINBOW)

'RAINBOW 면'이라 불리는, 동영상 재생을 전문적으로 행하는 화면. 발색 수 1677만 색으로 초당 30프레임의 동영상을 재생할 수 있다.

HuC6261 (VCE)

HuC6270, HuC6271, HuC6272가 각각 생성한 화면을 하나로 묶어 영상화된 NTSC 신호로 변환해 표시한다. 참고로, KING 면과 RAINBOW 면은 RGB 컬러가 아니라 YUV 컬러(디지털 비디오 등에서 쓰이는 색 표현)로 제어하기 때문에, RGB 출력은 하드웨어적으로 불가능하다.

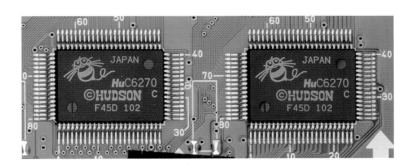

PC-FX의 그래픽 화면 기능 개요

※ HuC6270의 스프라이트, BG에 관한 상세한 기능은 13p를 참조할 것.

— PC-FX의 해상도 —

256×224픽셀, 320×224픽셀

수직 방향으로는 240픽셀까지 데이터화되지만, 오버스캔(브라운관 화면 밖으로 밀려나는 영역)때문에 실제로는 표시되지 않는다.

— HuC6270의 스프라이트·BG —

16×16~32×64픽셀의 스프라이트가 64개 × 2세트
BG 화면 1장 × 2세트

HuC6270을 2개 탑재했으므로, 합쳐서 최대 128개의 스프라이트+2장의 BG를 사용할 수 있다.
어디까지나 독립적으로 처리되어 2세트이므로, 양 세트의 겹침 순서를 통합해 지정할 수는 없다.

— HuC6271 (RAINBOW 면) —

YUV 형식의 풀 컬러(1677만 색) 화면이 1장
동영상 재생 전용으로 사용하는 화면. JPEG 비트맵 화면.

— HuC6272 (KING 면) —

YUV 형식의 풀 컬러(1677만 색) 화면이 4장
프레임 버퍼 화면. 확대·축소·회전·페이드 등의 특수화면처리가 가능.

PC-FX 화면표시 개념도

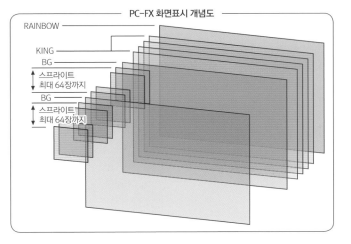

RAINBOW
KING
BG
스프라이트 최대 64장까지
BG
스프라이트 최대 64장까지

HARDWARE
1987
1988
1989
1990
1991
1992
1993
1994
1995
1996
1997
1998
INDEX

컨트롤러

PC-FX의 조작계는 본체에 패드 단자가 2개 장착돼 있고, 순정 패드가 1개 부속돼 있다. 패드 형태는 PC엔진용 아케이드 패드 6(18p)과 매우 유사해, 얼핏 보면 구분이 안 될 정도이다 (뒤집어 생각하면, 그만큼 아케이드 패드 6가 잘 만들어졌다는 의미도 된다).

아케이드 패드 6에 있었던 연사 스위치는 삭제되고, 대신 모드 스위치가 2개 들어가 있다. 하지만 이 스위치는 특정한 기능이 할당된 것이 아니라, 소프트 쪽에서 용도를 자유롭게 부여할 수 있는 범용 스위치. 애니메이션 편중 노선을 택한 PC-FX에서는, 6개나

▲ 겉보기엔 장난감 같은 느낌의 플라스틱 커넥터지만, 흔들림 없이 잘 물려 연결돼 쾌적해졌다.

되는 버튼과 함께 거의 제대로 활용되지 않았던 기능이라 할 수 있다.

패드 단자로 플라스틱 재질의 독자적인 7핀 커넥터를 채용해, PC엔진

시절 평이 나빴던 '잘 빠지는 케이블'이란 단점을 패드 단자 변경으로 개선했다.

확장 슬롯

PC-FX는 확장 슬롯이 3개 내장돼 있고, 각각 EXT1·EXT2·EXT3라는 명칭이 있다. PC엔진처럼 확장에 따른 유연성을 염두에 둔 것이지만, PC엔진의 확장 버스와 달리 본체의 모든 신호가 나가는 것이 아니라, 각각의 슬롯이 SCSI와 메모리 버스 등등 목적별로 특화된 설계다.

EXT1(백업 메모리 증설 슬롯)용으로는 PC-FX 백업 메모리 팩(170p)이, EXT2(기능 확장 슬롯)용으로는 PC-FX SCSI 어댑터(168p)가 각각 발매되었고, EXT3(메인 메모리 증설 슬롯)로는 아쉽게도 지원되는 주변기기가 끝내 나오지 못한 채 PC-FX 시장이 마무리되었다.

PC엔진의 경우 높은 확장성이 곧 본체 생명력의 장수로 이어졌지만,

▲ EXT1 (백업 메모리 증설 슬롯)

▲ EXT2 (기능 확장 슬롯)

PC-FX의 경우엔 풍부한 확장 슬롯이 오히려 단가상승 요인이 되어, 확장 슬롯의 존재가 정반대로 발목을 잡는 결과로 돌아왔다. 최후까지 제대로 쓸 일이 없었던 이 단자들의 존재가 한탄스럽기까지 하다.

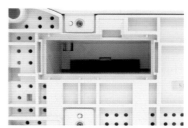
▲ EXT3 (메인 메모리 증설 슬롯)

소프트 매체

PC-FX의 소프트 매체로는 PC엔진이 선구적으로 도입했던 CD-ROM을 이어서 채용했다. 포맷도 일반적인 ISO 9660이 아니라, PC엔진 CD-ROM과 동일 규격의 독자 포맷 디스크다(이 때문에 트랙 1이 경고 메시지, 트랙 2가 프로그램 데이터, 트랙 3 이후가 음악 데이터… 식으로 구성돼 있다). 낡은 규격이다 보니 용량이 540MB라는 단점도 있었지만, 불법복제 방지책이라는 측면도 있었다.

소프트 패키지로는, 초기에는 A5 사이즈의 전용 플라스틱 패키지를 채용했다. 쪽수가 많은 매뉴얼이 들어갈 것을 고려해 범용성 높은 디자인을 택한 것이다. 하지만 소니와 세가 등 타사 경쟁기종은 전부 음악 CD와 동일한 플라스틱 케이스 사이즈를 채용하다 보니, 사이즈가 다르다는 이유로 PC-FX 게임들이 진열대에서 푸대접받는

문제가 발생했다. 더욱이 이 패키지가 크면 운송 비용도 늘어난다는 문제점도 있어, 후기 게임들은 타 경쟁기종처럼 일반적인 플라스틱 케이스 사이즈로 패키지가 개정되었다.

▶ 전기 패키지와 후기 패키지를 나란히 비교했다. 크기 차이가 확연하다.

◀ 패키지 안쪽을 비교한 사진. 구형 패키지는 넉넉하도록 만들어졌다. 넉넉하도록 만들어졌다.

CATALOGUE

167

HARDWARE

1987
1988
1989
1990
1991
1992
1993
1994
1995
1996
1997
1998
INDEX

98MULTi CanBe로 PC-FX용 게임을 즐긴다

PC-FX 보드

FX-98IF

NEC 홈 일렉트로닉스 　　1995년 　　36,800엔

▲ 패키지 디자인은 PC-FX를 이미지화했지만, 어디까지나 98MULTi CanBe용 주변기기다.

PC-FX의 기능을 확장카드 한장에 모았다

당시 NEC의 PC인 98MULTi CanBe(PC-9821Cb/Cx/Cf)(역주 ※)의 확장 슬롯에 장착하면 PC-FX용 게임을 즐길 수 있는 주변기기(PC-FX의 화면은 RGB 출력 비지원이므로, 카드 후면의 비디오 단자로 출력한다). 오른쪽 페이지의 PC-FXGA와 달리 게임을 즐기거나 포토 CD를 열람하는 용도로만 쓸 수 있는데다, CanBe 본체의 확장 슬롯을 2칸이나 차지하는 불편함 때문에 판매량이 신통찮아 마이너한 주변기기로 끝났다.

(역주 ※) 당시 NEC가 일본에서 시판하던, PC-9821계 PC 브랜드. 멀티미디어 지원에 특화한 홈 컴퓨터 포지션으로, 모니터 일체형 모델도 있었다.

PC-FX가 PC-98용 외장 CD-ROM 드라이브로 변신

PC-FX SCSI 어댑터

FX-SCSI

NEC 홈 일렉트로닉스 　　1995년 　　12,800엔

▲ 이쪽은 PC-FX용 주변기기로 발매되었지만, 게임매장이 아니라 PC 판매점 쪽으로 시판되었다.

PC-FX를 SCSI CD-ROM으로!

PC-FX 후면의 EXT2(기능 확장용 슬롯)를 지원하는 유일한 주변기기로, PC-FX를 PC-9801/9821 시리즈와 연결시켜 SCSI-1 규격 외장형 CD-ROM 드라이브로 활용할 수 있게 해주는 부가장치. 터미네이터 내장형으로 하프 피치 케이블 1개가 직결되어 있기에, SCSI 기기들을 데이지 체인으로 연결할 경우 최말단에 위치해야만 한다는 단점이 있다. PC-FX를 이미 갖고 있고 PC용 CD-ROM 드라이브를 아직 사지 못한 사람을 위한 주변기기라 하겠다.

PC로 PC-FX용 게임을 개발할 수 있는 확장 카드

PC-FXGA

PC-FXGA
NEC 홈 일렉트로닉스   1995년   46,000엔

▶ PC-98판의 패키지. 이외에 IBM PC 호환기종용인 'DOS/V 판도 발매되었다.

DOS/V판

개인도 PC-FX용 소프트를 만들 수 있다

PC-FX는 발매 당초부터 PC와의 연계성을 강점으로 내세우고 있었는데, 이 제품이야말로 그러한 컨셉의 상징이자 집대성이라 할 만한 아이템이다. 내용물은 한 마디로 'PC-FX용 소프트 개발환경' 패키지로, 별매품(초기에만 발매 기념 캠페인으로 PC-FXGA에 무료 포함되었다)인 GMAKER 스타터 키트 및 스타터 키트 플러스 내의 개발 툴을 겸비하면 PC-FX용 소프트를 직접 개발할 수 있다.

게다가 이 보드에는 새로 개발된 칩 HuC6273이 탑재돼 있어, 초당 10만 폴리곤의 3D 그래픽 기능과 초당 1000만 픽셀의 프레임 버퍼 식 스프라이트 표시 기능을 구현했다. 정작 PC-FX는 3D 그래픽 기능이 없어 경쟁기종에 크게 뒤지고 있었으니, 오히려 PC-FX야말로 반드시 탑재해야 했던 기능이었다.

라이선스 문제로 오소링(CD-ROM 제작) 기능이 빠져 있어, 만든 프로그램을 PC-FX 실기에서 작동시킬 수는 없다. 하지만 단순한 '게임 만들기' 계

소프트가 아니라 프로 급 개발 툴을 접할 수 있다는 의미로는 최적의 제품이 아닐까.

▶ 어셈블러, 링커, 디버거 등 필수적인 툴은 전부 담아놓은 GMAKER.

CATALOGUE

169

HARDWARE

1987
1988
1989
1990
1991
1992
1993
1994
1995
1996
1997
1998
INDEX

PC-FX의 주변기기

PC-FX 전용 패드

FX-PAD NEC 홈 일렉트로닉스 1994년 12월 23일 2,980엔

PC-FX 본체의 표준 부속품과 동일한 별매품 컨트롤 패드. 본체에는 1개만 동봉되었기 때문에, 2인 플레이 시에는 이것이 필요하다.

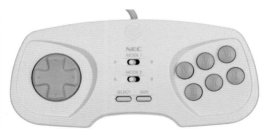

▲ 패드의 디자인은 PC엔진의 아케이드 패드 6와 동일하다. 불편한 부분도 없고 조작감도 양호하다.

PC-FX 마우스

FX-MOU NEC 홈 일렉트로닉스 1994년 12월 23일 2,980엔

설명이 필요 없는 입력용 주변기기의 대명사. 지원 게임이 제법 많긴 하지만 일반 패드로 조작해도 그다지 불편하지 않아서, 없다고 딱히 곤란하진 않다. 마우스의 필요성이 인정되는 게임이 있었다면 이미지가 조금은 바뀌었을지도 모른다.

▲ PC-FX 마크를 제외하면 일반 PC용 마우스와 다를 바 없어 보인다.

PC-FX 백업 메모리 팩

FX-BMP NEC 홈 일렉트로닉스 1994년 12월 23일 4,980엔

PC-FX 본체에 내장된 백업 메모리의 4배 용량을 저장할 수 있는 외부 메모리로, 본체 앞면에 마련된 EXT1(백업 메모리 장착용 슬롯)에 장착해 사용한다. 메모리 유지용 전원으로 AAA 건전지를 사용하는데, 교환은 간편하지만 메모리 팩 자체가 고가라

▲ 이렇다 할 특징이 없는 디자인의 백업 메모리 팩. 애초에 판매량이 적어서 지금은 입수 난이도가 약간 높다.

PC-FX 유저들에게조차도 필수 기기치고는 의외로 보급률이 낮았다.

해설 | PC-FX의 소프트 이야기
COMMENTARY OF PC-FX #2

PC-FX의 애니메이션 전략은 과연 실패였는가?

PC-FX의 소프트 라인업을 보면, 적어도 초기에는 슈팅과 액션, RPG 등 폭넓은 장르를 갖추려 했던 흔적이 엿보이지만, 일정 시기가 지난 시점부터는 애니메이션 및 미소녀 게임 일색으로 급속히 전환된다.

동시발매 타이틀은 애니메이션 동영상을 전면에 내세운 전대미문의 대전격투 게임 「배틀 히트」, 미소녀 뮤턴트 3명이 활약하는 탐색형 어드벤처 게임 「팀 이노센트」, PC엔진으로도 발매된 바 있는 여학생 5명을 육성하는 시뮬레이션 게임 「졸업 II FX」로 3작품이다. 하나같이 동영상과 캐릭터를 활용한 게임들이라, 좋은 의미로든 나쁜 의미로든 이 하드웨어의 훗날을 이미 내다본 결과가 아닐까 싶을 정도다.

PC-FX를 상징하는 게임으로서 특히 인상 깊은 타이틀이 「배틀 히트」다. 다양한 기술과 대미지 액션을 사전에 짧은 동영상 형태로 다수 준비해두어, 플레이어의 키 입력에 따라 해당되는 애니메이션 영상이 차례차례 재생되는 식의 게임이다. 과격하게 표현하면 '선택지가 매우 복잡한 레이저디스크 비디오 게임'이라고나 할까.

격투 게임이라는 관점에서는 문제점이 한둘이 아니긴 하나, 이전까지의 게임기로는 전례가 없었던 독자적인 영상을 보여줌으로써 PC-FX의 첫인상에 큰 영향을 끼친 게임이 되어, 같은 시스템을 도입한 「천외마경」캐릭터 기반의 격투 게임 「천외마경 : 전녀 꼭두각시 격투전」과 실사 스캔을 이용한 여자 프로레슬링 격투 게임 「퀸 오브 퀸즈」로까지 이어지게 된다.

PC-FX를 말할 때 반드시 언급해야 할 것이 「애니메 프리크 FX」로부터 시작된 '애니메이션 전략'일 터이다. 같은 세대기인 플레이스테이션과 세가새턴이 3D 표현 능력으로 차세대 느낌을 한껏 어필하던 와중에, 바로 그 능력이 없었던 PC-FX는 동영상 재생 능력에 특화하여 애니메이션 팬 및 미소녀 게임 팬 위주로 판매 전략의 방향을 돌리는 결단을 내렸다.

이전 칼럼에서도 언급한 대로 지나치게 틈새시장에 기울어진 전략이었으나, 당초에는 3권으로 끝날 예정이었던 「애니메 프리크 FX」는 6권까지 연장 발매되었고, 「코믹 로드」, 「파이어 우먼 수습조」, 「치프짱 키-익!」,

「퍼스트 Kiss☆이야기」 등 PC-FX만의 독자적인 라인업이 형성되어 유저들을 만족시켰다. 게다가 독자적인 등급제로 '18금'(18세 미만 플레이 금지)을 신설하여, 다른 기종에선 출시가 불가능했던 '성적 묘사까지 그대로 표현'한 게임인 「드래곤 나이트 4」와 「캔캔 버니 엑스트라 DX」 등도 대담하게 발매해, 당시 게임 시장에서 나름대로의 영역권을 구축했다.

실제로도, 타깃 유저층이 매우 확고하여 해당 유저들이 제대로 소프트를 구입함으로써 PC-FX 시장을 구매력으로 지탱해주었기 때문에, PC-FX용 타이틀은 발매만 되면 한 작품 당 판매량이 2만 장 이상은 기본적으로 나왔을 만큼 매출이 견실했다고 한다. 하드웨어 쪽의 개발비 회수 문제만 논외로 하면, 보기에 따라서는 PC-FX용으로 개발하는 쪽이 다른 기종보다 소프트 당 개발비용을 회수하기 쉬웠다고 할 수 있다. 하드웨어의 판매부진에도 불구하고, 소프트가 총 62종이나 출시되었다는 사실이 그 증거일 것이다.

고군분투했던 NEC 홈 일렉트로닉스

PC-FX는 본체 발매 시점까지만 해도, 풍부한 정도까지는 아니었지만 제법 여러 서드파티 개발사들이 소프트 개발을 발표했었다. 그러나 플레이스테이션과 세가새턴에 비해 런칭 초기 시점부터 하드웨어 판매가 부진했던 탓에, 소프트도 내놓기 전에 시장에서 철수하는 개발사가 속출했다. PC엔진 시절부터 개발에 깊이 관여했던 허드슨조차, PC-FX로는 불과 6개 타이틀

을 출시하는 데 그쳤을 정도다.

NEC 그룹 내의 소프트 개발사로는 PC엔진 때부터의 전우인 'NEC 애비뉴'와 그룹의 소프트 개발부문이 분사하여 설립된 'NEC 인터채널'이 있었으나, NEC 애비뉴는 2개 타이틀만 내놓았고, NEC 인터채널은 아예 한 타이틀로 끝났다. 결국 후기까지 서드파티로 남은 회사는 PC용 미소녀 게임 개발사인 칵테일 소프트뿐으로, 나머

지 소프트 라인업은 전부 NEC 홈 일렉트로닉스 한 회사가 공급했다. 자사 브랜드로의 발매가 취소된 서드파티 게임을 NEC 홈 일렉트로닉스 브랜드가 인수해 대리 발매한 경우도 많았을 정도로, 애석하게도 PC-FX 시장은 단 한 회사만이 끌고 나가는 고군분투 상태였다고 할 수 있다.

신작 발매 때마다 게임기 판매량도 올랐던 「안젤리크」 시리즈

PC-FX는 남성용 미소녀 게임 위주인 게임기라는 인식이 강하지만, 알고 보면 총 62종의 소프트 라인업 중 여성 유저층을 노린 게임이 분명히 존재한다는 사실을 알고 계신지? 그 타이틀은 바로 「안젤리크 Special」. 원작은 코에이가 슈퍼 패미컴으로 발매했던 연애 시뮬레이션 게임이다. PC-FX판은 코에이가 아니라 NEC 홈 일렉트로닉스에서 발매되었다.

슈퍼 패미컴판에서는 용량과 하드웨어 성능 문제로 넣지 못했던 비주얼 연출과 캐릭터 음성을 PC-FX판을 개발할 때는 대폭 강화하고, 이에 더해 오프닝 동영상을 애니메이션으로 제작했다. 당시 코에이 전무였던 에리카와 케이코가 직접 지휘하여 여성 개발진만으로 구성한 팀이 개발한 이 작품은, 일본 최초로 여성용 게임 시장을 개척한 타이틀이 되어 PC-FX의 태풍의 눈으로 떠올랐다. 무엇보다 시리즈 신작이 발매될 때마다 PC-FX 본체 판매량도 올랐다고 하니, 당시의 여성용 게임 시장을 말할 때 "PC-FX에는 「안젤리크」가 있었다"고 표현하더라도 과언은 아닐 것이다.

이 책에 게재된 카탈로그의 범례

① 게임 타이틀명

② 기본 스펙 표기란
장르, 발매 회사, 발매일, 가격. 지원하는 주변기기 등의 특기사항도 여기에 표기한다.

③ 패키지 표지

④ 게임 화면

⑤ 내용 설명

⑥ 지원 주변기기 아이콘
이 게임이 지원하는 주변기기와, 연령제한을 표시하는 아이콘.

 PC-FX 마우스 지원 게임　 18세 미만 플레이 금지　 18세 이상 플레이 권장

여신천국 II ①
SLG　NEC 홈 일렉트로닉스　1996년 7월 26일　7,80 ②

당시 잡지 '전격 PC엔진'에 연재되던 독자참여 기획의 게임판. 시스템은 전략형 시뮬레이션 게임에 RPG 요소를 가미한 것이다. 여신은 옷을 변경하면 CG가 변화하는데, 이를 잘 조합하여 특정한 장소에 가면 '이게 딱이지 애니메이션'이란 보너스 애니메이션이 나온다. ⑤

HARDWARE
1987
1988
1989
1990
1991
1992
1993
1994
1995
1996
1997
1998
INDEX

1994 PC·FX

MULTIMEDIA·ENTERTAINMENT·PLAYER PC·FX
SOFTWARE ALL CATALOGUE

　PC-FX 본체와 동시 발매된 타이틀은 「졸업 II FX」, 「팀 이노센트」, 「배틀 히트」 3작품이다. 타사 게임기와의 멀티플랫폼 발매인 「졸업 II FX」를 제외한 두 작품은 PC-FX의 성능을 보여주기 위한 데모로서의 성격이 강했기에, 발매 전부터 여러 잡지를 통해 빈번히 소개되었다.

　「배틀 히트」는 애니메이션 팬이라면 누구나 떠올릴 만한 '동영상을 사용한 대전격투 게임'이지만, 실제 작품으로서 완성해내려면 상당한 노력이 필요한 게임이어서, 게임의 완성도를 굳이 논하기보다는 존재 자체에 가치가 있는 작품이라 하겠다. 여담인데, 최초 기획 단계에서는 '북두의 권'을 원작으로 삼으려 했지만 판권을 얻지 못해, 어쩔 수 없이 오리지널 캐릭터로 만들게 되었다고 한다.

졸업 II FX : 네오 제네레이션
SLG　NEC 홈 일렉트로닉스　1994년 12월 23일　8,800엔

▶캐릭터 디자인은 전작과 달리 달상 코바야시 히로코가 맡았으나, 도 캐릭터의 매력이 잘 동영되지 못했다

　원작은 1994년 발매된 PC-9801판. 매우 많은 기종으로 발매된, 당시의 미소녀 게임을 언급할 때 빼놓을 수 없는 타이틀이다. 교사인 주인공은 문제아 5명을 교육하여 무사히 졸업시키는 것은 물론, 일류대학 합격까지 노려야 한다. PC-FX판은 난이도가 상대적으로 높다.

팀 이노센트 : 더 포인트 오브 노 리턴
AVG　허드슨　1994년 12월 23일　9,800엔

▶제3자 시점의 어드벤처 게임으로, 상당히 공들인 애니메이션만큼은 일부러 볼 가치가 있다

沙姫　엘리베이터에서 떠나는 것을 권하겠어...

　PC-FX 초기의 킬러 타이틀. PC-FX의 뛰어난 애니메이션 묘사능력을 활용해, 오프닝과 이벤트에 3D CG와 셀 애니메이션을 조합한 동영상을 삽입했다. 스토리는 유전자조작으로 태어난 소녀 3명이 각자의 능력을 활용해 임무를 완수한다는 내용이다.

배틀 히트
ACT　허드슨　1994년 12월 23일　8,800엔

▶캐릭터의 행동을 전부 수작업 애니메이션으로 표현한 유례없는 게임. 참신한 아이디어와 막대한 작업의 결정체다

Battle Heat

▶독특한 게임 시스템 탓에 같은 팀에 소속된 캐릭터끼리는 대전할 수 없는 등 게임 밸런스 자체에 문제가 있었다

　PC-FX를 대표하는 타이틀 중 하나. 게임 시스템에 동영상 재생 능력을 활용해, 대전격투 게임에 새로운 가능성을 제시하여 화제를 모았다. LD 게임 「로드 블래스터즈」와 「선더 스톰」을 발전시킨 시스템으로, 조작법은 다른 대전격투 게임과 비슷하지만 캐릭터의 액션이 전부 셀 애니메이션으로 돌아간다. 캐릭터 디자인은 당시 TV 애니메이션 '북두의 권' 작화감독으로 활동하던 하야마 준이치가 맡아, 남녀 캐릭터 모두 근육이 강조되어 있다.

1995 PC·FX

MULTIMEDIA·ENTERTAINMENT·PLAYER PC·FX

SOFTWARE ALL CATALOGUE

HARDWARE
1987
1988
1989
1990
1991
1992
1993
1994
1995
1996
1997
1998
INDEX

이 해에 발매된 게임 수는 총 12종. 개발사들은 동영상을 활용해 어떤 게임을 만들 수 있을지 시행착오를 거듭하는 한편, 「귀신동자 ZENKI 금강염투」와 같은 순수 액션 게임에도 의욕적으로 도전했다.

또한, 이 해에는 PC-FX의 훗날의 방향성을 결정지은 「애니메 프리크 FX」와 「안젤리크 Special」도 발매되어, 각각 남성용 시장과 여성용 시장에 강한 영향력을 끼쳤다. 특히 「애니메 프리크 FX」는 초기에는 개발 면에서 다소 어설픈 모습을 보여주기도 했으나, 아직 애니메이션 팬용 버라이어

티 소프트라는 분야가 전무하던 시대였기도 해 일정한 팬층을 확보하는 데 성공했다. 당초 3호로 끝날 예정이었지만 6호까지 연장되었고, 후기에는 CD-ROM 2장이 되는 등 볼륨도 크게 불어났다.

 ### 전일본 여자 프로레슬링 퀸 오브 퀸즈
ACT   NEC 홈 일렉트로닉스   1995년 3월 24일   9,800엔

▶ 전선수가 출전하는 리그전 「스토리 모드」에서는 가상의 조직, 「KWP」 스토리 전등이 등장한다.

CD-ROM 2장의 대용량 타이틀. 「배틀 히트」의 실사판 격인 게임으로, 당시 어려운 상황이었던 전일본 여자 프로레슬링의 톱 레슬러들이 등장한다. 여자 프로레슬링 특유의 스타일을 재현했고, 등장 레슬러의 대표 기술을 라이오네스 아스카가 실사 동영상으로 해설한다.

 ### 마작 오공 : 천축
TBL   NEC 홈 일렉트로닉스   1995년 3월 24일   6,800엔

 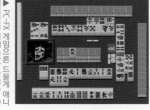

▶ PC-FX 게임으로는 드물게 애니메이션이 전혀 없는 타이틀로, 마작 게임답게 매우 격조와 품격이 느껴지는 게임이었다는 샤니.

원작은 PC-8801과 PC-9801용으로 발매된 마작 게임. 중국 고전 '서유기'가 모티브로, 각각의 요괴·신선과 마작으로 점수를 겨룬다. 특징은 구입특전으로 '비전서'라는 마작 해설서를 동봉했다는 점. 70페이지가 넘는 책으로, 마작을 기초부터 익힐 수 있다.

 ### 감벽의 함대
SLG   NEC 홈 일렉트로닉스   1995년 3월 31일   8,800엔

 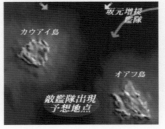 

▶ 적과 아군이 동시에 행동하는 실시간 방식. 난이도는 그리 높지 않지만, 한 전투에 걸리는 시간이 상당하다.

▶ PC-FX의 동영상 재생 능력을 활용하여, 이벤트 신에 게임과 같은 해에 발매된 OVA 영상을 대량 사용했다.

원작은 아라마키 요시오의 가상 전기물 시뮬레이션 소설. 직접적 원작은 전년 발매된 PC-9801판으로, 이식하면서 대량의 애니메이션 장면을 이벤트 신으로 삽입했다. 게임 자체는 리얼타임 시뮬레이션 게임으로, 감벽함대와 다카스

기 함대 등을 지휘할 수 있다. 등장하는 병기들을 모두 정교하게 모델링해, 이 중 일부는 메뉴 내의 그래픽 항목에서 감상할 수도 있다. 엔딩에서는 속편을 암시하지만, 결국 단편으로 끝나 속편은 나오지 않았다.

HARDWARE
1987
1988
1989
1990
1991
1992
1993
1994
1995
1996
1997
1998
INDEX

리턴 투 조크

AVG　NEC 홈 일렉트로닉스　1995년 5월 27일　9,800엔

▶ 아이템을 몰수당하면 게임 진행이 막혀버린다. 자주 세이브하는 게 공략의 키포인트. 사진을 찍거나

'미국에서 60만 장이나 판매된 공전의 히트작'으로 선전한 판타지 어드벤처 게임. 지금은 「콜 오브 듀티」 시리즈로 유명한 액티비전 개발작으로, 3D 모델링으로 만들어진 맵을 모험한다. 지독한 고난이도로 유명한 「조크」 시리즈 중에서도 특히 더 어려운 작품.

천외마경 : 전뇌 꼭두각시 격투전

ACT　허드슨　1995년 7월 28일　8,800엔

▶ 게임 자체의 난이도는 낮아, 초필살기 등을 연발하면 대부분의 캐릭터를 이길 수 있다.

「배틀 히트」의 시스템에 천외마경 캐릭터를 조합한 대전 격투 게임. 대량의 애니메이션을 커맨드에 맞춰 재생한다. PC-FX의 기능을 완전 활용한 작품 중 하나로, 시스템이 약간이나마 최적화되어 플레이가 쾌적해졌다. 이 작품만의 신 캐릭터로 네코히메와 오타마가 등장.

애니메 프리크 FX Vol.1

ETC　NEC 홈 일렉트로닉스　1995년 8월 12일　6,800엔

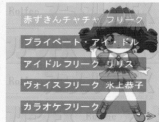

▶ 타이틀이나 메뉴에 등장하는 롤피는 PC-FX의 이미지 캐릭터로, 이후 단독으로 게임화되기도 한다.

▶ 메뉴 중 최신판 FX 소프트 데이터 베이스」를 고르면 나오는 화면. 등신이 커져버린 롤피를 볼 수 있다.

PC-FX로 발매된 게임 타이틀과 관련 애니메이션을 수록한 디스크 잡지 제 1탄. 디스크 잡지로서는 동영상이 대량으로 수록돼 있다. 특집은 TV 애니메이션으로도 인기였던 '빨간망토 차차'. 「프라이빗 아이 돌」은 PC엔진으로도 게임판이 발매된 덕에 OVA판 영상을 소개했다. 히카미 쿄코에게 10번 연속으로 가위바위보를 승리하면 선물을 받는 미니게임과, 「여신천국」의 리리스가 테마인 사진집, 애니메이션 송의 노래방 데이터도 수록했다.

파치오 군 FX : 환상의 섬 대결전

TBL　NEC 홈 일렉트로닉스　1995년 9월 22일　8,800엔

▶ 컴퓨터 상대로 대전도 가능하다. 당시에 인기였던 파친코 실기를 개변한 기기를 플레이한다.

다양한 기종으로 등장한 파치오 군 시리즈가 PC-FX로도 등장. 귀여운 비주얼로 스토리가 진행된다. 파치오 군 자체가 파친코 업계를 빗대는 작품인데, 이번엔 아예 시리즈를 자가 패러디한다. 또한 이번 주인공은 파치오 군이 아니라, 특기가 있는 소년소녀 중에서 고른다.

큐티 하니 FX

AVG　NEC 홈 일렉트로닉스　1995년 11월 10일　8,800엔

▶ 하니의 복장은 기본적으로 버전 기준, 이번 작품의 오리지널 코스튬도 3종 추가되었다.

'큐티 하니' 시리즈 최초의 게임화 작품. 베이스는 OVA '신 큐티 하니'로, 해당 작품에 고정출연한 네야 미치코, 이와오 준코 등의 인기 성우가 게임에서도 동일 배역을 맡았다. 대전격투와 어드벤처를 접목한 게임으로, 오리지널 스토리가 전개된다.

STG 슈팅 게임　ACT 액션 게임　PZL 퍼즐 게임　RPG 롤플레잉 게임　SLG 시뮬레이션 게임　SPT 스포츠 게임　RCG 레이싱 게임　AVG 어드벤처 게임　ETC 교육·기타 게임　TBL 테이블 게임

루나틱 돈 FX

RPG　NEC 홈 일렉트로닉스　1995년 11월 24일　8,800엔

원작은 아트딩크가 PC-9801로 발매한 롤플레잉 게임. 메인 스토리가 전혀 없어, 플레이어는 게임이 마련한 세계에서 자유롭게 생활하면 된다. PC-9801판은 HDD 필수라 당시로서는 상당한 고사양을 요구했지만, PC-FX판은 CD-ROM 덕에 쾌적한 플레이가 가능하다.

애니메 프리크 FX Vol.2

ETC　NEC 홈 일렉트로닉스　1995년 12월 22일　6,800엔

전작에서 반년도 안 돼 발매된 디스크 잡지 제 2탄. 약간 화질이 개선돼 깔끔해졌다. 이번 호 특집은 당시 방영하던 TV 애니메이션 'BLUE SEED', 보이스 프리크는 사쿠라이 토모를 다룬다. 애니메이션과 성우 영상을 풍부히 수록해, 당시의 인기작을 엿볼 수 있는 구성이다.

안젤리크 Special

SLG　NEC 홈 일렉트로닉스　1995년 12월 22일　7,800엔

원작은 슈퍼 패미컴의 여성용 연애 시뮬레이션 게임. 주인공 '안젤리크 리모쥬'가 라이벌 로잘리아와 여왕 자리를 다투는 내용으로, 여왕시험 합격이 목적이지만 그 과정에서 9명의 수호성들과도 애정을 쌓게 된다. 연애가 최종단계에 이르면 여왕 자리를 포기하는 엔딩이 되지만, 그밖에도 다수의 엔딩이 존재한다. 이 작품이 히트하면서 다음 시리즈부터는 타 기종보다 PC-FX로의 선행 발매가 관례화되어, PC-FX를 지탱한 소프트 중 하나가 되었다.

귀신동자 ZENKI FX 금강염투(바쥬라 파이트)

ACT　허드슨　1995년 12월 22일　8,800엔

'PC-FX는 애니메이션이 전부가 아니다'라고 외치는 듯한 액션 게임의 역작. 게임은 시나리오를 따라 진행되며, 플레이어는 젠키와 치아키 중 하나를 골라 등장하는 적과 싸운다. 애니메이션판 오프닝이 수록되고 이벤트 신이 풀 보이스인 등, PC-FX의 특징을 잘 활용했다. 액션 스테이지 막간에 이벤트를 삽입하는 등 연출이 풍부한 게 특징이면서도, 로딩 시간이 짧아 경쾌하게 진행할 수 있다. 현재는 중고 수량이 적어 고가 프리미엄이 붙어 거래된다.

HARDWARE
1987
1988
1989
1990
1991
1992
1993
1994
1995
1996
1997
1998
INDEX

HARDWARE
1987
1988
1989
1990
1991
1992
1993
1994
1995
1996
1997
1998
INDEX

1996

PC-FX
MULTIMEDIA·ENTERTAINMENT·PLAYER PC·FX
SOFTWARE ALL CATALOGUE

1996년에 발매된 게임은 총 24개 타이틀. 「파워 돌」과 「상하이」, 「슈퍼 리얼 마작」 등의 메이저 타이틀 이식작이 발매된 한편, PC-FX였기에 가능한 타이틀도 출시되었다.

「허공표류 니르겐츠」부터는 기존의 대형 패키지 대신 일반적인 음악 CD

와 동일한 플라스틱 케이스로 변경되어, 타 기종 게임들과 함께 진열하기도 용이해졌다. 개성이 사라졌다고도 볼 수 있겠으나, 매장이 취급하기 쉬워졌으니 충분히 바람직한 변화다.

이 해 최대의 화제는, '18세 이상 권장'과 '18세 미만 금지' 두 등급이 적

용된 게임이 발매되었다는 점이다. 특히 「동급생」과 「캔캔 버니 엑스트라 DX」는 원작의 성적 묘사까지 그대로 이식하여 화제가 되었다.

두근두근 카드 파라다이스 : 사랑의 로얄스트레이트 플러시

TBL 소넷 컴퓨터 엔터테인먼트 1996년 1월 26일 8,800엔

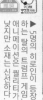

PC-FX 최초의 18세 이상 권장 타이틀. 전년 발매된 새턴용 소프트 「두근두근 마작 파라다이스 : 사랑의 텐파이 비트」를 카드 게임으로 리메이크한 타이틀이며, 포커·도둑잡기·블랙잭·스피드 4종류를 즐긴다. 미소녀들과의 대결에서 승리하면 탈의 장면을 감상 가능.

파워 돌 FX

SLG NEC 홈 일렉트로닉스 1996년 2월 23일 7,800엔

원작은 PC-9801용 시뮬레이션 게임. 하드한 설정은 그대로지만, 시스템을 간략화해 「슈퍼로봇대전」에 가까운 느낌으로 바꾸었다. 게임 모드는 캠페인과 시나리오, 연습 스테이지가 준비되어 있다. 이후 이 작품 기반의 OVA '파워 돌 : 옴니 전기 2540'이 발매되었다.

은하아가씨전설 유나 FX : 슬픔의 세이렌

AVG 허드슨 1996년 3월 8일 8,800엔

PC엔진의 인기 타이틀이 PC-FX로도 등장했다. 같은 제목의 OVA를 어드벤처 게임화한 시리즈 통산 3번째 작품으로, 본편 동영상에도 OVA 영상을 사용했다. 운석을 피하는 슈팅 풍 게임 '데메킨 호 위기일발' 외에 '신경쇠약', '브로마이드 퍼즐' 등의 미니게임도 수록했다.

상하이 : 만리장성

PZL NEC 홈 일렉트로닉스 1996년 3월 15일 6,800엔

많은 기종으로 이식된 마작 퍼즐 게임. 게임 모드는 'ORIGINAL'과 'ARCADE' 2가지를 탑재했다. 'ORIGINAL'을 선택하면 '클래식 상하이', '그레이트 월', '베이징', '칭다오'로 각각 규칙이 다른 4종류의 상하이를 즐길 수 있다. 클리어하면 큼직한 만리장성 사진이 나온다.

STG 슈팅 게임　ACT 액션 게임　PZL 퍼즐 게임　RPG 롤플레잉 게임　SLG 시뮬레이션 게임　SPT 스포츠 게임　RCG 레이싱 게임　AVG 어드벤처 게임　ETC 교육·기타 게임　TBL 테이블 게임

블루 시카고 블루스

AVG　NEC 홈 일렉트로닉스　1996년 3월 22일　8,800엔

안 자사 되 는
지막 고
료는 하드웨어
화 드 보이
면 중심으로 빌
대 진행되므로
사 부분이로서
놓치 탐문 수
면 자서 없으므로

리버힐 소프트가 자랑하는 'J.B. 해럴드' 시리즈의 4번째 작품. 원작은 148p의 LD-ROM²판으로, 시리즈 마지막 작품이기도 하다. 이야기는 본격 미스터리 풍으로 진행되며, 초반의 증거품 입수 여부로 엔딩이 결정된다. 인간관계가 복잡하게 얽히며, 시리즈 최초로 배드 엔딩이 있다.

슈퍼 리얼 마작 PV-FX

TBL　나그자트　1996년 3월 29일　7,800엔

히로인은 3명 오리지
널 요소로・생년월일과
혈액형으로 보는
점치기를 수록했다.
궁합

아케이드판은 물론 타 기종에서도 인기였던 초 유명 탈의 마작 게임. PC-FX판은 아케이드판을 완전 이식해 18세 이상 권장으로 발매했다. 스토리와 여성 캐릭터들의 프로필에 공을 들인 게 특징으로, 1000컷에 달하는 동영상 탈의장면은 전작보다 선정적으로 묘사되었다.

미라쿨룸 : 더 라스트 레벌레이션

RPG　NEC 홈 일렉트로닉스　1996년 3월 29일　7,800엔

▶ 캐릭터는 거대해 보이도록 연출했다. 전투신은 전부 뒤에서 보는 시점으로서, 캐릭터는 전부 3D로 표시되며 보스

▶ 캐릭터는 당시 주류였던 SD 캐릭터로 표현했고, 아이템과 배경은 그리 복잡하지 않다.

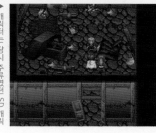

지않다.

PC-FX 최초의 오리지널 롤플레잉 게임. 왕도적이고도 전형적인 구성이면서도, 애니메이션 신을 적절히 삽입해 지루하지 않다. 그밖에도 날씨 변화와 화려한 소환마법, 쉽게 터지는 크리티컬 히트 등 플레이어가 흥미롭게 즐길 수 있도록 게임 곳곳에 신경 쓴 흔적이 역력하다. 클리어할 때까지는 난이도가 그리 높지 않지만, 클리어 후 출현하는 '바벨 탑'은 난해하기로 유명하며 강력한 적들은 물론이고 퍼즐도 어렵게 꼬여 있다.

애니메 프리크 FX Vol.3

ETC　NEC 홈 일렉트로닉스　1996년 4월 5일　6,800엔

를 란 마 수록했다.
OVA '프라이빗 아이돌'의 최종화, 지지 마 켄지 마 검도의

애니메이션과 성우 정보를 담은 디스크 잡지 3번째 작품. 특집은 TV 시리즈 '천지무용!'으로, 명장면을 잘 편집해 팬이라면 꼭 소장할만한 내용이다. 보이스 프리크는 이와오 준코를 조명해, 레코딩 현장은 물론이고 라이브 현장의 영상 등을 수록해 내용이 풍성하다.

슈퍼 파워 리그 FX

SPT　허드슨　1996년 4월 26일　8,800엔

임의 선수자로 평가받았다.
▶ 잘레코의 '볼타리:프로야구'계
시리즈와 함께 리얼 풍 야구계

PC-FX 유일의 야구 게임. 리얼 노선은 유지했으며, 선수・구장이 실명으로 등장한다. 실황은 당시 후지 TV 아나운서였던 후쿠이 켄지가 담당. 프로야구 뉴스는 후쿠이와 야기 아키코가 나온다. 에디트 기능으로 오리지널 팀도 만들 수 있다. 허드슨의 PC-FX 마지막 작품이기도.

HARDWARE
1987
1988
1989
1990
1991
1992
1993
1994
1995
1996
1997
1998
INDEX

데어 랑그릿사 FX

SLG NEC 홈 일렉트로닉스 1996년 4월 26일 7,800엔

명작으로 호평 받은 시뮬레이션 RPG의 이식판. 이벤트 등으로 동영상 재생 기능을 활용한 고퀄리티 애니메이션이 재생된다. 경쾌한 전투 신의 템포와 훌륭한 CD 음원 BGM 등 '시리즈 최고'라 할 만한 뛰어난 이식작으로, 본체 판매량에도 약간이나마 공헌했다.

보이스 파라다이스

AVG NEC 홈 일렉트로닉스 1996년 5월 17일 8,800엔

인기 성우에 초점을 맞춘 어드벤처 게임. 인터뷰를 담은 음성과 사진 데이터를 찾는 내용으로, 맵에 흩어진 출판사와 게임 제작사 등을 돌아다니며 원하는 데이터를 확보해야 한다. 등장 성우는 히사카와 아야, 코다 마리코, 탄게 사쿠라, 나가시마 유코, 토미자와 미치에 5명.

아가씨 수사망

AVG NEC 홈 일렉트로닉스 1996년 5월 31일 7,800엔

같은 제목의 OVA가 원작인 시뮬레이션 게임. 같은 시기 발간된 라이트노벨과 함께 멀티미디어 전개의 일환으로 발매되었다. 플레이어는 '괴도 나르시스'를 동경하는 괴도 지망생으로, 미소녀뿐인 '탐정 클럽'과 대결해 목표인 미술품뿐 아니라 그녀들의 마음도 훔쳐야 한다.

허공표류 니르겐츠

AVG NEC 홈 일렉트로닉스 1996년 6월 28일 7,800엔

하늘이 무대인 3D 슈팅 게임. 스토리는 어드벤처 형식으로 진행된다. 플레이어는 바운티 헌터 '듄'이 되어, 동료들과 모험 여행을 지속한다. 장점은 치밀한 설정으로, 매뉴얼에 세계관과 메카닉 설정이 가득 담겨있다. 곳곳에 삽입된 애니메이션 신이 스토리를 더욱 띄워준다.

천지무용! 양황귀 FX

AVG NEC 인터채널 1996년 7월 12일 8,800엔

인기 OVA를 어드벤처 게임화했다. 시스템은 전형적인 커맨드 선택형이며, '백아해후' 편은 PC-9801판을 이식한 PC엔진판을 PC-FX로 재이식한 것. '청음봉우' 편은 완전 신작으로, '백아해후'의 후일담 격이다. PC-FX용 타이틀인데도 삽입 애니메이션이 전혀 없는 게 특징.

여신천국 II

SLG NEC 홈 일렉트로닉스 1996년 7월 26일 7,800엔

당시 잡지 '전격 PC엔진'에 연재되던 독자참여 기획의 게임판. 시스템은 전략형 시뮬레이션 게임에 RPG 요소를 가미한 것이다. 여신은 옷을 변경하면 CG가 변화하는데, 이를 잘 조합하여 특정한 장소에 가면 '이게 딱지 애니메이션'이란 보너스 애니메이션이 나온다.

동급생 2
AVG　NEC 애비뉴　1996년 8월 9일　8,800엔

PC-FX 최초의 18금 타이틀. 가정용 게임으로는 일본 최초로 성인용 등급이 붙어 발매된 소프트이기도 하다. 추가 히로인은 없지만, 호화 성우를 기용해 대 히트작이 되었다. 성적 묘사 장면은 무난한 포즈의 신규 영상을 넣었고, 대사도 '어른의 장난감' 등 원작의 문제 단어 일부를 수정했다.

캔캔 버니 엑스트라 DX
AVG　칵테일 소프트　1996년 9월 27일　8,800엔

칵테일 소프트가 발매한 미소녀 게임의 이식판. 이 회사의 간판 타이틀 중 하나로, 그래픽은 「동급생 2」와 비견될 만큼 호평 받았다. 기본적으로는 원작을 충실히 이식해, 이 작품도 18금 지정을 받았다. 여신 스와티의 힘을 빌려, 히로인들의 마음을 잡아 '관계'를 맺기까지를 그리는 내용.

치프짱 키-익!
ACT　NEC 홈 일렉트로닉스　1996년 9월 13일　7,800엔

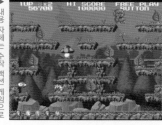

오프닝 동영상부터 냅다 소녀의 나체와 팬티 노출을 질러버리는 용감무쌍한 게임. PC-FX에는 흔한 섹시어필 게임이지만, 전연령 등급이므로 내용 자체는 건전하다. 고정화면형 층층단 액션 게임으로, 플레이어는 치프와 채프 중 하나를 골라 악의 마왕 와루비트를 혼내주어야 한다. 공격방법은 '모사뽀'라는 이름의 옵션 캐릭터를 적에게 맞혀 기절시키고 킥으로 쓰러뜨리면 된다. 1스테이지 10라운드 구성으로, 각 라운드 마지막에는 보스 전이 기다리고 있다.

블루 브레이커 : 검보다도 미소를
RPG　NEC 홈 일렉트로닉스　1996년 9월 27일　7,800엔

가장 PC-FX다운 게임으로 평가 받는 롤플레잉 게임. 「두근두근 메모리얼」의 타테이시 류가가 개발한 작품답게, 정통 영웅 판타지 스토리에 연애 시뮬레이션 요소를 가미한 이른바 '연애 RPG'다. 스토리는 주인공 카인이 신붓감을 찾으며 마왕 다크 로드 타도에 나선다는 내용. 이벤트 CG나 캐릭터 스탠드업 CG가 전혀 없는 것도 특징으로, 중요 장면은 물론 일반적인 바스트업 CG도 애니메이션 처리하는 등 동영상 재생 능력을 활용해 제작했다.

HARDWARE
1987
1988
1989
1990
1991
1992
1993
1994
1995
1996
1997
1998
INDEX

HARDWARE
1987
1988
1989
1990
1991
1992
1993
1994
1995
1996
1997
1998
INDEX

이상한 나라의 안젤리크

TBL　NEC 홈 일렉트로닉스　1996년 10월 11일　6,800엔

상
당
이
다
．

시
리
즈
시
계
열
상
으
로
1
편
의
여
왕
시
험
도
중
의
에
피
소
드
에
풍
부
한
30
종
류
이
엔
딩
수
가
해

첫 번째 작품의 주역 '안젤리크 리모쥬'가 주인공인 보드 게임. 오후 4시에 비공도시 모처에서 열리는 정령님의 티타임에 참가하기 위해 여행을 떠난다는 내용이다. 「안젤리크」의 스핀오프 게임인 만큼, 남성 캐릭터와의 연애 이벤트와 수호성별 엔딩이 준비되어 있다.

빨간망토 차차 : 왁자지껄 패닉 레이스

TBL　NEC 홈 일렉트로닉스　1996년 10월 25일　7,800엔

도
시
가
있
는
원
작
을
알
고
있
는
팬
이
라
면
제
대
로
즐
길
기

수
간
이
길
어
，
5
시
간
이
상
플
레
이
걸
리
기
하
기
도

같은 제목의 애니메이션 장면이 잔뜩 들어간 RPG풍 보드 게임. 6명까지 동시 플레이 가능하며, TV판 스토리를 따라 전개된다. 재생되는 동영상은 TV판과 동일하고 바리에이션도 풍부하다. 기본적으로 TV판과 동일 성우이지만, 어른의 사정으로 리야 등 일부 배역은 변경.

파랜드 스토리 FX

RPG　NEC 홈 일렉트로닉스　1996년 11월 8일　7,800엔

히
수
캐
는
곳
이
캐
스
팅
이
특
징
으
로
，
난
이
도
는
출
연
성
우
상
당

20
명
이
상
，
남
녀
화
려
한
성
우
저

HP　42/ 42　　HP　0/ 24

검과 마법의 세계가 무대인 시뮬레이션 RPG. PC-9801용의 첫 작품 「먼 나라 이야기」와 두 번째 작품 「아크 왕의 원정」을 합본한 타이틀로, 누구나 즐길 수 있는 작품이다. 이식되면서 오프닝과 엔딩은 물론, 전투 화면에도 애니메이션이 풍부하게 삽입되었다.

안젤리크 Special 2

SLG　NEC 홈 일렉트로닉스　1996년 12월 6일　7,800엔

협
력
자
2
명
에
다
교
관
3
명
이
추
가
되
어
교
관
판
．

수
호
성
9
명
에
다
엔
딩
이
있
는
캐
릭
터
는
수
호
성
과

…支王試驗か、しかし陛下の御力には、いさかのかげりもない。何か事情があってのことだとは思うが…

시리즈 2번째 작품. 주인공은 여왕이 된 전작의 리모쥬에서 콜레트로 변경되어, 새로운 라이벌이 된 레이첼과 여왕 시험을 받게 된다. 게임 모드는 이지와 하드 둘 중에서 선택 가능하다. 레이첼의 능력이 지나치게 우수해, 연애 엔딩까지 도달조차 못한 플레이어가 속출했다.

파이어 우먼 수습조

AVG　NEC 홈 일렉트로닉스　1996년 12월 20일　7,800엔

가
는
라
．

싸
움
파
트
에
서
는
일
대
다
상
황
도
있
으
며
，
이
에
대
응
하
는
대
인
전
도

전
술
과
콤
보
도
있
다
．
대
일
뿐
만
아
니

어
인
의
호
감
도
는
대
화
로
올
릴
수
있
는

시
간
에
상
당
한
행
동
이
가
능
，
히
로

주
인
공
이
수
업
받
는
장
면
은
거
의
없

애니메이션 정보지 '애니미디어'의 연재와 라디오 드라마의 미디어믹스 작품. 'RPG풍 연애 격투 어드벤처'라는 장르답게, 히로인에게 고백하는 게 목적이지만 부활동에 열중하거나 싸움만 하는 등 다양하게 즐길 수 있다. 진행기간은 약 1년. 그동안 주인공은 학교의 문제해결사 '수습조'의 일원으로 학교생활을 즐긴다. 스토리는 철저히 학교 내에서 진행되므로 밖으로 나갈 일은 없다. 시스템 상 싸움이 중요해요, 이기면 대부분의 히로인은 호감도가 오른다.

1997 PC-FX

MULTIMEDIA·ENTERTAINMENT·PLAYER PC·FX
SOFTWARE ALL CATALOGUE

HARDWARE
1987
1988
1989
1990
1991
1992
1993
1994
1995
1996
1997
1998
INDEX

이 해에 발매된 게임 수는 16개 타이틀. 전년보다 발매 타이틀 수는 줄었지만, PC-FX 출시 초기부터 꾸준히 선전되어 기대받았던 오리지널 슈팅 게임 「초신병기 제로이거」가 발매되었고 「코믹 로드」와 「미니멈 나노닉」 등 타 기종에선 즐길 수 없는 PC-FX만의 독자적인 타이틀이 다수 출시되었기에, 유저에게는 만족도가 높았던 한 해였다.

특별히 기록해둘 만한 일은, PC-FX 유저에게 이미 친숙하던 롤피가 「이웃집 프린세스 롤피」라는 오리지널 게임으로 발매되었다는 점. 그것도 마계의 공주로서 무려 언니 세 명까지 있었다는, 광고로는 전혀 나온 적 없던 설정이 차례차례 밝혀졌으니 깜짝 놀란 사람도 많지 않았을까?

바운더리 게이트 : 도터 오브 킹덤
RPG　NEC 홈 일렉트로닉스　1997년 1월 24일　7,800엔

PC-FX에서는 드문 장르인 3D 던전 롤플레잉 게임. 의학이 발달한 도시 모달그로우가 무대로, 플레이어는 주인공 용병 핀이 되어 도시와 던전을 모험한다. 크툴루 신화의 영향을 받은 암울한 세계관이 인상적이다. 3D임에도 동작이 경쾌하며, 난이도는 상당히 낮다.

애니메 프리크 FX Vol.4
ETC　NEC 홈 일렉트로닉스　1997년 2월 28일　6,800엔

애니메이션 및 성우 정보가 가득한 시리즈 제 4탄. 이번 호의 포인트는 '만개 섹시 그래피티'로, '샤머니 프린세스', '매직 유저스 클럽', '슬레이어즈 스페셜' 등 인기작의 섹시한 장면 특집. '보이들 in NAMJATOWN'는 당시의 도쿄 내 인기 성우들이 모이던 장소를 소개한다.

라스트 임페리얼 프린스
RPG　NEC 홈 일렉트로닉스　1997년 3월 14일　8,800엔

당시 큰 기대 속에 발매된 액션 RPG. 전설의 명작 「재너두」의 개발자였던 키야 요시오가 참여했다. CD-ROM 2장이라 대작으로 주목받았지만, 실제 플레이 시간이 20시간 정도라 볼륨은 다소 작다. AIC가 제작한 애니메이션 파트는 짧으면서도 우수해, 볼 가치가 있다.

드래곤 나이트 4
SLG　NEC 애비뉴　1997년 3월 28일　8,800엔

원작은 PC-9801용으로 발매된 미소녀 게임. 3편까지는 RPG였지만, 이번엔 전략 시뮬레이션 게임이 되었다. 난이도가 상당히 높아, 6명인 메인 캐릭터가 전투 중 하나라도 사망하면 바로 게임 오버다. 타임 패러독스가 소재인 스토리는 현재도 호평을 받고 있다.

 PC-FX 마우스 지원 게임　 18세 미만 플레이 금지　18세 이상 플레이 권장

스파클링 페더

SLG　NEC 홈 일렉트로닉스　1997년 4월 25일　7,800엔

곳곳에 애니메이션 신을 삽입한 시뮬레이션 게임. 플레이어는 포트강 왕국의 전사 '페더'의 환생으로서, 적대하는 페더들과 싸우며 동료들과의 인연을 쌓아야 한다. 전투 스테이지 막간에는 등장하는 소녀와의 데이트 이벤트라는 연애 게임 요소도 들어가 있다.

Pia♡캐럿에 어서 오세요!!

SLG　칵테일 소프트　1997년 5월 23일　8,800엔

PC-9801판의 개변 이식작. 연애 시뮬레이션 게임의 대표작으로, 처음에 고르는 유니폼 디자인이 게임뿐 아니라 애니메이션에도 반영된다. 18금 게임인 만큼 성인용 장면도 제대로 재현. 화질은 아무래도 PC판보다 낮지만, 중요 부분에 애니메이션을 넣어 상당히 히트했다.

속 첫사랑 이야기 : 수학여행

SLG　NEC 홈 일렉트로닉스　1997년 6월 6일　8,800엔

카키노우치 나루미가 캐릭터 디자인을 맡은 연애 시뮬레이션 게임. 시작시 초등학교·중학교·고등학교 시절 중 하나를 고르고 히로인을 선택한다. 수학여행 최후에 주인공이 택한 행동으로 운명이 결정된다. 소꿉친구 '타카세 유카'는 다른 히로인을 전부 공략해야 선택 가능.

알바레아의 처녀

SLG　NEC 홈 일렉트로닉스　1997년 6월 27일　7,800엔

「안젤리크」와 같은 노선의 여성용 연애 시뮬레이션 게임. 중세 유럽과 유사한 알바레아 왕국을 무대로, 주인공은 나라를 지킬 힘을 깃들인 '성처녀'를 목표로 공부와 시험에 힘쓴다. 매력적인 기사들의 지도를 받다 사랑에 빠질지, 끝까지 성처녀를 노릴지는 플레이어에 달렸다.

행성공기대 리틀 캣츠

SLG　NEC 홈 일렉트로닉스　1997년 7월 4일　7,800엔

어드벤처와 시뮬레이션을 조합한 게임. 캐릭터 디자인을 '용사특급 마이트가인'으로 유명한 이시다 아츠코가 맡아, 하이퀄리티 애니메이션을 삽입했다. 기용 성우도 상당히 호화롭다. 종반에 등장하는 '합체기병 웨어타이거'는 합체 신은 물론 열혈 주제가까지 만들어 넣었다.

이웃집 프린세스 롤피

AVG　NEC 홈 일렉트로닉스　1997년 7월 25일　7,800엔

PC-FX의 메인 캐릭터 '롤피'가 주인공인 어드벤처 게임. 롤피는 마계 왕국 소서리리아의 넷째 공주라는 설정으로, 수행하러 세 언니와 함께 마법이 없는 세계로 오게 된다. 특히 스토리 후반에 애니메이션 신이 많다. 이노우에 키쿠코, 이시다 아키라 등 인기 성우를 기용.

초신병기 제로이거
STG　NEC 홈 일렉트로닉스　1997년 8월 8일　7,800엔

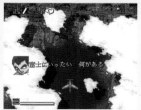

PC-FX 유일의 종스크롤 슈팅 게임. 미소녀 게임들이 가득하던 당시의 PC-FX 라인업에 돌연 등장한 본격 하드코어 슈팅이다. 그럼에도 삽입된 애니메이션까지 하이퀄리티로, 스테이지 사이에 감상 가능. 게임 자체도 심플해, 적을 물리치며 파워 업하는 방식이라 알기 쉽다.

애니메 프리크 FX Vol.5
ETC　NEC 홈 일렉트로닉스　1997년 8월 29일　7,200엔

시리즈 제 5탄은 CD-ROM 2장이다. DISK 1에는 TV 애니메이션 '아이들의 장난감' 특집과 '무지개 소녀대 프리즘 나이츠', 인기 게임 3종의 공략정보를 수록. DISK 2는 여성 캐릭터 제복 도감과, 수영복을 입은 인기 성우 6명을 사이판에서 촬영한 프라이빗 비디오가 있다.

코믹 로드
SLG　NEC 홈 일렉트로닉스　1997년 9월 26일　7,800엔

사상 최초의 만화가 육성 시뮬레이션 게임. 주인공은 시골에서 상경한 18세 소녀로, 만화가 데뷔를 노린다. 게임 기간은 3년. 이벤트는 총 180분 분량에 달하는 애니메이션으로 표현되었다. 효과적인 연출로도 유명해, PC-FX로만 즐길 수 있는 숨은 명작으로 호평 받고 있다.

미니멈 나노닉
AVG　NEC 홈 일렉트로닉스　1997년 10월 24일　7,800엔

미소녀 3자매가 활약하는 커맨드 선택식 디지털 코믹. 아버지의 실험 도중, 시스템 폭주로 1/30 사이즈가 돼 버린 3자매가 집안을 모험하는 이야기다. 공격하는 의문의 적과 그에 대항하는 변신 등 당시의 애니메이션 팬을 의식한 게임으로, 패러디와 업계 개그가 많은 편.

칵테일 팩
Pia♡캐럿에 어서 오세요!! & 캔캔 버니 엑스트라 DX
AVG　칵테일 소프트　1997년 11월 28일　12,000엔

이전 발매한 인기 미소녀 게임 2작품을 합본한 타이틀. 게임 자체는 동일하지만, 별도 구매보다 5000엔 이상 싸게 살 수 있다. 양쪽 모두 다른 기종보다 일찍 이식된 편. 예쁜 일러스트와 깊이 있는 시나리오로, 당시엔 엘프의 「동급생」 시리즈에 버금가는 인기를 누렸다.

오! 나의 여신님
AVG　NEC 홈 일렉트로닉스　1997년 12월 12일　8,800엔

원작은 1993년 발매된 PC-9801용 어드벤처 게임. 오프닝과 엔딩은 물론, 전투 장면에도 애니메이션이 들어갔다. OVA와 동일한 호화 성우진이 기용되었지만, 주인공 케이이치에는 음성이 없다. 신경쇠약 풍의 미니게임을 클리어하면 보너스 CG가 표시된다.

HARDWARE
1987
1988
1989
1990
1991
1992
1993
1994
1995
1996
1997
1998
INDEX

1998 PC·FX

MULTIMEDIA·ENTERTAINMENT·PLAYER PC·FX
SOFTWARE ALL CATALOGUE

　1998년은 PC-FX의 마지막 소프트가 발매된 해다. PC-FX가 판매 종료되었을 뿐만 아니라, NEC 홈 일렉트로닉스 스스로도 가정용 게임기 사업 철수를 결정한 해이기도 했다.

　32비트 게임기 전쟁이 한창이었던 1990년대 후반은 일본 게임계가 급격히 3D 폴리곤 위주로 넘어간 시대였지만, 동시에 미소녀 게임 붐이 일어난 시대이기도 했다. 3D 그래픽 기능이 없는 PC-FX가 플레이스테이션과 새턴을 결국 이기지 못했으면서도 5년간이나 선전할 수 있었던 것은, 결국 미소녀 게임 붐에 올라탄 유저들의 취향을 만족시키는 게임을 적절히 공급했기 때문이 아니었을까? 당시의 PC-FX는 미소녀 게임 전용기, 동영상 전용기로 치부되곤 하였으나, 오히려 애니메이션 전략으로 방향을 과감히 틀었기에 이 해까지 싸워왔다고도 볼 수 있으리라.

졸업 R : Graduation Real
SLG　NEC 홈 일렉트로닉스　1998년 1월 16일　7,800엔

▶원작의 이미지를 뒤엎는 애매한 작품는 하나·평가하기 애매한 만큼이는 놈이 살 만.·실사화를 실현해낸 기획력은 긴작

　대인기 미소녀 육성 시뮬레이션의 실사판. 내용은 원작과 같으며, 플레이어는 여고 교사가 되어 문제아 5명을 지도해 지망 학교에 합격시켜 졸업으로 인도하는 것이 목적. 2차원 미소녀를 실사로 전환한 타이틀로, 수영장 개장 등의 특정 장면은 꽤 긴 동영상으로 수록했다.

루루리 라 루라
ACT　NEC 홈 일렉트로닉스　1998년 2월 20일　7,800엔

▶성에 문제가 있다. 규칙 자체는 단순하지만 조작고전적인 PC 게임 같으니. 화면 구성은느낌이다.

　PC-FX로는 희귀한 횡스크롤 액션 게임. 수직 점프가 불가능한데다 퍼즐 요소도 있는 등, 난이도가 상당히 높다. 그림체는 당시 기준으로도 낡은 느낌이지만, 애니메이션은 미려하고 성우 연기도 훌륭하다. 스토리는 8명의 캐릭터가 펼치는 전형적인 눈물과 웃음의 이야기.

애니메 프리크 FX Vol.6
ETC　NEC 홈 일렉트로닉스　1998년 2월 27일　7,200엔

▶이전 호에 이은 아이들의 장난감. 특집 쿠라타 사나 역 성우 오다 시즈에가 D로, 희귀 장면과 명장면을 수록.

미야무라의 가위바위보 짱은 Vol.1에 수록된 히카미 쿄코 판의 리메이크. 10연승하면 보너스 사진이 나온다.

　시리즈 마지막 작품. Vol.5에 이어 CD-ROM 2장이다. 컨텐츠 수는 줄었지만, '무지개 소녀대 프리즘 나이츠' 최종화와 함께 '미야무라 유코의 고저스 나이트 with 히카미 쿄코', '요코야마 치사 BIG BLUE의 휴일 in Koh SAMUI' 등 장시간의 성우 실사 동영상을 수록했다. '타카하시 료스케의 세계'는 '태양의 엄니 다그람'과 '장갑기병 보톰즈'의 제작비화와, 메카닉 디자이너 오오카와라 쿠니오와 캐릭터 디자이너 시오야마 노리오도 나오는 귀중한 영상.

　STG 슈팅 게임　**ACT** 액션 게임　**PZL** 퍼즐 게임　**RPG** 롤플레잉 게임　**SLG** 시뮬레이션 게임　**SPT** 스포츠 게임　**RCG** 레이싱 게임　**AVG** 어드벤처 게임　**ETC** 교육·기타 게임　**TBL** 테이블 게임

HARDWARE
1987
1988
1989
1990
1991
1992
1993
1994
1995
1996
1997
1998
INDEX

지지 마라! 마검도 Z
RPG　NEC 홈 일렉트로닉스　1998년 3월 20일　7,800엔

▶ 마검도의 속편은 타 기종으로도 발매됐지만 기종별로 장르가 다르다. 이 작품은 롤플레잉게임.

▶ 변신 장면으로는 PC-FX의 기능을 활용한 애니메이션으로 표시된다. 이 기종에서만 가능한 서비스신.

원작은 슈퍼 패미컴으로 발매된 액션 게임. 캐릭터 디자인이 변경되어, 분위기가 미소녀 애니메이션에 가까워졌다. 주인공은 켄노 마이와 여동생 히카루. 게다가 사촌 자매 사야와 애견 사비까지 마검도로 변신한다. 덤으로 개조인간 마켄카가 동료로 들어온다. 목적은 악의 과학자 매드 박사와 진마계 사천왕, 그 배후의 최종보스 혼마카이저의 격퇴. 자기 패러디가 좀 많긴 하지만, 변신장면 등 서비스 샷이 풍부하며 흥겹고 신나는 연출이 인상적인 게임.

일하는☆소녀 척척 워킹♡러브 FX
AVG　NEC 홈 일렉트로닉스　1998년 3월 27일　7,800엔

▶ 원작인 PC엔진판에서 여성파 그래픽을 추가했다.

▶ 타이틀을 삭제한 대신, 시나리오와

만화가 타케모토 이즈미가 원작과 각본 등 다양하게 담당한 어드벤처 게임. 플레이어는 23세기에 설치된 행정기관 '뭐든지 부'에 소속된 세 직원의 상사가 되어, 시민들이 의뢰한 안건을 해결해야 한다. 작가 코멘트에 따르면 '하마터면 PC-FX 최후의 게임이 될 뻔 했다'고.

안젤리크 : 천공의 진혼가
RPG　NEC 홈 일렉트로닉스　1998년 4월 2일　7,800엔

▶ 여성용 게임답게 전투 시스템을 자세히 설명하는 등 전체적으로 이해하기 쉽게 만들었다.

「안젤리크 Special 2」의 주인공 안젤리크 콜레트가 주인공인 롤플레잉 게임. 스토리는 2편의 후일담으로, 우주의 평화를 위협하는 황제에게 사로잡힌 여왕폐하와 수호성을 구하러 안젤리크가 여행에 나선다. 스튜디오 라이브가 제작한 애니메이션도 호평 받은 작품이다.

퍼스트 Kiss☆이야기
AVG　NEC 홈 일렉트로닉스　1998년 4월 24일　7,800엔

▶ 타 기종에서는 표현할 수 없는 18세 이상 권장 장면도 제대로 넣었다. 이벤트 CG 수는 총 700장 이상.

▶ 섹시한 장면을 포함한 여성 보이스 데이터는 45시간이 넘는 볼륨. 애니메이션도 20분 이상 수록했다.

PC-FX의 최후를 장식한 타이틀은 18세 이상 권장 등급의 연애 어드벤처 게임이었다. 목적은 고교 졸업까지의 한 달 안에 마음에 둔 히로인과 첫 키스를 나누는 것. 키스 신은 풀 애니메이션으로 나오며 그대로 엔딩으로 이어진다. 게임은 크게 두 부분으로, 제 1장에서 히로인들의 호감도를 올려 제 2장에서 눈이 맞은 히로인과 시나리오를 진행한다. 일정 호감도에 이르지 않으면 제 2장으로 가지 못하며, 선택 가능 히로인이 없다면 배드 엔딩이 된다.

일본 내 발매 PC엔진 소프트 전체를 가나다순으로 게재

일본 발매 PC엔진 소프트 색인

이 페이지는 Chapter 2에서 소개한, 일본에서 발매된 PC엔진용 (HuCARD를 비롯해 CD-ROM², LD-ROM²도 포함) 게임 소프트 총 683개

타이틀을 가나다순으로 정렬한 색인이다.

이 책에 수록된 해당 게재 페이지도 소개하였으므로, 당시 가지고 있었던

게임을 회고한다거나, 컬렉션 수집을 위해 타이틀을 조사하는 등의 이유로 추억의 게임을 찾는데 참고자료로 활용해준다면 감사하겠다.

범례

 PC엔진용 HuCARD   슈퍼 그래픽스용 HuCARD   CD-ROM² 용 CD-ROM   슈퍼 CD-ROM² 용 CD-ROM   아케이드 카드용 CD-ROM   LD-ROM² 용 LD-ROM

HARDWARE
1987
1988
1989
1990
1991
1992
1993
1994
1995
1996
1997
1998
INDEX

HARDWARE
1987
1988
1989
1990
1991
1992
1993
1994
1995
1996
1997
1998
INDEX

HARDWARE

1987

1988

1989

1990

1991

1992

1993

1994

1995

1996

1997

1998

INDEX

HARDWARE

1987
1988
1989
1990
1991
1992
1993
1994
1995
1996
1997
1998

INDEX

HARDWARE
1987
1988
1989
1990
1991
1992
1993
1994
1995
1996
1997
1998
INDEX

일본 내 발매 PC-FX 소프트를 가나다순으로 게재

일본 발매 PC-FX 소프트 색인

이 페이지는 Chapter 4에서 소개한, PC-FX용 게임 소프트 총 62개 타이틀을 가나다순으로 정렬한 색인이다. PC-FX는 소수이나마 나름대로 뛰어난 게임들이 제법 있었음에도, 같은 시기 발매된 타 기종에 밀려나버린 불운의 게임기가 되었다. 그러나 일부 코어 유저들로부터는 지지를 받아, NEC가 드림캐스트에 참가함으로써 게임기 시장에서 철수하기 직전까지 오랫동안 사랑받았던 게임기이기도 하다. 그런 PC-FX에 각별한 애정을 품은 독자가 추억의 게임을 찾는 데 도움이 된다면 다행이겠다.

Pia♡캐럿에 어서 오세요!!	Pia♡キャロットへようこそ!!	184
감벽의 함대	紺碧の艦隊	175
귀신동자 ZENKI FX 금강염투 (바쥬라 파이트)	鬼神童子 ZENKI FX 金剛炎闘	177
데어 랑그릿사 FX	デア ラングリッサー FX	180
동급생 2	同級生 2	181
두근두근 카드 파라다이스 : 사랑의 로얄 스트레이트 플러시	ときめきカードパラダイス 恋のロイヤルストレートフラッシュ	178
드래곤 나이트 4	ドラゴンナイト 4	183
라스트 임페리얼 프린스	ラスト インペリアル プリンス	183
루나틱 돈 FX	ルナティックドーン FX	177
루루리 라 루라	ルルリ・ラ・ルラ	186
리턴 투 조크	リターン トゥ ゾーク	176
마작 오공 : 천축	麻雀悟空 天竺	175
미니멈 나노닉	みにまむなのにっく	185
미라쿨룸 : 더 라스트 레벨레이션	ミラークルム ザ・ラスト・レベレーション	179
바운더리 게이트 : 도터 오브 킹덤	バウンダリーゲート ドーター オブ キングダム	183
배틀 히트	バトルヒート	174
보이스 파라다이스	ボイスパラダイス	180
블루 브레이커 : 검보다도 미소를	ブルーブレイカー 剣よりも微笑みを	181
블루 시카고 블루스	ブルー・シカゴ・ブルース	179
빨간망토 차차 : 왁자지껄 패닉 레이스	赤ずきんチャチャ お騒がせパニックレース	182
상하이 : 만리장성	上海 万里の長城	178
속 첫사랑 이야기 : 수학여행	続 初恋物語 修学旅行	184
슈퍼 리얼 마작 PV-FX	スーパーリアル麻雀 PV-FX	179
슈퍼 파워 리그 FX	スーパーパワーリーグ FX	179
스파클링 페더	スパークリングフェザー	184
아가씨 수사망	お嬢様捜査網	180
안젤리크 Special	アンジェリーク Special	177
안젤리크 Special 2	アンジェリーク Special 2	182
안젤리크 : 천공의 진혼가	アンジェリーク 天空の鎮魂歌	187
알바레아의 처녀	アルバレアの乙女	184
애니메 프리크 FX Vol.1	アニメフリーク FX Vol.1	176
애니메 프리크 FX Vol.2	アニメフリーク FX Vol.2	177
애니메 프리크 FX Vol.3	アニメフリーク FX Vol.3	179
애니메 프리크 FX Vol.4	アニメフリーク FX Vol.4	183
애니메 프리크 FX Vol.5	アニメフリーク FX Vol.5	185
애니메 프리크 FX Vol.6	アニメフリーク FX Vol.6	186
여신 천국 II	女神天国 II	180
오! 나의 여신님	ああっ女神さまっ	185
은하아가씨전설 유나 FX : 슬픔의 세이렌	銀河お嬢様伝説ユナ FX 哀しみのセイレーン	178
이상한 나라의 안젤리크	ふしぎの国のアンジェリーク	182
이웃집 프린세스 롤피	となりのプリンセス ロルフィー	184
일하는☆소녀 척척 워킹♡러브 FX	はたらく少女 てきぱきワーキン♡ラブ FX	187
전일본 여자 프로레슬링 퀸 오브 퀸즈	全日本女子プロレス クイーンオブクイーンズ	175
졸업 II FX : 네오 제네레이션	卒業 II FX ネオジェネレーション	174
졸업 R : Graduation Real	卒業R Graduation Real	186
지지마라! 마검도Z	負けるな! 魔剣道Z	187
천외마경 : 전뇌 꼭두각시 격투전	天外魔境 電脳絡繰格闘伝	176
천지무용! 양황귀 FX	天地無用! 魎皇鬼 FX	180
초신병기 제로이거	超神兵器ゼロイガー	185
치프짱 키-익!	チップちゃんキィーック!	181
칵테일 팩 Pia♡캐럿에 어서 오세요!! & 캔캔 버니 엑스트라 DX	カクテルパック Pia♡キャロットへようこそ!! & きゃんきゃんバニーエクストラ DX	185
캔캔 버니 엑스트라 DX	きゃんきゃんバニーエクストラ DX	181
코믹 로드	こみっくろーど	185
큐티 하니 FX	キューティーハニー FX	176
팀 이노센트 : 더 포인트 오브 노 리턴	チームイノセント ザ ポイント オブ ノー リターン	174
파랜드 스토리 FX	ファーランドストーリーFX	182
파워 돌 FX	パワードール FX	178
파이어 우먼 수습조	ファイアーウーマン纏組	182
파치오 군 FX : 환상의 섬 대결전	パチ夫くんFX 幻の島大決戦	176
퍼스트 Kiss☆이야기	ファースト Kiss☆物語	187
행성공기대 리틀 캣츠	惑星攻機隊りとるキャッツ	184
허공표류 니르겐츠	虚空漂流ニルゲンツ	180

Chapter 5
한국의
PC엔진 이야기

PC ENGINE KOREAN HARDWARE CATALOGUE

HARDWARE
1987
1988
1989
1990
1991
1992
1993
1994
1995
1996
1997
1998
INDEX

해설 **한국의 PC엔진 이야기**
COMMENTARY OF PC ENGINE #3

'수입발매'의 한계를 넘어서지 못했던 알파무역의 정식발매 시도

제 5장은 원서인 일본판에는 없는 한국어판의 독자적인 추가 지면으로서, 원서 감수자인 마에다 히로유키 씨의 허락 하에 한국어판 감수자가 추가 집필하였음을 먼저 밝혀둔다.

한국에서 PC엔진은, 공식적으로는 총 3개 회사를 통해 각기 다른 시점에 출시되었다는 특이한 기록을 보유하고 있다. 하지만 3개사의 3차례에 걸친 발매가 모두 수입발매 형태로서, 당시로서는 지나친 고가였다거나 HuCARD밖에 지원하지 않았다거나 하는 등 각자 치명적인 문제를 내포하고 있어, 당대의 재믹스·겜보이 등처럼 유의미한 보급률에 이르지 못하고 마이너 하드웨어로 그쳐버린 비운의 기종이기도 하다. 그런 이유로 국내판 PC엔진의 기기 및 소프트는 현 시점에서는 타 기종에 비해 상당히 극소수만 남아 있어, 소장품도 매우 적다보니

소프트 발매 데이터 등도 제대로 정리하기 어려운 상태다.

PC엔진의 공식적인 첫 한국 상륙 사례는, 1989년 4월경 수입·무역업체인 알파무역이 NEC와의 협의 하에 PC엔진을 국내 시판한 것이다. 하드웨어 및 소프트웨어는 그대로 수입하되 한국어 설명서를 동봉하는 형태로서, 특히 하드웨어의 경우 독자적인 내부개조를 행해 컴포지트 AV 신호도 출력 가능하도록 한 것이 큰 특징이었다. 초기 본체가격은 175,000원(그해 여름 149,000원으로 인하)으로, 일본 전자제품의 수입규제가 엄격하고 관세장벽이 높던 당시 사정의 반영으로 보이지만, 게임기에 대한 시각이 곱지 않았던 당시 풍조를 감안하면 소비자에게는 문턱이 높은 가격이기도 했다. 이후 여름부터는 CD-ROM² 시스템(450,000원)도 수입 판매했는데, 이것이 공식적

으로는 유일한 CD-ROM² 시스템의 국내 판매에 해당한다. 이 역시 오락기기로서는 지나친 고가였기에, 판매량은 극히 적었을 것으로 추측된다.

참고로 알파무역은 '알파전자산업'이라는 이름으로 80년대 중순부터 아케이드 및 게임기용 PCB 보드를 제작·수출해오던 업체로서, 88년 사세확장으로 법인화하여 '알파무역'으로 사명을 변경, 신사업으로서 NEC의 PC엔진 수입판매를 시작한 것으로 보인다(일부 주변기기를 독자 생산할 수 있었던 이유로 추측). 일본 TAD의 아케이드 게임 「카발」의 국내 저작권 전체를 양도받아, 신설 컴퓨터프로그램보호법(87년 7월 발효)에 따라 88년 12월 국내 최초로 프로그램 저작권을 등록했다는 특이한 기록도 가지고 있다.

▲ 알파무역판 PC엔진의 후면. 독자적인 개조를 가해, 오리지널에는 없는 AV 단자를 신설했다. 3.5파이 잭을 통해 컴포지트 비디오/오디오 신호를 내보낸다.

▲ 월간 컴퓨터학습 1989년 4월호(왼쪽) 및 8월호(오른쪽)에 실린, 알파무역의 PC엔진 국내 시판 광고. NEC의 광고 텍스트와 사진을 그대로 유용한 경우가 많았다. 함께 발매한 주변기기 '슈퍼 조이스틱'과 '2인용 탭' 중 슈퍼 조이스틱은 알파무역의 자체제작으로 보이는데, 당시 NEC의 공식 주변기기인 터보 스틱의 외장을 본뜬 것이다.

▲ 알파무역판 소프트웨어는 단순히 일본판 HuCARD 패키지를 수입해 케이스 및 소프트 뒷면에 제품정보를 실은 한국어 스티커를 붙인 형태로 유통되었다.

대우전자에 의해 '재믹스' 브랜드로도 보급

그로부터 1년 뒤인 1990년 4월 말, 대우전자는 완제품을 OEM 수입 발매하는 형태로 NEC의 PC엔진 셔틀(21p)의 국내판인 '재믹스 PC셔틀'을 정식 발매한다.

광고 등의 당시 기록을 보면 이미 알파무역 측은 89년 하순부터 PC엔진 셔틀의 국내 발매를 검토하고 있었던 듯하나, 어떤 이유에서인지 상호 합의 하에 PC엔진의 하드웨어 수입·유통권을 대우전자에 넘기고, 알파무역은 소프트웨어 및 주변기기 수입·유통권을 갖는 형태로 협의한 것으로 추측된다. 대우전자는 이미 확립된 자사의 가정용 게임기 브랜드 '재믹스'를 활용하는

형태로 사업을 전개하여, 결과적으로 재믹스 PC셔틀은 재믹스 브랜드 내의 유일한 비 MSX계 기기가 되었다.

다만 비교적 고가(180,000원)였던 데다 CD-ROM^{2}으로의 확장도 불가능하고, 복제생산이 어려워 전량 수입해야 했던 HuCARD의 특성상 소프트웨어도 부족했던 등 경쟁기에 비해 미흡한 점이 많았고, 재믹스 브랜드도 내리막길을 걷던 시점이었기에, 이 기기 역시 최종적인 판매량은 좋지 않았던 것으로 추측된다(참고로, 알파무역은 1990년 10월 9일 당좌거래 정지 공고가 남아있어, 이때 도산한 듯하다).

결과적으로 대우전자는 92년경 게

임기 사업에서 사실상 철수하여, 재믹스 PC셔틀 역시 유통이 중단됨으로써 한동안 PC엔진 국내 정식유통의 맥은 끊기게 된다.

▲ 월간 게임월드 1990년 12월호의 재믹스 PC셔틀 크리스마스 판촉 광고. 이 시점의 재믹스 브랜드 주력 상품으로 포지셔닝되어 있다.

해태전자의 '바이스타'를 끝으로 막을 내린 한국의 PC엔진

1993년 4월 6일, 당시 해태그룹의 가전 자회사였던 해태전자가 생산·발매한 '바이스타'는 기록상 세 번째이자 마지막 PC엔진 국내 정식발매 사례에 해당한다.

해태전자는 89년 10월부터 자사생산으로 시판했던 패미컴 클론 게임기 '슈퍼콤'이 다년간 여러 모델을 발매하는 등 성과를 보여, 국산 패미컴 클론 생산사로서는 독보적인 위치를 점유하고 있었다. 이 '슈퍼콤' 브랜드의 연장선상에서, '슈퍼콤 16비트'라는 수식어와 함께 신규 출시한 모델이 바로 바이스타인 것이다. 본체 동봉 게임인 「케이스 커리지」(40p 「우주용사 성성캅」

의 북미판)를 포함해, 기록상으로는 22종의 게임을 동시 발매했다(이후에는 게임이 발매된 기록이 없어, 초기 발매 게임에서 라인업이 끝난 것으로 추측된다).

바이스타는 특이하게도 북미판 PC엔진인 TurboGrafx-16 기반으로, 여기에 자체적인 AV 출력부 설계를 추가하고 외장 역시 오리지널 디자인으로 별도 제작해 완성한 기기였다. 광과민성 발작이 큰 이슈였던 당시 실정을 감안해 전자파 보호를 위한 보안경을 초기 패키지에 포함시킨 것도 특징. 소프트웨어 역시 북미판 HuCARD를 직수입해 스티커를 붙이고 매뉴얼을 추가해 해태전자가 직접 유통하는 형식

이었다. 일본 대중문화에 대한 사회적인 거부감이 심했던 시대인지라, 의도적으로 북미판을 선택한 것이 아닌가 추측할 따름이다.

해태전자는 반응 여하에 따라 PC엔진 Duo를 현지화한 'CD-바이스타' 등의 추가 전개도 준비하고 있었던 듯하나, 당시에도 국내엔 일본판 PC엔진 Duo나 일본판 CD 소프트 등이 병행 수입 및 보따리로 상당량 유입되어 있었기에, 북미판 HuCARD만 구동 가능한 바이스타는 비교열위가 뚜렷해, 당시의 게임잡지에서도 '판매 부진으로 사업 난항'을 시사하는 표현이 보였을 정도로 시장에서 고전을 거듭한 것으로 보인다.

결국 해태전자는 94년 1월 바이스타 사업을 사실상 중단하고 잔여기기를 회수했다고 하며, 6월경에 이르면 기존 슈퍼콤을 비롯한 가정용 게임기 유통을 거보무역에 인계하는 형태로 시장에서 철수하기에 이른다. 이후의 PC엔진은 결국 그레이마켓 중심으로 연명하게 되지만, 한국에서의 공식적인 PC엔진 사업 전개는 그 시점에서 종결되었다고 봐야 할 것이다.

▲ 해태전자의 바이스타. 90년대 한국의 일본 게임기 발매 역사 전체를 통틀어 유일하게 한국판 오리지널 외장 디자인을 채택한 것이 특징이다. 다만 내부 기판은 북미판 TurboGrafx-16인데다, CD-ROM^{2}으로의 확장도 불가능하다.

▲ 바이스타의 소프트웨어 패키지 후면. 허드슨의 캐릭터 'PC전인'을 '에어종크'라는 이름의 기기 마스코트로 삼았다. 역시 소프트 자체는 북미판 HuCARD의 수입판매품.

HARDWARE

1987
1988
1989
1990
1991
1992
1993
1994
1995
1996
1997
1998
INDEX

'재믹스' 브랜드로 국내 발매된 PC엔진 셔틀

재믹스 PC셔틀

CPG-100
대우전자　　1990년 4월 말　　180,000원

▲ NEC의 PC엔진 셔틀의 완제품 수입
이므로, 본체 자체로는 HuCARD 슬롯
뚜껑 안쪽에 붙은 DAEWOO 로고의 투
명 스티커만이 유일한 차이점.

◀ 외장 박스 아트는 얼핏 일본판과
동일해 보이지만, 알고 보면 유사한
풍으로 새로 그린 오리지널 일러스
트라 이채롭다.

■ 유일하게, MSX가 아닌 '재믹스'

　재믹스 PC셔틀은 NEC의 PC엔진 셔틀(21p)의 한국 발매판으로서, 앞서 설명한 대로 1989년 선행 발매된 알파무역의 PC엔진 사업을 인계받는 형태로 국내에 발매된 모델이다. 이후 재믹스 라인업 전체가 단종되기 전까지, 국내판 PC엔진은 하드웨어를 대우전자가, 주변기기 및 소프트웨어를 알파무역이 분담해 유통하는 형태로 국내에 시판되었다.

　하드웨어적으로는 일본판 완제품을 한국어 설명서 등과 함께 리패키징해 발매한 형태로서, 일본판 HuCARD가 그대로 호환된다. 동봉 패드는 대우전자 로고로 플레이트가 교체되어 있고, 한국 사양의 220V에 대응되는 AC 어댑터와 RF 유니트가 동봉되었다.

　일본에는 없는 유일한 공식 주변기기가 블랙 컬러의 '슈퍼 조이스틱'인데, 실은 알파무역이 89년 당시 자체 제작 판매했던 조이스틱의 금형을 바탕으로 PC엔진 셔틀의 블랙 컬러와 디자인에 맞춰 DAEWOO 로고로 재생산한 모델이다. 디자인은 NEC 터보스틱의 외장을 복제했다.

SOFTWARE

아래 사진은 본체에 동봉된 2M 소프트웨어 「딥블루 해저신화」(45p). 설명서는 한국어화되어 있으며, HuCARD는 일본어판을 수입해 뒷면의 일본어 안내 문구를 한국어가 기재된 스티커로 덮어씌웠다. 이 점은 알파무역이나 해태전자 등 타사도 대동소이.

HuCARD
취급상 주의사항

PACK-IN-VIDEO CO.,LTD.

HARDWARE

1987
1988
1989
1990
1991
1992
1993
1994
1995
1996
1997
1998
INDEX

북미판 베이스의 한국 오리지널 PC엔진
바이스타
HC-0016
해태전자   1993년 4월 6일   169,000원

▲ 외장 박스. 당시 해태전자의 주력 모델이던 패미컴 클론 게임기 '슈퍼콤' 브랜드의 최신 모델임을 은연중에 강조하고 있다.

▲ 금형을 새로 제작하여 오리지널 외장 디자인으로 발매한 것이 최대의 특징. 내부는 북미판 TurboGrafx-16 기반이다. 그래서 패드 단자도 굵직한 8핀 DIN 규격. 오리지널에 없는 AV 단자 등이 추가되었지만, 반대로 오리지널에 있던 확장 버스는 삭제했다(내부 기판엔 흔적이 남아 있다고 한다). 따라서 CD-ROM² 시스템은 연결 불가.

▶ 컨트롤 패드의 플레이트는 교체했지만, TuroGrafx-16 양각 로고가 그대로 남아 있어 원 베이스가 북미판임을 시사한다.

조기 철수된 불운의 게임기

바이스타는 대우전자의 시장 철수 이후 해태전자가 NEC와 재계약하여 발매한 3번째 한국 발매판 PC엔진이자, 마지막 모델에 해당한다. 외장 디자인은 해태전자의 오리지널 디자인이지만 내부는 북미판인 TurboGrafx-16

기반이므로, 지역제한에 의해 북미판 HuCARD만 구동이 가능하다. 93년 초 한국에서도 큰 이슈가 되었던 광과민성 발작 논란에 대응하기 위해, 본체에 어린이용 보안경을 아예 동봉한 것도 특징.

과거 해태전자는 다수의 게임을 기본 내장한 자체제작 패미컴 클론 게임기 '슈퍼콤' 시리즈를 히트시킨 바 있었기에, 바이스타 역시 '슈퍼콤 16비트'라는 브랜드를 붙여 이를 강조했다. 하지만 이미 보따리·병행수입 등

으로 일본판 PC엔진이 충분히 유통중이던 탓에 일본판 소프트가 호환되지 않는 바이스타는 시장에서 외면 받아, 해태전자 역시 별도로 일본판 HuCARD 호환 어댑터를 제작해 보급하는 등 자구책은 취했지만 부진함을 떨치지는 못했던 것으로 보인다. 게임잡지 등을 통해 여름에 'CD-바이스타'(PC엔진 Duo의 해태전자 판으로 추정) 발매준비를 시사하는 등 분전했으나, 결국 최종적으로는 후속모델 발매 없이 94년 초 다른 유통업체에 발매권을 넘기는 형태로, 출시 1년도 못 되어 시장에서 철수하고 만다.

ADVERTISING

SOFTWARE

PC엔진&PC-FX
퍼펙트 카탈로그

1판 1쇄 | 2020년 2월 24일
감　　수 | 마에다 히로유키 · 조기현
옮 긴 이 | 김진환
발 행 인 | 김인태
발 행 처 | 삼호미디어
등　　록 | 1993년 10월 12일 제21-494호
주　　소 | 서울특별시 서초구 강남대로 545-21 거림빌딩 4층
　　　　　 www.samhomedia.com
전　　화 | (02)544-9456(영업부) (02)544-9457(편집기획부)
팩　　스 | (02)512-3593

ISBN 978-89-7849-613-1 (13690)

Copyright 2020 by SAMHO MEDIA PUBLISHING CO.

이 도서의 국립중앙도서관 출판예정도서목록(CIP)은
서지정보유통지원시스템 홈페이지(http://seoji.nl.go.kr)와
국가자료종합목록 구축시스템(http://kolis-net.nl.go.kr)에서
이용하실 수 있습니다.
(CIP제어번호 : CIP2020003622)